# 政 党 论
## On political party

王长江 ◎著

人民出版社

# 序

## 一

写一本专论政党的书的想法，大约萌生在 20 年前。

1985 年 7 月，我从北京大学国际政治系硕士研究生毕业。那时的硕士，还稀缺得很。所以，找工作的事，似乎根本不用发愁。而且实际上，我的导师张汉清先生、曹长盛先生都已然为我做了周到的安排：去中联部，那里缺人。"中共中央对外联络部"——光听这响亮的名字，就会使人羡慕得不得了，更何况我当时来自青海，曾在那里的穷乡僻壤当过知青！一步登天，该知足了。

忽一日，系办公室要我去接待一个用人单位，理由是，尽管定向已明确，但作为不留校的毕业生，了解一下来访单位，为自己增加一个选择机会，仍是件好事。我欣然答应，和中央党校的两位老师见了面。不成想，这竟是我人生的一个重要转折。那时的中央党校，没有什么名气。在我们这些不了解它的人看来，中央党校就是一个没什么事可干的快退下来的老干部们休养的地方。而且，或许是"文化大革命"期间大办"五七干校"造成的后遗症所致，我在很长时间里都有一种犯了错误的人才会去中央党校学习的误识。很显然，和中组部、中宣部、中联部这些名字相比，对大多数人来讲，中央党校是缺乏吸引力的。

来人开门见山，说明了来意：研究党的建设，光研究中国党自己不行，还需要研究其他共产党，特别是苏共为代表的执政的共产党。当时，我们党已经恢复了与各执政的共产党的关系，在这些党内，开始出现改革的呼声。波兰党已经经历了由"团结工会"引起的危机，苏共则是戈尔巴乔夫初掌权柄。和这种国际背景相联系，研究者想把国外执政的共产党也纳入自己的视野,是很自然的事情。尽管如此,这一构想还是引起了我的极大兴趣。我在想,是啊,世界上存在那么多政党,而且不光是共产党,它们也要生存和发展,为什么不可以在它们之间进行比较,从政党活动普遍规律的制高点,反过来研究中国共产党的建设?这个念头一旦出现,便在我脑海里久久萦绕,挥之不去,最终确定了我走政党政治和政党比较研究之路的决心。

大约过了三四年,稍微进入了一点研究者的角色,对政党问题的看法也随之日益清晰起来。我坚信,政党活动是有普遍规律的。完全可以以这种普遍规律为研究对象,来构建一套研究政党的理论体系。世界上已经有不少人在从事这方面的研究。特别是20世纪50—70年代,在政治学研究中,政党研究甚至成了一个热点,还出现过一个不小的高潮。但是,国外、海外学者搞政党研究的最大问题,是他们往往把眼界局限于西方类型的党。在他们眼里,只有西方类型的政党才是本来意义的政党,苏共、中共这样的政党均属特例,甚至不能算做是政党。诚然,后来也有不少学者有意跳出这个框框,客观上却始终难以摆脱把西方政党作为坐标的窠臼。因此,虽然作为研究成果,已经出现了不少论政党的专著,有些专著迄今为止仍堪称经典,这些著作概括的却只是西方政党的活动规律,而不是所有政党的普遍性的活动规律。毫无疑问,只有不带偏见地、把各种类型的政党都放在一起进行研究,才能对政党活动及其规律有全面系统的把握。应当有一部这样的书,这部书就叫《政党论》。

遗憾的是,尽管从此之后我的研究对象始终没有离开过政党,也尽管我的研究成果中已有不少内容属于政党理论的范畴,2002年出版的《现代政党执政规律研究》、2004年出版的《政党现代化论》等专著甚至和我的设想已经非常接近,这部书还是拖到了今天。其中固然有各种客观的原因,但最主要的还在自身。

说到这里,必须感谢人民出版社的王世勇编辑和我的学生徐锋博士。他们的请求和鼓励,使我重又拾起这个课题。

# 二

政党是一种客观现象。不管人们喜欢不喜欢,它出现在社会政治生活中,按照固有的规律运行,影响着政治,影响着人们的行为,影响着社会的发展。说政党活动有规律性,指的是政党政治中不以单个的个人意志为转移的、在政党活动背后起作用的逻辑。我们时常能感受到这种逻辑的力量。在一些国家,政党被放在顶礼膜拜的位置,但事实上,政党却和人们的期待相去甚远,不但未能很好地履行功能,还给国家和社会的发展带来了很大的问题。在另一些国家,政党被看做政客们钩心斗角、争权夺利的肮脏场所,是政治阴谋、政治权术的代名词。背着这样的道德包袱,政党却依然能够熟练地运用政治技术,把民众调动起来,让他们怀着像观看奥林匹克竞赛一样高昂的兴趣和热情,来观看政党之间的竞争。政党政治中这些光怪陆离的现象及其背后冥冥中起作用的东西,正是政党学要研究的主要对象和内容。

作为一种客观存在,政党有两个基本的特点:第一,它是政治组织,是人们用来控制公共权力的工具;第二,它是社会组织,是人们参与社会政治生活的众多方式中的一个特殊品种。简言之,政党既是政治的,也是社会的。如果我们把政党放到现代社会的架构中,或许这个问题更容易理解一些:公共权力(也即国家或政府)和公民社会构成了现代社会的两大要素。这两大要素之间的互动,推动着现代社会的发展。政党就是促进这种互动的一种最主要形式。因此,政党研究属于政治社会学的范畴。对政党的这一定位,是本书整体设计的出发点。

沿着这个思路,全书由三部分构成。

在第一部分,我们将分析政党这种现象的基本点,故以"政党本论"冠之。什么是政党?政党是干什么的?政党作为组织,和其他组织相比,有着什么样的特殊性和活动特点?这些都是在这一部分需要阐述的问题。形象地说就是,我们把政党这种现象作为一个零件,从社会政治运行的大机器中拆卸下来,进行解构,为更加准确地探寻它在政治社会中的作用做准备。

从第二部分开始,我们把政党放回到它实际活动的环境中,考察它在与政治社会各要素互动的情况。这种互动在两个层面上发生:一是政党之间,二是政党与国家和社会其他元素之间。第二部分着重探讨了政党之间的互动。在一个政治体制中,政党的数量往往不是一个,而是多个。政党都想在沟通国家与社会的过程中起作用,那么它们之间是什么关系?它们之间如何相互作用?由这种相互关系和作用形成的比较稳定的形态,就是我们所说的政党体制。政党体制是政党政治中需要研究的重大课题之一。

在第三部分，我们将进一步扩大范围，把政党放到整个政治系统中去，探讨政党和国家、社会中的诸多元素之间的关系。国家是一个整体的概念。细分起来，它包括立法、司法和行政机关。所谓政党和国家（政府）的关系，实际运行中体现出的是政党和这些机关之间的关系。当然，我们不能简单地说，政党和国家（政府）的关系就是政党和这些机关的关系的总和。复杂交错的互动还会产生一些新的因素。关于这一点，我们在后面的有关章节中会详加分析。政党和社会的关系也同样。社会可以分解成若干元素，如阶级、群体、社会组织、经济组织、媒体，等等。政党和这些元素之间的互动，都是我们要研究的重要对象。此外，还必须指出，在国际社会中，政党活动也正在体现出自己独特的、不同于国家和其他国际组织的影响。所以，毫无疑问，对政党在国际社会中的作用，我们也应当给予足够的关注。此外，既然作为一种现象，它的未来趋势同样值得探讨。最后一章涉及的便是这个问题。

上述三个部分，构成了全书的基本框架。

## 三

这种研究思路，显然不同于传统的党的建设研究。那么，上述研究和传统的党建研究之间是什么关系？这又是一个必须回答的问题。

在我国，新中国成立后，由于意识形态的原因，长期没有确立政治学这门学科。其中专门研究政党的政党学，自然也是不存在的。改革开放以后，政治学学科得以恢复，但专门的政党研究仍然缺乏。在研究内容上，和政党学比较靠近的，也就是"党的建设"了。相比之下，这倒是一个我们一直投入很大精力的研究方向。从中国共产党成立之初，党的建设就随着苏共和共产国际的指导一起进入中国共产党的活动中，后来成为党的重要的历史经验和党内教育的重要内容。

但是，很显然，传统的党的建设研究不是完整的学术意义上的政党或政党政治研究。首先，党的建设中的"党"，特指的是马克思主义政党，而且大多数情况下指的就是中国共产党自己。在学科分类上，我们长期把"党建"

归入"中共党史"门下，就是一个例证。对政党自身的活动进行研究，对于政党科学地开展活动、少走弯路，实现既定目标，是十分必要的。不过它也有明显的缺陷：由于研究范围所限，这种研究只能停留在经验总结上，难以把政党作为一种普遍现象和客观规律来认识。

其次，传统意义上的党的建设，是一种工作性质的研究。我们党的一条历史经验，就是把党的建设划分成若干方面，由相应部门按照这些方面分工负责，把党的建设落到实处。沿着这个思路，我们以党的思想建设、组织建设、作风建设（后来在这个基础上又增加了制度建设、反腐倡廉建设，以及更加笼统的先进性建设、执政能力建设等等）为基本内容，同时吸收了过去按照党章规定的党的性质、党的目标、党的指导思想以及党的领导这样一种顺序进行研究取得的成果，确立了党的建设研究的框架。这种研究，在实践中对推动党建工作有着重要的作用。我们看到，直至今日，无论在党的代表大会报告中，还是在中央有关文件中，布置党的建设工作，依然用的是这个框架。毫无疑问，这种框架是落实党的建设任务的有效路径。

把党的建设作为一项重要工作来研究，对于在实践中推动和落实党的建设，始终是非常必要的。但是，工作研究毕竟不是理论研究，不能代替理论研究。这和不能把对一个国家如何发展经济的研究等同于经济学研究是一个道理。前一类研究要回答的是在具体国家具体条件下怎样发展经济，是工作研究、对策研究。后一类研究则要回答经济的本质是什么、人类为什么要发展经济、经济发展有哪些规律，为前一类研究提供依据和指导。把党的建设作为工作来研究和政党学研究的区别也是如此。政党研究固然由于其强烈的实践性，不能停留在纯理论研究，而应当落脚到为政党活动的科学化服务，但两者的逻辑起点却是不同的。工作研究围绕具体工作开展研究，而理论研究则要在实践的基础上，超越具体工作，对其背后的规律进行研究，再回过头来对政党活动的实践进行思考。过去我们很长时间弄不清这两者之间的区别，把工作对策研究混同于理论研究，用工作部署和布局研究来代替理论研究，忽视了对理论的研究，忽视对政党活动规律特别是普遍规律的研究。这是执政党建设实践时常出现困境的一个重要原因。

随着改革开放不断深入到政治社会层面，随着社会主义市场经济和社会主义民主政治的不断发展，把政党政治作为一门学问来研究，正在成为一个越来越迫切的呼唤。停留在工作对策的研究,已经和实践发展的要求,和我们党科学执政、民主执政、依法执政的要求不相适应了。我们需要研究党建工作,但更需要把党的建设纳入政党政治的视野和范畴,落脚在研究和把握政党活动的规律。唯此,党的建设研究才能真正成为一门科学。正是基于这一理念,这些年来,我和我的同事们在这方面付出了一些努力,进行了坚持不懈的探索,取得了一些进展,同时赢得了绝大多数在中央党校进修过的中高级领导干部的认可。回顾起来,这一点令人欣慰。本书在很大程度上反映的便是这些年来我们对这个问题进行思考的成果。

应该指出的是,尽管立足于探索规律,用这样一个框架来理解、思考、阐释政党和政党活动,也仍然只能算做研究的一家之言。研究的角度不同,对政党现象的理解不同,可能会对政党学的理论体系有不同的构建。所以,本书的架构,与其说是一种更为科学的解说,不如说这样的设计更能比较全面地体现这些年来我们对政党、政党政治和执政党建设问题的思考。所以,期待各位同仁和有兴趣于政党研究者在关注政党问题的同时,也能对本书中的缺陷和不足提出宝贵的意见和建议,我们将不胜感激。毕竟,我们都有这样一份责任,来推进对当今时代政党政治的思考,推动当代中国的政党现代化实践,这是毋庸置疑的。

# 目　录

## 第一部分　政党本论

## 第二部分　政党体制

# 第三部分　政治体制中的政党

# 绪　　论

## 一、研究政党的意义

政党是一种客观存在的社会政治现象。在当今时代,政党几乎无所不在。政党政治是民主政治最为普遍的形式,已然成为现代民主政治的代名词。研究当今时代的政治,政党是一个无论如何也绕不过去的问题。

对每个在当代社会中生活的人来说,政党其实就在你身边。在多党制国家,哪个党能够在选举中获胜,往往不但成为对政治感兴趣的人们关心的问题,也是没有政治倾向的人们茶余饭后的重要谈资。在一党主导的国家,执政党的行为更为大众所关注,因为它的政策往往和人们的切身利益密切地联系在一起。不管人们愿意不愿意,政党事实上都成为人们生活的一个重要组成部分。

人们可能对政党司空见惯,但与此同时,政党也经常给人们带来困惑。在西方,德国人曾出于对政党的信任而拥戴希特勒的纳粹党上台,指望这个党能带领人民实现德国的振兴。纳粹党统治不但给德国,而且给全世界都带来了灾难。在苏联,苏共曾经建立了第一个社会主义国家,创造了历史上的辉煌;但后来,这个党却在一夜之间化为乌有。在一些国家,政党政治使本来分裂的族群更加分裂;在另一些国家,众多的政党却可以在共同认可的规则下竞争,政党的轮替对国家和社会发展几无影响。这些都可以归到政党政治范畴之下的政党活动,实际效果却有如此大的反差,这正是政党现象能够对研究者产生强大吸引力的原因之所在。

很显然,政党不是人类历史的匆匆过客,也并非偶然出现在人们的政治行为中。仅仅政党普遍存在的事实就足以说明,人类利用政党这种形式从事政治活动自有它的道理。那么,这些道理是什么? 政党活动有无规律可循？遵循这些规律会怎样,不遵循这些规律又会怎样？如何才能既最大限度地降解政党政治的消极面,又最大限度地利用它造福于人类？和其他领域、其他学科的问题一样,这些问题,是人们对社会发展规律进行探索过程中必然要涉及的。对这些问题的回答,无疑会大大提高人们运用政党这种工具推动社会政治经济发展的科学性和自觉性。

在我国,政党研究除了具有一般意义之外,还具有特殊的理论和实践意义。

第一,研究政党政治有利于深化我们对政党活动规律的认识,自觉遵循和运用这一规律推动中国政治的发展。

在今天看来,政党活动有共同的规律,这似乎不言自明。但是,在过去,这却是一个长期没有搞清楚的问题。其根本原因是,在这个问题上,一直存在严重的认识上的误区。在"左"的简单化思维影响下,我们想当然地认为,世界上不存在抽象的、超阶级的政党,政党总是归属一定的阶级。既然如此,不同阶级的政党之间就没有什么可比性。在不同阶级的政党之间进行比较,不但方法上是错误的,而且立场上也有抹杀政党阶级性的嫌疑。

这种状况带来的理论的和实践的后果,突出体现在两个方面:第一个后果是忽视政党活动规律,忽视对这种规律的研究。不能否认,阶级分析是政党研究最重要、最根本的方法之一。问题在于,不能把它作为唯一的方法,把它摆在和其他方法相对立、相排斥的位置上。离开了这一点,阶级分析便不再科学。因为这样做等于把政党封闭起来,使得从更高的角度、更宽的视野认识政党失去了可能性,乃至别人犯过的错误我们继续犯,别人走过的错路我们继续走,别人付过的代价我们继续付,有时还比别人付出得更多。这对政党的自身发展是极其不利的。

还需要指出的是,如果说,用这种思维方式来思考党的建设问题,在领导革命战争时期还体现了相当的合理性,那么,在成为执政党以后,它就越来越成为束缚我们思想的桎梏了。因为,当我们处于"革命党"状态时,由于所处的特殊历史环境和时代背景,无论是政党的功能,还是党的纲领、目标乃至组织形式,都和处于常规民主政治中的西方政党有很大的不同,确实缺乏可比性。但是,执政党的情况则大不相同。掌握了政权的政党几乎都面临着相似的责任,即如何整合社会各方面的力量,推动经济社会的发展。

没有执政经验的政党,往往可以通过研究其他政党的执政经验,总结其中的规律,取别人之长处,避自己之短缺,使执政更科学、更有效。这就使政党之间的比较有了越来越大的空间。拒绝从政党一般的角度去认识和研究规律,无异于放弃了超越别人的机会。

在政党研究中设立禁区的第二个后果是,把特殊性当做普遍性,把经验当做规律。拒绝研究其他政党,把自己封闭起来,必然只能在本党或本类政党的狭小眼界里观察问题,在自己的经验和惯性思维里面打转转。长期以来,我们都把党的建设作为一个特定的概念来使用,主要用指马克思主义政党的建设,而且在相当一段时期只指中国共产党一个党的建设。这就很难把党的建设从具体工作的层次提升到理论的高度上来,党的建设的研究长期停留在就事论事上,停留在"党的历史经验的科学总结"上。既未建立一套学术体系,也缺乏这套体系所需要的科学概念和定义。形成的一套话语,往往更多地不是严格的科学界定,而是比喻和隐喻,自说自话,无法和国外进行同类研究的学术机构沟通。这种状况,反过来又加重了党建研究中的封闭性。

第二,研究政党政治有利于深化我们对民主政治的认识,担起政党在发展社会主义民主政治的责任。

大力推进社会主义民主政治,是我们的既定目标。纵观人类历史,政党在民主政治的发展进程中起着举足轻重的作用。民主政治是世界性的潮流。世界各国的民主政治,既有相当成功的,也有几经挫折至今未形成稳定制度的。其中的原因固然复杂,但政党在其中的作用如何,往往是我们进行分析、解读的一个最为重要的依据。

实际上,政党本来就是在民主政治的进程中产生的,是作为人民当家做主的工具产生的。即使把民主作为装饰品并不真正落实的政党,也无法不把这一点作为党存在的合法性基础。考察政党的发生和发展,我们看到,在人们最初探索民主政治的时候,政党并没有进入人们的视野。但是,人们逐渐发现,要把民主变成一套可操作的制度、程序、规则,就不能没有组织。这种组织,既不同于可以对人们实行强制的国家机器,也不同于明确地只代表一少部分人意愿的利益团体。它虽是人们自愿成立,却又以掌握国家政权为目的。这种组织,就是政党。政党是民主政治发展到一定阶段的产物,是人们进行政治参与的工具。

　　了解这一点,对从本质上把握政党的特性具有重要的意义。处于不同国家、不同政治生态环境中的政党,由于面临形势和所要达到的目标不同,在活动过程中可能会突出地体现其中的若干特性而隐略另一些特性,在一个特定的阶段暂时不能履行某些功能。但是,政党归根结底是民主的工具。政党长久偏离这种工具特性,肯定会出现问题:要么政党自身蜕变,要么政治体制的运行陷入危机。这一点,已经为历史所反复证明。

　　中国共产党的特殊性在于,它最初从中产生的那个制度不是民主政治,而是专制制度。党的首要任务不是充当人民当家做主的工具,而是充当领导人民和专制制度对抗、以推翻专制制度为己任的政治先锋队。为了能够在严酷的环境中生存和发展,真正起到意志统一、纪律严明的政治部队的作用,党不能不在组织上实行高度的集中,实际上是一种半军事化的组织。不要说帮助人民当家做主,就是党自身的民主,也是受到很大的限制的。成为执政党以后,这种情况发生了根本性的变化。领导和支持人民当家做主,又成了党最重要的目标和任务。在实践中,我们已经看到,能不能自觉地实现这一转变,既关系党所领导的事业,也关系到党自身的未来。过去的挫折和今天的成就,均与此有关。

　　第三,研究政党政治有利于深化我们对时代变化的认识,探索和解决政党发展中的新情况新问题。

　　政党从最初产生发展到今天,已有200多年的历史。很显然,在这200多年的时间里,时代已经发生了深刻的变化。可以想见,如果不能随着这种变化而对自身进行变革,政党就不可能求得生存和发展。事实上,政党政治本身也正是在适应发展的过程中不断演进着。我们看到,今天的政党政治,无论是在形式上,还是在内容上,都和200多年前有很大的不同。对政党政治的研究,在很大程度上既是对政党理论的研究,更是对这一变化实际过程的研究。

　　政党政治的变化,本质上是对时代变化的应对。没有一个政党会在客观上没有变革需要的情况下随意地改变自己。在对待这个问题上,我们过去是有些简单化的。例如,19—20世纪之交社会民主党内由伯恩施坦修正主义引发的那场大争论,实际上是工人阶级政党面对当时时代的变化该不该调整以及如何调整自己理论和战略策略的问题。修正主义把时代发生的新变化与马克思主义基本原理对立起来,借此否定马克思主义的一些重大原则,这当然是错误的。但是,时代要求工人阶级政党因应变化思考资本主义的新动向,重新评估资本主义的生命力,却是马克思主义不应回避的迫切任务。遗憾的是,当时的一批所谓马克思主义者,在批判修正主义的同时,闭眼不看时代的要求,一味死守固有的结论,错失了发展马克思主义的良机。后来修正主义没有因这些马克思主义者的批判而销声匿迹,而是继续对社会民主党的发展产生重大的影响,在很大程度上和当时的所谓马克思主义者缺乏对时代变化的认识和思考有关。

尤其应当指出,对修正主义的这种态度,后来极大地影响了马克思主义政党的思维方式。刻意追求与被我们认定为背叛马克思主义的社会民主党针锋相对、反其道而行之,使我们对马克思主义的理解大大固化了,对时代变化的反应陷于迟钝。在许多重大问题上,我们都故步自封,以不变应万变,结果正如后来出现的那样,吃了很多亏,付出了很沉重的代价。

今天我们面临的时代变化更为迅速,也更为复杂。我们用"日新月异"来形容这种变化,这是非常准确的。许多政党都在作出应对。我们应当接受历史的教训,不应再简单地采用否定别人探索的方式来对待这种变化。很显然,我们既没有必要对别人的探索一概加以赞许和肯定,也没有必要跟在别人后面亦步亦趋,但我们必须正视这种变化,研究这种变化,客观地思考其他政党作出的应对的合理性。只有这样,才能使我们的应对更加科学,更有前瞻性。

## 二、政党学的研究对象和内容

既然政党是一种客观现象,对这种现象进行研究,就成为人类探索各种自然的和社会的规律的重要课题之一。政党学便是研究政党政治这种客观现象的科学。和其他学科一样,政党学研究也因考察政党政治的角度不同而划分成不同的亚学科,其中包括政党基本理论、政党思想史、政党发展史、党别研究、政党比较研究、党务管理研究等。

### （一）政党理论

政党理论研究的是作为客观现象的政党政治的基本方面。根据政党活动的特点，对政党及其周围环境进行分析，对包括政党是什么、政党的起源和发展、政党组成的必要条件、政党自身的构成和运作、政党之间关系、政治体制中的政党与其他各要素的关系、政党的未来发展等在内的一系列问题进行思考和回答，并在此基础上形成相应的理论框架，力图对政党政治作出合乎规律的解释，这是政党理论研究的任务。

在西方国家，政党理论长期作为政治学的一部分而存在，并无独立的学科体系。这种状况，和西方政党伴生于西方资本主义民主政治制度有关。与资本主义民主制度成熟的过程相同步，政党也在其中经历了一个不断成形、功能定位逐步明确的过程。资本主义民主制度定型，也就意味着政党在其中作用的定型。因此，西方政党政治在很大程度上是和民主政治重叠在一起的，很难独立出一个不同于政治学研究的政党学研究。只是到后来，时代变化给政党带来了新的问题，政党的生存和发展受到了新的挑战，人们才对政党政治格外关注起来，政党学才在政治学中有了一块相对独立的领地。这是发生在 20 世纪 50 年代以后的事情。

在这方面，马克思主义政党有所不同。马克思主义把握了政党能够有效地组织阶级利益表达的本质，把政党当做阶级斗争工具来使用，因而对政党的认识超越了资本主义民主政治的范畴。在这个基础上，马克思主义对政党的功能作了系统的探讨，大大丰富了政党理论的内容。但是，由于马克思主义政党学说主要围绕在实践中如何充分利用政党某些方面的功能和作用达到无产阶级政党的目的而展开，关注点主要在马克思主义政党自身，因此，客观上缺乏对政党理论的系统论述。这种状况，后来也带来了一些问题。这些问题集中表现在通过暴力革命取得政权的马克思主义政党身上。它们往往不自觉地扩大自己在特殊道路上获得的经验的普遍意义，忽视乃至轻视民主政治中的政党所应遵循的普遍规律，在执政实践中遭受了一系列挫折。在经历了这些挫折之后，政党理论的研究才逐步发展起来。

政党理论应当有自己的独立体系。这不仅因为政党是一种普遍的现象,还因为这一现象带有很强的综合性。它既是一种政治现象,又是一种社会现象,还是一种文化现象;既涉及政治学,又涉及社会学,还涉及组织学,具有跨学科的性质。法国政治学者莫里斯·迪韦尔热把政党学纳入政治社会学的范畴,是很有道理的。

### (二)政党思想史

随着政党政治不断发展,政党在人类文明进程中留下自己深刻的烙印,对政党这种客观现象,人们也逐步地形成了比较系统的认识。这种认识发展的过程,构成了政治思想史的一个重要分支——政党思想史。政党思想史研究的是人类对政党政治由浅入深的认识过程。由于政党基于人们的利益而形成,利益之间往往存在相互矛盾和冲突,因而人们对政党的认识也是很不一样的,体现的是不同的世界观和立场。例如,马克思主义通常按照政党观的倾向性,把政党思想分为资产阶级政党学说和无产阶级政党学说,把政党思想史看做两者相互交锋的历史,马克思主义政党就是在这种交锋中发展起来的。与此不同,西方学者则希望在这个问题上保持一种中立的研究立场。

一个明显的特点是,由于政党是现代政治中仅次于政府和社会的要素,研究政治思想必然涉及政党思想,因此,长期以来,并不存在一门独立的政党思想史学科。政党思想史往往附着于政治思想史之中,被纳入政治思想史,作为其中的一项内容。在我国,情况不太一样。党的建设很早就被作为一门学科,在这门学科里,专门开设了"马克思主义党的学说史"这个研究方向。从学科建设的角度讲,这无疑是很有意义的。遗憾的是,这项研究,不但如名称本身所显示的那样,把自己的眼界限定在"马克思主义党的学说"范围内,而且从内容上讲,它也并不是马克思主义对整个政党现象表达的系统的看法,而只是不同时期的关于无产阶级政党发生、发展及其历史作用的论述,并不构成严格意义上的政党思想史。

加强对政党思想史的研究,十分必要。就一般意义而言,研究政党政治,和其他学科的研究一样,也不能不对有关这个问题的认识史进行研究,以保持学科的完整性。但是,进行政党思想史研究,更重要的意义恐怕还在于,我们过去的不完整的研究,不仅是学科建设方面的缺陷,而且在很大程度上影响了我们对政党执政模式的选择。在今天政党政治发展普遍面临新情况新问题的背景下,拓展这一研究,有利于深化我们对问题的认识。此外,虽然我们的研究长期是不全面的,但在其他国家,人们对政党政治的思考从政党产生之日起就没有停止过,并且到 19 世纪末、20 世纪初出现了对政党政治的系统论述和研究,此后一直延续,产生了一系列成果。这种主要立于西方政党政治实践的研究固然有不少局限,我们仍然不能不看到,学者们在力求突破这种局限,对政党政治的认识是在不断深化的。研究这些成果,既有助于推动我国的政党政治实践,也有助于政党理论本身的发展。

### (三)党别研究

政党活动具有共性。但是,这并不意味着,所有政党都按照一个模式来活动。恰恰相反,政党总是存在于具体的社会政治环境中。由于各种类别的社会和国家在历史进程中形成了自己特定的、不同于他国他民族的发展路径和文化,在不同的文化土壤上生长出来的政党往往都具有自己鲜明的特点。从历史和现象学的角度对各具体国家、具体民族的政党进行研究,就是党别研究。

党别研究可以有许多种分类。我们可以按照政党存在的自然状态确定研究对象,例如苏联共产党研究、德国社会民主党研究、美国共和党研究、新加坡人民行动党研究、印度尼西亚专业集团研究、南非国民大会党研究,等等。也可以把一个国家的全部政党作为研究对象,例如英国的保守党、自由党、工党、社会民主党。还可以在国际范围把具有更多相似性的政党归拢在一起,进行类研究,如社会民主党研究、自由党研究、保守主义政党研究、基督教民主党研究、绿党研究等。当然,同样可以按照政党不同的阶级性质来展开研究,如无产阶级政党、资产阶级政党、小资产阶级政党、农民政党,等等。

在对一个具体政党进行研究时,必须把政党的活动和它所处的时代背景、环境联系起来。不同国家、不同时期的政党,往往由于作用不同而有很大的区别。例如,在民主政治条件下活动的政党显然不同于在专制制度下活动的政党;在发展中国家,政党的行为准则和行为方式不可能和发达国家的政党一般无二;适应今天信息社会的特点而建立的政党,和19世纪出现的那些政党,无论是在思想观念上,还是在组织形式上,都会存在巨大的差异。

毫无疑问,党别研究的意义不在于把各个具体政党的活动记录下来。进行党别研究,归根结底还是为了探讨政党活动的规律性。所以,党别研究往往具有比较研究的背景。当然,这是一种更加宏观的比较。因为它不是把具体的政党并列在一起,而是在研究中确定了特定的坐标,把这一坐标作为对研究对象作出判断的标准。在这种情况下,理论框架的科学与否就显得特别重要了。一些西方学者之所以对包括中国在内的东方国家的政党体制总是持怀疑和否定的态度,很重要的一个原因,就是他们往往用西方的政党体制作为评判标准,"以我画线"地进行研究。这就难免误入歧途。

### (四)政党比较

政党既然是一种普遍性的现象,那么,各种不同或相同类型的政党之间无疑是可以进行比较的。事实上,在我国,首先是认识到了政党之间进行比较的可行性,才有了科学意义上的对政党的研究。过去我们长期对这个问题抱片面的态度,认为政党有强烈的阶级性,因阶级属性的不同而组成了政党,所以政党之间,尤其是代表不同阶级的政党之间,毫无共性可言。能不能超越这种认识,在当时不是一个学术问题,而是一个政治问题。超越了,就要冒"抹杀政党阶级性"的风险。这也正是在政党比较问题上我们一直讳莫如深的原因。只有当回到用科学的态度来研究政党问题时,我们才发现,政党之间是可以比较的,这只不过是一个常识。

任何政党,无论它们站在什么立场上,具有如何迥然不同的性质和意识形态,呈现如何千差万别的组织形式,都不能不遵循一些共同的基本规律:招募党员,建立组织,制定纲领,控制权力,等等。无产阶级政党如此,资产阶级政党亦如此;发达国家的政党是这样,不发达国家的政党也不例外。这些基本规律,就是政党比较需要研究的内容。当然,对于中国共产党来说,开展政党比较研究还有另外一层重要的意义。这个党从成立之初的条件和环境,到党的目标,再到党在社会中发挥的作用,都有极大的特殊性,因而形成了特立独行的风格。这种风格,一方面造就了这个党的伟业,另一方面,也使我们不太屑于学习、吸收他党的经验,特别是和我党性质迥然相异的政党的经验。在战争时期,这不是什么问题,但执政后的情况就不一样了。如果说,在取得政权的道路上,各政党都有自己的不同选择,因而手段、方式也大有区别、不好借鉴的话,那么,在执政之后,所有的政党面临的问题都大同小异:如何利用手中的权力来推动国家社会的发展。这样一来,通过比较,学习、吸收、借鉴他党的经验,就显得特别重要了。所以,对中国共产党来说,这是应当补上的重要一课。

可以纳入政党比较这个范畴的内容很多。例如,在具体政党之间进行比较,叫做党别比较,如中国共产党和苏联共产党比较研究;在不同类型的政党之间进行比较,叫做类比较,如共产党和社会民主党比较研究;以不同国家为单位进行政党比较,叫做国别比较,涉及的多是政党体制之间的比较,如英美两党制比较研究;就政党活动的不同方面进行比较,叫做专题比较,如党章比较研究、东西方政党组织体制比较研究、党群关系比较研究、政党基层组织活动比较研究、党内民主比较研究等。

至于政党比较的方法,更是不胜枚举。既可以进行宏观比较,如政党体制之间的比较,也可以进行微观比较,如政党政治经济社会政策的比较;既可以进行横向比较,如信息社会政党结构变化的比较研究,也可以进行纵向比较,如不同时期政党的纲领比较;既可以进行两维比较,如两个政党之间的比较,也可以进行多维比较,把若干个政党并列在一起进行研究。可以看出,政党比较是一个非常广泛的领域,一系列问题都有待我们去作深入的探索。

### (五)党务管理

政党是一种特殊的社会组织。和其他组织一样,党自身的管理也是一门学问。同是政党,但党务管理的水平如何,在很大程度上决定着政党在社会中的权威和影响力。

党务管理属于组织管理学的范畴。但和其他组织的管理相比,党务管理有着自己的不同特点,这是由政党不同于其他组织的特性决定的。这种特性表现在:其一,政党所追求的不是组织内部成员自身的利益,而是以实现一定的政治价值为目标,是要把有共同理想的人们组织在一起。其二,政党谋求对公共权力的控制,利用公共权力达到自身的目标,实现所追求的价值。这就使政党和公共权力有着比其他社会组织、利益团体更加密切的关系,而公共权力对政党的反作用也比对其他组织大得多。政党的这一政治生态,使政党自身的管理成为一门特别需要研究的学问。

党务管理需要研究的内容主要包括两个方面:一是如何使党的组织运行灵活而有效。政党由党员组成。党员又被集合在党内组织中。政党还可以为了贯彻整个党的意图而制定自己的纪律。但是同时,政党又是人们为追求共同价值自愿组织起来的,参加组织的人是为了共同的目标而集合在一起。所以,每个成员的自主性是政党不可或缺的原动力。有效的党务管理,就是要在这两者之间找到一个平衡点,把这两者整合成集体的意志和共识。二是如何防止权力的侵蚀。政党首先以执掌权力为目标。但是,权力对执掌者有强大的腐蚀性。权力的巨大能量往往使掌权者在向政治目标前进的同时,也获得相应的利益,这种利益有时会挑战政党赖以使自身凝聚起来的价值,使政党原先的价值发生畸变。所以,如何既有效运用公共权力实现政党的政治目标,又避免权力的腐蚀,成为政党必须面对的问题。这也正是党务管理要研究的重大课题。

以上只是从一般的学科角度,列举了政党学研究的一些主要方面,不能说无一遗漏地概括了这一研究的全部。人们还可以选择其他不同的角度,对政党学的对象和内容进行梳理。

本书研究的主要内容是政党学基本理论,故名《政党论》。本书为自己规定的任务是:确定一种政党政治研究的基本框架,在这个框架下,通过对政党政治最基本方面的考察,探索政党活动的普遍规律性,促进对政党政治的研究和思考。

## 三、政党研究的历史和现状

对政党问题的研究,是在政党政治发展的实践中逐步系统化的。最早出现的关于政党的描述和评价,散见于一些研究各国政治的文献中,在很长时间里都没有作为一个单独领域获得政治学分支的地位。即使在对政党本质作了深刻揭示的马克思恩格斯的著作中,政党也只是被作为阶级斗争的工具来描述的。到 19 世纪末,情况才出现了变化。一些政治学者把目光转向政党,把政党从政治学中单独梳理出来进行研究,在此基础上开始有了系统地论说政党的著作。俄国政治学者奥斯特洛果尔斯基可以称为政党研究第一人和现代政党学的奠基人。他在对英、美政党进行比较研究的基础上,于 1902 年在伦敦出版了世界上第一部系统分析评述政党的两卷本著作《民主政治与政党组织》。接着,更多的学者开始投入其中。1905 年,德国政治社会学者罗伯特·米歇尔斯也写出了《政党》一书。这以后,专论政党的书籍时有出现,政党学说在这个过程中逐渐形成。

北京大学的林勋建教授把西方的政党研究分为三个时期。按林教授的观点,从政党萌发到 20 世纪以前为政党研究初期。在这一时期,随着政党现象开始出现,西方学者也有人开始进行这方面的研究。但总体说来,这种研究处于初始阶段,涉及的只是政党活动的个别方面,如党派的作用、党派与派别的关系等。概括其特点,可以说,当时的研究还无任何系统性可言。第二个时期是 20 世纪上半期。这一时期的突出特点是政党现象受到许多学者重视,研究走向深入,开始出现对政党的专门研究。我们前面所说的奥斯特洛果尔斯基、罗伯特·米歇尔斯,以及 1942 年出版了《政党政府》一书的美国学者沙特施奈德等,是这一时期的代表性人物。第三个时期是第二次世界大战以后,林教授形容为西方政党研究"全面、深入发展的新时期"。在这一时期,参与研究的队伍不断壮大,研究成果日新月异,不少研究内容富有开拓性、创新性。① 我个人以为,这一划分,大体还是准确的。

第二次世界大战以后,政党研究迅速发展,确实硕果累累。仅举其中比较有影响或有较大影响的著作,就足可令人目不暇接。例如 M. 迪韦尔热的《政党》(1951 年),S. 纽曼的《现代政党》(1955 年),S. 艾尔德斯韦尔德的《现代国家中的政党组织和活动》(1964 年),约瑟夫·拉帕隆巴拉和迈

---

① 林勋建关于政党研究的分期,参见他为《西方政党政治译丛》作的总序。该译丛 2006 年由北京大学出版社出版,选译了包括《政党与政府》、《政党政府的性质》在内的六部当代西方政党学者的著作。

伦·韦纳主编的《政党与政治发展》(1967年),利普塞特和罗坎主编的《政党体制与选民联盟》(1967年),萨尔托里的《政党与政党体制》(1976年),L.爱泼斯坦的《西方民主国家的政党》(1980年),K.劳松主编的《政党与链接》(1980年),P.H.默克尔主编的《西欧政党体制:趋势与展望》(1980年),K.冯·贝米的《西方民主国家的政党》(1985年),P.迈尔主编的《西欧政党体制》(1990年),A.韦尔的《政党与政党体制》(1996年),J.布隆代尔和M.科塔主编的《政党与政府》(1996年)、《政党政府的性质》等,都反映了这一时期政党研究取得的进展。这里面,所有有关国别政党研究的著作都未被计算在内,不然,我们的书单可能过于冗长了。

政党研究之所以能在战后发展起来,最主要的原因有三个。首先,法西斯主义政党兴起并把各国拖入世界大战,由此引发了一场空前的人类大灾难,这促进了人们对政党的思考。在许多研究者看来,政党是民主政治的工具。但是,德国纳粹党和意大利法西斯党的所作所为无情地告诉人们,政党不仅可以被用来发展民主,也可以被用来搞法西斯独裁。为了避免再度出现类似的灾难和悲剧,十分有必要对政党这种现象的本质、来龙去脉、有关政党发展的规律性问题进行更加深入的探讨,以便为政党政治朝健康方向发展提供一些明确的原则和规范。防止政党被用来危害人类,是这一时期,特别是战后初期贯穿在政党研究中的一个主导思想。

其次,在西方国家,特别是美国,现有政党和政党体制出现了一些问题,引起了人们对政党问题的关注。英国、美国的两党制历来被西方人当做值得称羡的政治制度。第二次世界大战的胜利,似乎也证明了这一点。但是,政治学者们却发现,即使在美国,政党的活力也仍然是一个需要认真对待的问题。1950年,由美国政治科学学会提出的《走向更负责任的两党制》的报告认为,美国政党不能保障责任政党政府制极其迫切需要的连续性政策方针和责任,缺乏有效的权威。有一个美国记者甚至写作出版了一本名为《政党完了:美国政治的失败》的书,直言美国政党政治正在走下坡路。学者们纷纷提出,美国需要进行政党改革。到20世纪60—70年代,政党改革的呼声更高。1976年,美国著名政治学者詹姆斯·M.伯恩斯还发起成立旨在加强政党作用的"政党振兴委员会"。这一背景,在当时显著地推动了政党研究的深入。

最后,发展中国家政党政治出现的新情况,也在很大程度上吸引了政治学者对政党的兴趣。第二次世界大战结束后,一些发展中国家纷纷摆脱殖民统治,获得了独立,政党政治成为这些国家走向现代化的一个选择。但是,由于历史、文化传统和发展状况的不同,在实践中,这些国家的政党政治呈现出远比西方要复杂得多的局面,现有的以西方政党政治为中心坐标的政党理论显然不够用了。人们发现,这些理论从观念到分析框架,都很难对现实作出令人满意的解读。因此,政党理论自身的发展成了现实的迫切需要。也正是这种客观需求,大大刺激了政党学者的研究积极性。从这一时期的研究成果中,我们不但可以看到,学者们研究的内容已从西方国家的政党政治拓宽到发展中国家的政党政治,而且其中不少学者力图摆脱政党政治研究中的西方中心论,尝试建立更加多样化的分析模式来应对万花筒般变化着的政党政治现实。当然,如我们所看到的,真正摆脱这种局限性并不容易。

在我国,学者对政党的关注也是随着政党政治实践的展开而出现的。辛亥革命前后至解放前,陆续出版过一些有关国外政党政治情况和政党理论的译著,以及在这基础上研究者自己写的一些著作。例如1930年彭学沛出版的《政党》一书。但这时的著述多半是介绍性的,还谈不上中国人自己关于政党的系统理论。解放后,我国建立了自己独有的、既有别于西方国家也有别于苏联的共产党领导的多党合作政党体制。但在理论上,由于观念、思路、研究方法都深受苏联模式和"左"的思想的影响,我们对政党的研究更多地局限于马克思主义政党的研究,这之中又更多地局限于对党的建设历史经验的研究。从性质上说,这种研究主要是一种工作性的研究,其主要作用是为党的建设直接提供措施和办法,目标是实用,很难提到政党学的高度。

改革开放以来,随着我国和世界越来越深入、越来越全面的交往和交流,政党活动的规律性才逐渐进入我们的研究视野,变得重要起来。我们终于认识到,不但在经济、文化和社会领域应当大胆吸收和借鉴人类文明的共同成果,而且在政治领域也有大量共同的、带有普遍性的规律有待我们进一步探索和思考。认识的转变,为政党理论的发展提供了前提。我们看到,这些年来,政党政治研究队伍在不断扩大,大量关于政党政治规律的研究成果开始出现。① 可以毫不夸张地说，在我国，政党研究正在步入一个黄金时代。

## 四、政党研究的方法

从事政党研究，在方法论上应当是开放的。这是政党研究本身特点的要求。政党是无数政治社会现象中的一种，和政治经济文化社会发展的方方面面都有着千丝万缕的联系。我们不可能，也不应该把政党从这些错综复杂的关系中剥离出来，相反，必须把政党现象放到这些关系中去考察。相应地，在方法论上，这就要求我们积极吸收政治学、经济学、社会学、法学等等学科的研究方法。此外，政党活动涉及上述各个领域，这又要求政党研究有跨学科研究的思路和眼界。总之，应当善于运用其他学科和领域的方法来拓展政党政治的研究。

毫无疑问，在所有的研究方法中，辩证方法依然是最基本的方法。这是马克思主义最根本的方法论，也是我们最为熟悉的方法，这里无须赘述。我们也无法把所有的方法统统在这里列举出来。但是，相对来说，在我们的研究中用得最普遍的方法，还是需要在这里加以强调的。其中主要有系统方法、比较方法、结构—功能方法和历史方法。

### （一）系统方法

政党研究具有明显的跨学科的性质。按照传统的学科分类，政党研究属于政治学的分支。但是，如果突出政党的社会组织特性，它又应算做是社会学的研究范畴。而如果像前面指出过的，把政党看做是社会和国家之间进行连接的一种工具，政党学无疑成了横跨于社会学和政治学之间的一门

---

① 在这方面，我本人作为在我国从事政党政治研究的一个先行者，也取得了一些研究成果，对政党政治研究起了积极的推动作用，这是值得欣慰的。主要个人专著有：《世界政党比较研究》（中共中央党校出版社1996年版），《政党的危机——国外政党运行机制研究》（改革出版社1996年版），《现代政党执政规律研究》（上海人民出版社2002年版），《政党执政方式比较研究》（与姜跃合著，上海人民出版社2002年版），《苏共：一个大党衰落的启示》（河南人民出版社2002年版），《政党现代化论》（江苏人民出版社2004年版），《中国政治文明视野下的党的执政能力建设》（上海人民出版社2005年版）。其中一些成果在本书中亦有反映。

学问。此外,政党与各应用学科之间的关系更是紧密:它既是组织学的研究对象,也是政策学的主体之一,还可以纳入管理学的范围。政党研究的这种特性,使得系统方法成了其中最为重要的一种研究方法。

所谓系统方法,就是按照事物本身的系统性把对象放在系统中加以考察的一种方法。按系统论的观点,任何事物都可以看做是一个系统。同样,政党也可以看做是一个系统,而且既可以看做是一个母系统,也可以看做是一个子系统。用系统的方法研究政党,就是把观察的重点放在党的机制与外部环境之间、机制内部诸多要素之间的相互联系、相互作用和相互制约的关系上,动态地去研究它。应当承认,过去我们在研究中未能充分地重视这种研究方法,并常常因此而产生观念上和眼界上的局限性。在许多时候,我们往往是孤立地、片面地看问题:在世界层面是孤立的,似乎我们和其他政党毫无共同性相似性可言;在社会层面是孤立的,似乎政党活动完全不受其他因素影响,只要保证了党的性质,就可以随心所欲地去做想做的事情;党的活动也是孤立的,似乎政党是一个万能工具,政治经济社会各项事务不分大小、重要不重要,全都可以由党越俎代庖,包揽起来。实践证明,这种观念上和眼界上的局限性,使对党的活动和执政行为的研究长期停留在经验的水平而难以上升到规律的高度,给党的建设特别是执政党建设造成了十分消极的后果。

运用系统方法,要特别注意各要素之间的有机联系和制约。每个要素都是一个独立的主体,都能自成系统,有自己的活动规律。例如,公共权力有自己的运作规律,按照特定的逻辑、规则和轨迹运行;民间组织有自己的活动规律,按照民众的诉求、法律的规范履行特定的功能。政党和公共权力打交道,和民间组织打交道,与它们同在一个系统中,就变成了一种各遵其规、各司其职、各负其责的关系。政党在尊重其活动规律的前提下对它们的运行发挥积极影响,但不能用违背规律的方法和手段强行干预和改变其运行。同时,系统方法也是我们理解和把握政党政治运行的体制机制问题的最好钥匙。

### (二)比较方法

如果我们承认政党是一种普遍性的政治现象,那么,我们就不能不承认,政党活动必然依循一些共同的规律和规则。只有通过对不同类型国家、地区各种类型的政党进行比较,剥离其特殊性,挖掘其共同性,才能把这些规律规则提炼出来,形成理论。反过来,运用这些理论,才能更好地把握各类政党的特殊性及其与政党共性的关系。因此,比较是政党研究中不可缺少的一环,是政党研究从描述性研究上升到政党理论的必经之途。

在我国传统的对党的建设问题的研究中,一个最大的问题,就是缺乏比较。我们虽然不抽象地否定进行比较的必要性,而且通常还会努力从各国共产党的活动中提炼马克思主义政党的共性,在讲到马克思主义政党的先进性时也不忘批判和嘲笑一下非马克思主义政党的落后性,看上去似乎并未放弃比较方法。但是实际情况是,僵化的意识形态严重束缚了我们的思维,使得真正的比较难以进入研究过程。受"左"的思想的影响,我们总是首先从性质上把我们党和其他国家的其他政党截然分开,以强调我们的特点和特殊性。对于政党实践来说,这种强调无疑有着极为重要的意义,使政党的理论、路线、方针、政策都能够比较准确地体现特定社会特定目标对它的特殊要求。但是,这并不给我们任何理由,来否定我们党和其他政党也有共性这一常识,更没有给我们不遵循共同规律的任何特权。遗憾的是,我们长期把两者对立起来,而且越到后来,谈论"共性"越成为禁区,以为这样便有抹杀党的性质和优势,把共产党降低到和其他政党一样的身份之嫌。很显然,这是一种思维方式上的偏执。毫不夸张地说,由于思维方式上存在的这种问题,使得我们的政党研究长期停留在自己一个党的研究,停留在党的历史经验的研究,很难提升到理论的层次。这或许正是相当一些人不把"党建理论"看做理论的一个最根本的原因。

所以,比较既是一个方法问题,也是一个眼界和态度的问题。它要求我们在承认人类政治文明也有共同成果可以借鉴的前提下,超越政党特殊去考察政党一般,超越一个政党、一类政党去研究政党活动的共同规律。它要求我们以一种实事求是的态度去看待政党活动,从政党活动的实际出发,探究形形色色的政党和政党体制存在、发展的外在环境和内在原因,把握政党政治的趋势和方向,而不是像过去我们常做的那样,"把现实和愿望混在一起,把现存体制的真实特征与想象中可以公平有效运行的体制特征混在一起"①,简单地得出肯定或否定的结论。比较方法是我们在政党研究中必须学会并熟练使用的研究方法。

### (三)结构—功能方法

结构—功能方法与系统方法密切相关。结构—功能方法和系统方法有着同样的方法论前提,即也是把对象当做系统和有机体,是对于系统进行具体分析的一种方法。结构—功能方法最初从社会学研究中概括出来,形成了一个流派,至今在社会学研究中仍是最基本的方法之一。20世纪40年代,美国社会学家帕森斯提出了结构功能主义这个名称,并力求把这套理论系统化,成为这一学派的领袖人物。按照帕森斯的观点,社会行动是一种控制论意义上的层级系统,由有机体系统、人格系统、文化系统和社会系统四个子系统共同组成。在社会系统中,人们扮演着不同的角色,存在各种复杂的关系,形成了体现相互关系的角色结构。角色结构是社会系统的基本结构单位。社会角色,作为角色系统的集体,以及由价值观和社会规范构成的社会制度,是社会的结构单位。社会系统为了保证自身的维持和存在,必须满足四种功能条件:一是适应;二是目标达成;三是整合;四是潜在模式维系。这四种功能分别由经济系统、政治系统、社会共同体系统和文化模式托管系统这四个子系统来执行。在社会系统中,这些功能相互联系,各子系统通过金钱、权力、影响和价值承诺等媒介产生互动和交换。这种交换反过来又促进了社会秩序的结构化。

结构—功能方法对分析政党政治具有非常重要的意义。把政党当做社会结构的一部分放到社会系统中去研究,才能对政党的功能有准确的定位。和社会系统中的其他要素一样,政党有其特定的位置。这种位置,在不同的国家和不同的政治体制中,或许因为历史、传统、文化的不同而有所不同,但是总有须共同遵循的规则和要求。违背了这些规则和要求,哪怕政党有再善良、再崇高的愿望,也往往难保不扭曲,甚至会在运行中南辕北辙。

---

① [匈]雅诺什·科尔奈:《社会主义体制——共产主义政治经济学》中央编译出版社2008年版,第12页。

结构—功能方法的一个重要立足点是:即使构成系统的要素和成分相同,但只要结构不同,就会产生不同的功能。这一立足点在我们考察政党政治实践时尤其应当注意。众所周知,任何政党都有基层组织、领导机构、监督机关、纪律规则,等等。这些因素之间的组合方式不同,就会体现出整个政党的不同特点。这很容易理解。举个例子说:任何政党都有监督机构,其任务都首先是要维护党的纪律,监督执行党的纲领和路线。但是,监督机构在党的整个结构和机制中处于什么地位,对它实际能够起什么样的作用至关重要。如果监督机构只服从党的最高权力机关,那么它就是执行全党路线的工具。如果监督机构隶属于执行机构,那么它就是执行机构贯彻自己意志的工具。两种结构不同,其结果也完全不同。

### (四)历史方法

政党既非从人类历史之始便有之,也不会永远存在下去。政党和社会发展的特定历史阶段相联系,是政治发展到一定历史阶段的产物。所以,对政党和政党政治的考察研究,必须有历史眼光。历史方法是政党学应当坚持的一个基本方法。

和前面讲过的系统方法、比较方法、结构—功能方法相通,历史方法也强调从整体的角度看问题。但是,和这几种方法相比,历史方法更加关注事物本身的发展,更加关注事物的过去、现在以及两者之间的联系,并从两者的关系中推想未来,因而也更强调客观性和过程性。在政党研究中坚持历史方法,就是要求把政党放到一个更加宏观的背景中,去研究和揭示政党和政治经济社会文化的其他因素之间错综复杂的相互联系,观察处在这种相互关系中的政党政治随着时间的推移而产生的各种变化,通过对大量已经发生过的事件的描述,尽可能地还事物以本来面目,从中寻找政党政治这种现象的生命轨迹,探索政党活动的规律性。

把政党问题放到政党所在的历史环境中去考察,是马克思主义方法论的基本要求。离开了这一点,就谈不上对问题的正确理解,更谈不上对其现实意义的理解。遗憾的是,在我们过去的研究中,往往缺乏历史眼光。不时会出现两种片面的倾向:或是出于今天的需要而人为地夸大历史上出现的思想、观点或事件的重要性,脱离了实际;或是为了某种政治原因,故意贬低本来意义重大的问题。这两种倾向的背后,都是政治实用主义。例如我们对于党内斗争的理解。在"以阶级斗争为纲"的年代里,为了说明这一理论的正确性,我们片面理解"党是同机会主义斗争中成长起来的"这句话,夸大党内正常的斗争、批评,甚至把一些并非原则性的意见不一致也曲解为路线斗争。例如列宁与布哈林在某些问题上的争论,斯大林与苏共党内反对派在某些问题上的不同意见等,以证明党确实是在同机会主义的斗争中发展壮大的。又如,列宁在俄共(布)十大上主持通过的关于党的统一的决议,在实践中也是遭到很大程度曲解的,似乎列宁始终致力于消灭党内派别,似乎十大通过的决议就是这种一贯主张的反映。实际上,列宁关于禁止派别活动的思想只是当时历史条件、俄共所处具体状况的产物,在此之前列宁未对派别活动本身作过评价。之所以要对列宁的观点作这样的解读,无非是要为斯大林对党内不同意见的压制和打击寻找理论根据罢了。可见,没有历史的观点和历史的方法,就不能正确地理解过去。

# 第一部分　政党本论

# 第一章　政党的起源和发展

一触及政党这种政治现象,人们马上会提出的问题是:为什么政治体制中会出现政党这种政治组织? 政党究竟是怎样产生的? 它为什么会在越来越多的国家得到发展,并在当代政治中起着日益显著的作用? 对这些问题的回答是如此重要,以至于不弄懂它们,就难以正确把握政党的本质,难以正确把握政党与政治体制的关系。可以说,了解政党的起源和发展,是了解政党政治的第一把钥匙。

## 一、政党的起源

政党起源于西方。对中国人来说,政党和民主、自由、宪政等一样,是一种舶来品。这是我们研究政党政治,特别是研究中国的政党政治不能忽略的一个重要背景。

### (一)现代政党的产生

中国文字中的"党"字是一个历史极其悠久的词。《周礼》中关于"五族为党"的记载,《礼记》中所谓"睦于父母之党"的说法,以及《论语》中讲到的"吾闻君子不党"等,都可以作为"党"很早就见于文献的证据。但是,这里的"党"字包含的意思,或是指划分居民的基本单位,或是表示亲属关系,或是用于形容搞秘密团伙以营私的行为,显然与我们现在所说的政党相去甚远。中国封建社会的"党争",如唐代的牛、李党之争,宋代的新、旧党之争,明代的东林党与非东林党之争,清末的维新党与守旧党之争,以及历代封建统治者立"阿党附益之法"(汉武帝),诛杀"奸党"(明太祖),写"朋党论"告诫百官(雍正),实行"党锢",这中间的"党"字,都是针对统治集团内部钩心斗角的帮派而言的。

明末清初以后出现的"会党","党"字的含义又有所不同。会党的组织性较以上的"朋党"为明显,基础也更为广大、更为底层化,多指秘密的民间团体,如天地会、哥老会、大刀会、小刀会、青红帮等。这些秘密团体封建迷信色彩浓厚,且有反叛性(例如以"反清复明"为旗帜),因而往往被用来集结对社会不满的人群,成为组织起义的一种方式,当然也常常为统治阶级所利用。可见,会党显然也不是我们现在所说的意义上的政党。

现代意义的政党最早出现在英、美两国。在英国,政党是在英国资产阶级革命以后封建贵族势力与工商业资产阶级、新贵族之间进行的复辟与反复辟的斗争中发展起来的。英国革命给了土地贵族和得益于封建专制制度的天主教势力以沉重的打击。但是,由于英国革命的不彻底性,封建势力只是受挫而并未被逐出历史舞台。1660年,斯图亚特王朝复辟。封建王朝和天主教势力都力图恢复失去的权力,而工商业资产阶级和新贵族则力图保住得到的利益。17世纪70—80年代,复辟势力和反复辟势力在议会中围绕王位继承问题展开了激烈斗争。复辟势力拥戴公开的天主教徒詹姆士二世继承王位,而反复辟势力则试图在国会中通过《排斥法》,以剥夺詹姆士二世的王位继承权。在相互对立的两大派基础上,最初的两党产生了:"托利党"代表大资产阶级和封建贵族势力的利益,而"辉格党"代表了工商业资产阶级和新贵族的利益。

和英国不同,美国的两党是在围绕建立一个什么样的国家这一重大问题而进行的争论中产生的。18世纪80年代末,在讨论宪法时资产阶级内部形成了两派意见:以汉密尔顿为代表的一派主张权力集中,建立中央集权的政府;以杰斐逊为代表的一派则强调保障人民权利,主张权力不应过分集中于联邦。前者自称"联邦党人",而把对方称做"反联邦党人"。但这并不意味着美国这时就已经形成了两个政党。只是在杰斐逊此后做了大量的组织工作并于1792年正式建立了民主共和党之后,美国的政党才得以诞生。在1800年美国总统大选中,杰斐逊利用民主共和党组织的力量取得了选举胜利,第一次显示了政党作为参与政治的工具的作用。

从时间上看,英国政党的出现要早于美国。但是,从组织上看,美国的政党出现后不久就有了比较完全的现代政党的特征。相比之下,英国的政党更像是政党的萌芽。直到 19 世纪 30 年代，英国的两党才发展成了有比较健全的组织系统的现代意义的政党。所以，有人把美国的两党看做第一批现代政党，而把英国更早些的两党看做现代政党的前身，这是不无道理的。

工人阶级政党的出现要比资产阶级政党晚些。一般认为，1847 年建立的"共产主义者同盟"是第一个无产阶级政党。但是，若把民族性作为政党的一个特点，则应当把 1869 年建立的德国社会民主工党看做第一个民族国家范围内产生的工人阶级政党。该党在德国若干工人组织联合的基础上形成，受到马克思、恩格斯领导的第一国际的影响和支持。在德国社会民主工党的带动下，其他欧洲国家的工人政党也在这之后陆续建立。和资产阶级政党不同，工人阶级政党一诞生就有明确的政治目标和比较完好的组织形式。

事实上，政党以何种形式产生，往往对政党后来的活动有很大的影响。所以，政党的产生方式是研究政党的人们感兴趣的话题之一。资产阶级政党和工人阶级政党是现代政党的两个基本类型。它们都出现较早，并且都首先产生在资本主义发达的欧洲，因而往往成为人们观察的主要对象。西方学者较早一些时间就对政党产生的形式进行了探讨。在 20 世纪 50 年代，法国著名政治学者 M·迪韦尔热在对各类政党和政党体制进行分析、比较的基础上，提出了"内生党"（internal parties）和"外生党"（external parties）的概念。所谓"内生党"，按照迪韦尔热的说法，就是从立法者本身的活动中渐渐形成的政党，也即从议会内部产生的政党。以上所描述的英美早期政党便是这种类型。大多数传统的资产阶级政党也都属于这种类型。这类政党的特点十分明显：政党由已经身为立法机关成员的人们根据自己的利益、观点、倾向结合而成，其活动最初仅限于立法机关内部，后来只是出于扩大势力、巩固地位的需要，才逐步向议会外发展。"外生党"则完全不同。所谓"外生党"，迪韦尔热指的是那些在立法机关之外形成的政党。这些政党最初在立法机关和其他权力机关中并没有自己的代表，相反，正是由于这一点，才致使处在权力之外的人们建立政党，以便由政党来代表自己，提出对政治权力的要求。不难看出，他的"外生党"概念，实际上描述的是作为资产阶级对立面的工人阶级政党这种类型。迪韦尔热是在比较充分地考察了西方资本主义国家的政党政治之后得出的结论。所以,他的研究成果能对后来的研究者们产生较大影响,也是情理之中的事情。

但是,恰恰因为只是以欧洲发达国家为研究对象,迪韦尔热没有,也不可能把政党产生的所有类型都包括在内。比较突出的,就是后来以雨后春笋之势迅速出现的发展中国家的政党。这些政党很难被划到"内生党"或"外生党"的类型中,因为这些政党所在的国家有的处于殖民地状态,有的处在从封建社会向资本主义社会过渡的阶段,有的还停留在封建社会甚至部族社会,绝大多数国家根本不存在议会。此外,政党的政治目标也和西方政党大不相同:对这些政党来说,首要的任务不是在议会中争得席位,也不是取现政权而代之,而是摆脱殖民地位,争取或维护民族独立。这一类政党,无论是把它们算做"内生党"还是"外生党",都是不恰当的。很显然,不发达国家政党的产生有着自己的独特方式。尽管从形式上看,由于有较发达国家中早已存在的各种政党做范例,这些政党一开始都有十分明显的模仿国外政党模式的痕迹,但这类政党的产生方式既不同于西方的一般资产阶级政党,也不同于这些国家的无产阶级政党及其他政党,这是毫无疑问的。

### (二)现代政党产生的一般条件

政党产生的形式固然重要,但是,政党在什么条件下才能产生,却是一个更为重要的问题。政党是社会发展到一定历史阶段的产物。和其他政治现象一样,政党的产生有其特定的政治、经济、思想及文化前提和条件。

1. 社会分化及各阶级、阶层和集团之间的矛盾冲突,是政党产生的政治前提。

在西方文字中,"党"这个词,无论是英文"party",法文"parti",德文"partei",还是意大利文"partito",西班牙文"partido",都是从拉丁文词根"pars"转化而来,其意思是"一部分"。就是说,政党是社会中的一部分人建立起来的组织,表达的是一部分人的意愿。

由此不难看出,社会划分成不同的阶级、阶层和集团,是政党得以产生的一个基本前提。在封建社会末期,生产力的发展导致了一个充满生命力的阶级——资产阶级的形成。这个羽毛渐丰、经济实力日益强大的阶级虽然在经济上十分富有,政治地位却十分低下。这种状况,对于一个野心勃勃、正处在上升阶段的新兴阶级来说当然是不能容忍的。资产阶级凭借自己在社会经济发展中越来越重要的作用,要求和封建土地贵族在政治上平起平坐,甚至要求它们转让权力,因为封建专制的统治方式已经对资本主义的发展起阻碍作用,越来越妨碍工商业资产阶级的商品经济活动。资产阶级需要掌握政权以推动资本主义生产方式的发展。在资产阶级和封建贵族势力的斗争中,两个阶级都先后找到了政党这种政治斗争的有效手段。

工人阶级政党的建立,同样也是阶级矛盾和阶级冲突的结果。在资本主义发展初期,由于在反封建斗争中有共同的利益,工人阶级是资产阶级的追随者。在后来的政治活动中,工人阶级又深受小资产阶级的影响。但是,随着资本主义的发展,工人阶级与资产阶级的矛盾日益加深,冲突日益激烈。工人阶级由自在的阶级逐渐成长成为自为的阶级,逐步认识到了自己的阶级利益。在这种情况下,成立代表工人阶级独立政治利益的政党,就成了工人阶级进行阶级斗争、完成自己历史使命的必然要求。

说到阶级矛盾、阶级冲突与政党产生的关系,恩格斯有一段话讲得再清楚不过了。他指出:"这些阶级对立,在它们因大工业而得到充分发展的国家里,因而特别是在英国,又是政党形成的基础,党派斗争的基础,因而也是全部政治历史的基础。"①这无疑是对政党所由之产生的政治条件的最具经典意义的论述。

2. 资本主义生产关系的逐步确立,是政党产生的经济前提。

虽然我们说阶级、阶层和社会集团的形成为政党的产生提供了政治条件,但是,很显然,仅有阶级分野和阶级冲突还不足以促使政党产生。阶级的存在并不意味着政党必然存在,不同社会集团的形成也并不意味着它们非要通过政党这种形式来体现自己的利益。人类从奴隶社会开始就出现了阶级,但并没有因此而出现政党。只是到了资本主义社会的胚胎在封建社会内部已经孕育成熟、资产阶级统治取代封建专制统治已经势在必然时,政党才登上历史舞台。这种状况,乃是资本主义特有的生产关系使然。

资本主义生产关系的一个根本特征,就是它建立在"民主"、"自由"、

---

① 《马克思恩格斯选集》第4卷,人民出版社1995年版,第181页。

"平等"的基本原则基础上,强调"天赋人权"。在这一基础之上,社会各集团之间的利益分配既不是通过奴隶主式的强制与镇压来实现,也不是通过专制国王的等级分封来实现,而是通过"平等"、"自由"的竞争来实现。资本主义私有制条件下的自由竞争是资本主义制度赖以存在和发展的根基。这个经济发展的基本原则,同时也是政治活动的基本原则。当各社会阶级和集团之间的政治竞争发展成为有组织的竞争时,政党便应运而生。

应当指出,在实践中,资本主义生产关系的建立是一个相当长的历史过程,因而政党在这个长过程的哪一个点上出现,在很大程度上要取决于各国的具体情况。在英国,政党是在资本主义生产关系已经不可阻挡地成长起来并已有足够的掌权能力,但资产阶级政权尚不稳固的条件下产生的,政党围绕复辟与反复辟的斗争建立和发展;在美国,政党是在已经获得了政权的资产阶级内部斗争中产生的,政党间的竞争完全是资产阶级内部各不同集团间利益冲突的反映;在许多落后的发展中国家,政党则通常在资本主义生产关系仍处在发展的初始阶段、农民占人口的绝大多数、资产阶级和无产阶级都相对弱小的情况下出现,政党赖以存在的经济条件与其说是国内生产力的发展,不如说是国际资本主义的扩张造成的民族生存危机。但是,无论怎样,没有资本主义生产关系的发展就没有政党,这是显而易见的。

3. 民主思想和社会主义思想的传播,是政党得以产生的思想前提。

政党为取得或维持已得到的政权而建立。为此,政党必须提出自己的纲领、政策和主张。这些纲领、政策和主张都必然是以一定的哲学、政治和经济理论为基础的。资产阶级民主思想反映了资本主义生产关系的本质要求,其传播为资本主义生产关系的确立起了摇旗呐喊的作用,同时也为政党的产生提供了思想理论的前提和条件。

在欧美国家,在资本主义制度建立前后,曾出现了一大批资产阶级思想家,例如英国的托马斯·霍布斯、约翰·洛克,美国的托马斯·杰斐逊、汉密尔顿,法国的伏尔泰、孟德斯鸠、卢梭,等等。他们阐述的资产阶级民主理论一方面论证了资本主义生产关系的合理性,另一方面也直接为政党的产生提供了理论依据。例如,由人的自由权利自然引申出了人们为了某种政治或经济目的而结合成有组织的团体的自由;"人人生而平等"、"天赋人权"的观念推动了人们争取同等社会地位的斗争;"民主"鼓励了人们反抗封建统治权威、参与政治的精神;而"三权分立"论、"社会契约"论及对国家本质的探讨等,则从微观上对制约、监督政治权力的必要性作了揭示。这些理论和观念最终都说明,人们组织成政党、为取得权力而斗争是合理合法、合乎人性的。所以,许多学者把政党看做民主政治的产物,其依据概在于此。

工人阶级理所应当地吸收了资本主义社会的文明成果,建立了自己的政党。但是,除此之外,工人阶级政党的产生还有另外的思想条件,即社会主义思想的传播。社会主义思想不仅同样要求民主、自由、平等的政治权利,而且要求事实上的民主、自由和平等,并对不合理的资本主义制度提出了挑战。特别是马克思恩格斯的科学社会主义理论,科学揭示了资本主义发生、发展的客观规律,阐明了资本主义必然为共产主义所代替的社会发展趋势,为无产阶级政党提供了强大的思想理论武器。所以,无产阶级政党一建立就是由先进的思想和理论来武装的政党。

4. 公民意识的觉醒和公民参政体制的逐步形成,是政党产生的社会文化前提。

社会存在决定社会意识。在封建专制时代,由封建的生产关系所制约,充斥人们头脑的是封建的臣民意识,即认为"君权神授",人有高低贵贱之分,统治别人或被别人统治都是先天注定、无法改变的。在这种观念支配下,人们往往对自己的恶劣处境和悲惨的状况逆来顺受。这也是为什么即使农民起义胜利、所建立的也只不过是另一个封建王朝的原因。随着新思想、新观念的传播,资本主义生产关系的确立,情况开始发生变化。人人生而平等、任何人和别人一样享有法律规定的权利的公民意识逐渐取代了那种臣民意识。应当指出,人性论、自然法理论、功利主义、自由主义等,都对公民意识的觉醒起了极大的推动作用。

一系列与资本主义生产关系相适应的政治体制的逐步建立,都促进了社会上公民意识的觉醒。这里首先指的是议会制。议会制是资产阶级民主的产物,从一开始就是资产阶级用来同封建势力进行斗争的工具,后来也一直作为资本主义制度的一个重大成果巩固了下来。议会制从形式上确立了普通民众对国家权力施加影响的途径,从而强化了公民作为主体参与国家事务的意识——尽管我们说,在资本主义制度下,这种主体意识实际上在很大程度上并没有落到实处。

选举制度的逐步完善也对公民意识的形成有相当积极的影响。选举制度理论上假定每个公民都有权选定自己的代表,并在代表不能体现自己的意愿时有权收回委托。因此,尽管在资本主义制度范围内这种选举制度同样有名不副实的一面,它还是在政治斗争中吸引了人们的注意力,起了动员公众参与政治的作用。正是由于被动员人数的不断增加,并越来越占人口的多数,政党才有了足以使自己成为现代型政党的社会资源。如西方学者所说:"政党是唯一能够驾驭大批成员的团体。当选民数量剧增时,通过个人关系来指导投票决定是不可能的,而必须依靠一个组织——这个组织要建立在人们普遍认同的宗旨的基础上。"[1]也正是在这个意义上,英国学者詹姆斯·布赖斯才在列举政党种种弊端的同时又承认它有好处:"政党的功用就是能把一盘散沙的选民都归整得井然有序。"[2]

上述各类前提和条件都不是单独对政党的建立产生影响。恰恰相反,正是它们之间相互交错,有机组合,才为政党的产生提供了合适的气候和肥沃的土壤。

## 二、政党的发展

正如上面所提到的,政党在刚刚出现之时,作为一个政治组织是不健全、不完善的,作为一种政治现象,其必要性也基本上不被人们所认识。只是到后来,经过相当一段时期的发展和演变,政党才逐渐变得成熟起来,并为人们所接受,成为真正具有现代意义的政党。

### (一)早期政党的特点

考察英、美两国政党的发展,可以概括出早期政党的一些基本相似的特点。

一是党派成员的归属感不强。例如当时的英国两党,内部都由两个不

---

[1] [法]让·布隆代尔和[意]毛里齐奥·科塔主编:《政党政府的性质——一种比较性的欧洲视角》,北京大学出版社 2006 年版,第 22 页。
[2] [英]詹姆斯·布赖斯:《现代民治政体》,吉林人民出版社 2001 年版,第 120 页。

同的部分组成：一部分是担任政府大臣和宫廷官吏的议员，另一部分是来自农村地区而未担任任何官职的乡绅议员。这两部分人由于利益有所不同，并经常因此而出现矛盾，所以又分别被称为"宫廷党"和"乡村党"。宫廷党和乡村党的斗争与托利党和辉格党的斗争是交错在一起的。托利党和辉格党是划分政治力量的主要线索，但同时，辉格党内的乡村党和托利党内的乡村党联合起来反对执政的辉格党人或托利党人的现象也不罕见。这说明政党的内外运作规则尚未形成。甚至在党的人也往往不愿承认自己的党派性。例如美国共和党的创始人杰斐逊，在有人称他为共和党人时，他的回答是："我们都是共和党人——我们都是联邦党人。"联邦党人则断然拒绝承认自己是一个政党。这种状况，同人们对政党的认识有关：人们倾向于把政党看做是少数人为取得权力而搞阴谋诡计的小团体，看做是一种祸害，而看不到它的必然性和必要性。

二是党派之间互不承认，相互敌对，甚至你死我活地进行争斗。例如英国早期的两党，在议会内外相互攻击，有时弄到剑拔弩张的地步。两党的名称，就是在两党的对骂中形成的。"托利"（tory）一词来自爱尔兰语，本义为专门打家劫舍的天主教匪徒。"辉格"（whig）一词来自苏格兰语，本义是指苏格兰西南地区残杀天主教教士的长老会派强盗。两个词被用来辱骂对方，并迅速得到传播，以后才成为两党的正式名称。17世纪80年代，辉格党要求通过《排斥法》的运动失败，托利党保王派便借机打击辉格党。大量辉格党人被赶出政府，失去了官职，一些辉格党人还遭到逮捕和镇压。这就是英国历史上的所谓"托利党反动"时期。1714年以后，辉格党在议会中占据了优势，托利党又成了被打击和被镇压的对象。美国也出现过类似的情况。1789年美法战争一爆发，联邦党人就乘机通过了《客籍和叛乱法》，向有亲法倾向的共和党人开刀。共和党的大部分报刊被起诉，一些编辑、撰稿人被逮捕，许多共和党人被迫移居国外。

三是党的上层与地方组织缺乏正式联系。英美两国的政党在刚刚出现时，都没有正式的地方组织，都只是议会中的议员为谋求连任而形成的联合。在英国，无论是"宫廷党"、"乡村党"，还是"托利党"、"辉格党"，最初指的都是议会议员出于维护自己地位和利益的需要而组成的议会内的小集团。后来，为了进一步巩固集团成员之间的联系，乡村党和宫廷党分别成立了"绿带俱乐部"和"忠君俱乐部"作为经常性活动场所,但参加俱乐部的也主要是议会议员。地方组织实际是不存在的。在美国,联邦党人与共和党人都很注意利用地方上的各种组织来拉选票。例如1789年建立的著名的圣塔姆梅尼协会,就是共和党人经常利用的一支力量。但这些地方政治团体不是党的一部分,他们之间不存在领导和被领导的关系。

早期政党的不成熟性是十分突出的。举个例子来说,17—18世纪的英国政党是如此不成形,以至于后来有些政治学者对当时是否存在政党都表示怀疑。例如,以研究18世纪英国政治史著称的刘易斯·纳米尔认为,17世纪末至18世纪初的辉格党、托利党仅仅"存在于潜在的气质与世界观、社会类型和旧的联系与习惯之中,二者之间找不到明确的分界线"。因此,"无须使用政党名称也能对该时期的政治生活作出完整的描述"。他甚至主张用"类型"的概念取代"政党"的概念。后来有一些研究者接受了他的观点,使用"类型"、"集团"、"派别"这样一些概念来勾画当时议会中的政治组合。当然,随着研究的进一步深入,这种观点受到越来越多的研究者的质疑,人们还是倾向于认为,英国的两党在这时已经形成。但是,很显然,这一争论本身是由当时政党不成熟、不完善的特点引发的。

政党和政党政治的不成熟性不仅仅是西欧和美国等发达地区早期资产阶级政党的特点。发展中国家及刚刚进入多党状态的国家中最初出现的政党,也具有这个方面的特征。西方学者曾这样描述20世纪50年代的巴基斯坦政党:政党"变成了政客们个人政治野心的战车。如果某个野心家在原来的政党中无所施其计就会组织新党。一个或几个头头凑在一起立刻就能建立一个政党,然后再去招兵买马。有些党几乎完全是由立法大员们自身组成的,实际上是在议会中形成了一个临时集团,目的只不过是建立或打垮政府的某个部"。① 其实,看看20世纪90年代苏联解体、苏共垮台后这个地区实行多党制的情况,我们会发现许多惊人的相似之处。

## (二)向现代政党的发展

英美国家的政党由近代政党转变成现代政党,是19世纪以后的事情。

---

① 引自亨廷顿:《变化社会中的政治秩序》,三联书店1989年版,第381—382页。

在英国，从18世纪70年代起，辉格党开始有步骤地进行建立党的组织机构的工作。在议会内部，辉格党建立了不同档次的党务会议制度，在议会两院中分别设立了党的督导员来督促本党议员出席会议、组织投票，加强党的纪律。在议会外，辉格党加强了对报刊的控制，并派专人到各地去帮助建立以俱乐部为形式的选举组织。托利党也起而效法。到1832年，已经没有一个选区没有自己的俱乐部，并且有大约一半的郡建立了两党的正式地方组织。1832年议会改革后，两党的地方组织得到了更加迅速的发展，两党的中央组织也分别于1832年和1836年建立了起来。1867年，英国进行第二次议会改革，两党的组织建设进一步得到促进。两党都先后确立了党的组织原则，成立了全国性组织"保守党全国联合会"和"自由党全国总会"，并按照统一的标准划分了党的地方组织。党的中央总部、院外全国性组织和议会党团三部分也逐渐协调、统一，成为强有力的全党的领导机构。

在美国，向现代政党过渡的时间要稍短一些。从1796年两党参加竞选开始，党组织也就跟着发展起来了。在组织竞选的过程中，共和党一下子就深入到地方，并把为选举而建立的组织很快变成了正式的党的组织机构。在一些重要的州，每个县都建立了共和党的县委员会，大多数区也设立了党的区委员会。有的州建立了全州性的共和党组织。在发展地方党组织的基础上，共和党于1800年在国会中成立了"国会提名总统候选人的核心会议"，这是建立共和党全国性机构的最初尝试。到19世纪30年代，两党代表大会制度正式产生，其重要职责，就是作为全国性的政党，提名本党的总统候选人。各级党的委员会之间也确立了正式的联系。

任何政党，都无一例外地有一个从不成熟到逐步成熟、从组织不健全到有比较完整的组织体系的过程。但是，由于各国政党建立时所处的社会发展阶段不同，政党建立的早晚不同，政党发展的这一过程的长短会有很大的区别。英美的政党是世界上最早出现的政党，其发展成熟的过程自然要长一些。相反，后来出现的政党，包括无产阶级政党，由于可以借鉴已有政党的经验，也由于政党在现代政治中的必要性越来越成为人们的共识，这一过程就可以短得多。

探讨政党发展经过的阶段，对于深入认识和剖析政党这种政治现象，揭示政党发展的一般规律，具有重要的意义。所以，政党发展阶段问题，长期以来就是西方学者所关注的问题。例如,社会学的开创者马克斯·韦伯以英国两党的实践为模式,把政党的发展划分为贵族小集团、名人小团体和公民投票民主制三个阶段。在前两个阶段,政党实际上是处在萌芽状态,因为议员还没有感到用一套良好的组织来实现自己意愿的必要性。只是在实行公民投票民主制的情况下,现代政党组织才显得迫切。迪韦尔热也设想政党发展分为三个阶段:首先,建立议会团体;其次,组织选举委员会;最后,建立这两个部分之间的永久联系。美国当代政治学家塞缪尔·亨廷顿认为政党发展通常经过四个阶段:(1)宗派期,在这一阶段,少数人组成集团相互竞争,这些集团持久性很差,且无结构可言,缺少社会支持;(2)两极化阶段,在这一阶段,政治参与者向两极分化,议会派别、小集团之间开始出现联合;(3)扩展期,在这一阶段,议会派别在联合成较大的政治集团后,开始动员新的支持者参与政治,这导致了党组织向地方和基层扩展;(4)制度化阶段,在这一阶段,政党发展了与扩大的政治参与相适应的组织及运作方式,政党之间相互作用的形式也得以确立并稳定下来,形成了制度。这些划分,可以作为我们分析政党的一种参考。

# 三、政党的沿革

　　广义地说,政党的沿革是把上述政党发展过程也包含在内的。但是,除此之外,政党沿革还有一层含义,即政党在发展过程中,或在上述过程完结之后,出于生存和发展的需要,会在某些基本方面改变自己,变成一个在纲领、目标或阶级属性等方面都与过去迥然不同的政党。这种状况,在世界政党发展史上十分常见。

## (一)政党沿革的几种类型

　　纵观世界政党史,我们可以看到政党沿革的几种不同类型。

　　英国的托利党、辉格党向保守党、自由党的转变,可以称得上是沿革的第一种类型。18世纪时,托利党和辉格党的主体都是土地贵族。区别只在于,一般说来,托利党更多地代表落后、保守的农村土地所有者的利益,他们留恋田园诗般的传统生活方式,敌视城市工业文明和"金钱阶级",并通常以君主王权维护者的面目出现。而辉格党则更多地代表相对开明的土地贵族阶层，与正在兴起的工商业资产阶级接近，是削弱王权主张的积极拥护者。18 世纪 70 年代，辉格党开始吸收工商界人士参加本党。但是，到 18 世纪末、19 世纪初，托利党也看到工商业资产阶级的不断壮大，开始逐渐转变态度，关心并承认工商业资产阶级的利益。随着议会改革、选举权扩大、资产阶级在社会中全面确立其统治地位，两党都把资产阶级视为依靠对象，致使两党阶级基础差别日益缩小。1832 年议会改革后，托利党和辉格党分别更名为保守党和自由党，阶级基础也有相当的变化。保守党沿袭了托利党的传统，以土地贵族为核心，代表土地贵族、金融贵族和大商人的利益。自由党则保留了辉格党的基本特点，成为工业资产阶级的政治代表。19 世纪下半叶，资本主义进入帝国主义阶段，保守党和自由党继续演变，前者逐渐成为代表垄断资产阶级和大地主利益的党，后者逐渐成为代表中小资产阶级利益的党。

美国两党的变化属于政党沿革的第二种类型。在长达 200 年的历史中，两个党大体上经历了四次较为明显的演变。

第一次演变是在 19 世纪 20—30 年代。在这一时期，原先的联邦党已经由于坚持亲英立场而彻底瓦解，而原先的共和党则分成两个部分：一部分人坚持激进民主主义立场，组成了以杰克逊为领袖的民主党；另一部分持保守主义态度的人，组成了以亚当斯为首的国民共和党（1834 年改称辉格党）。两党内部都有资本家和奴隶主两种成分，但两党代表的地方利益有所不同：民主党得到纽约商业资本家和西部新兴奴隶主集团的支持，辉格党则得到北部工商业资本家及与他们有联系的南部种植园奴隶主的支持。

第二次演变是在南北战争前夕。由于独立战争后美国保留了奴隶制，种植园奴隶制迅速发展起来，这使得本来联合执政的资产阶级和奴隶主阶级之间的矛盾日趋尖锐。两党内的力量对比也发生较大的变化。在民主党内，南部种植园奴隶主逐渐取得了领导权，该党遂成为奴隶主阶级的政治代表。而辉格党则联合了一大批反对奴隶制的派别，于 1854 年组成了共和党。共和党主张废除奴隶制，主要代表工业资产阶级和农业企业主的利益。

第三次演变是在南北战争以后。由于南北战争废除了奴隶制，解放了奴隶，为自由资本主义经济提供了大量雇佣劳动力，资本主义在工业和农业中得到迅速的发展。过去的种植园变成了资本主义农场,种植园奴隶主变成了资产阶级农场主。阶级机构的变化也反映在两党社会基础的变动上。共和党逐渐成了北部工业、金融资本家的政治代言人,民主党则逐渐成了南部资产阶级农场主、种植园主和新兴工商业资本财团的政治代言人。资本主义的发展使两党之间的差距缩小了。

第四次演变以罗斯福"新政"为标志。南北战争后,共和党长期执政,在实践中越来越维护大资本家的利益,逐渐变成了上层资产阶级的代表。而民主党长期处于在野地位,对政府持批评态度,这样,一些中下层的政治力量就开始在民主党内得到发展。19世纪后期,美国工人运动和农民运动中的改良主义派都被吸收到了民主党的队伍中。1896年,民主党合并了平民党,同时接受了平民党的一系列改良主义主张。进入20世纪以后,美国的进步党运动发展起来,提出了降低关税、反对垄断、反对使用童工、承认农工有集体谈判权利等要求,主张实行有计划的资本主义、福利国家和重要经济部门的国有化。这些要求和主张后来也不同程度地为民主党所吸收。1933年,民主党人罗斯福执政,全面推行以扩大政府对经济的干预、限制垄断、发展社会福利、调和劳资矛盾为基本内容的改良主义政策,历史上称为"新政"时期。它表明民主党已经由一个资产阶级保守主义政党演变成一个资产阶级改良主义政党。以后,民主党越来越把工人、穷人、黑人和失业者作为自己的选民基础,而共和党内则越来越显示出保守主义意识形态占上风,与过去相比,两大党的区别明显了。

德国社会民主党是政党沿革的第三种类型。

1869年成立的德国社会民主党是第一个民族国家范围内的工人阶级政党。该党以马克思主义为指导,以工人阶级基本群众为阶级基础。19世纪末、20世纪初,改良主义、修正主义思想在党内蔓延开来,党在对资本主义和社会主义的理解、达到社会主义目标的道路等问题上都出现了偏离马克思主义的倾向。在第一次世界大战期间,德国社会民主党和许多其他社会党一样,站在沙文主义立场上,支持本国统治阶级进行战争。20世纪20年代以后,又对苏联的社会主义建设实践持批评态度。但是,总的说来,在第二次世界大战前,德国社会民主党一直坚持称自己是工人阶级的政党,在意识形态上也始终把马克思、恩格斯思想作为党的指导思想之一。晚至

1949年的党的工作指导方针,还把实行计划经济、社会化大生产、剥夺大资产者作为党的基本目标。在1952年通过的党纲中,坚持了用社会主义代替资本主义的主张。

第二次世界大战以后,情况逐渐发生了变化。德国社会民主党参加了战后的历次大选,但都未能获胜。这在党内引起了一场关于党的改革的大讨论。越来越多的人认为,党之所以不能取胜,是因为党背负着沉重的"意识形态包袱",缺乏思想能力,把自己拘泥于一个阶级的范围之内。因此,党必须制定全新的纲领,转变意识形态,使自己变成一个全体人民的党。讨论的结果,是在1959年党的代表大会上通过了"哥德斯堡纲领"。根据这个纲领,德国社会民主党已不再是过去的工人阶级政党。该纲领强调,社会民主党"摒弃"意识形态"累赘",不再以马克思主义为指导,而是一个"思想自由的党",是"具有不同信仰和不同思想的人们的共同组织"。党不再把建立社会主义制度作为一个目标,而是把它看做"一项持久的任务,即争取、捍卫自由和公正,而且它本身在自由和公正中经受检验"。实现这项任务的手段和途径,是"在平等的条件下和其他民主党派进行竞争,以赢得大多数人民的支持"。纲领宣布承认私有制,放弃阶级斗争、计划经济等观念,表示要"拥护德意志联邦共和国的宪法,并根据宪法为争取德国的自由统一而奋斗"。

根据《哥德斯堡纲领》重建的德国社会民主党,其性质和阶级基础都与过去有很大的不同。在20世纪50年代以前,这个党被看做是反对所在的整个社会制度的。20世纪50年代后,这个党则一心一意要做"建设性的反对派"。因此,西方学者通常把德国社会民主党的演变称做"反体制"(或体制外)政党向"拥护体制"(或体制内)政党的演变。这从一个角度概括了其演变的基本特点。德国党的演变对许多社会党彻底放弃马克思主义和科学社会主义有着决定性的影响。从德国党的演变开始,民主社会主义作为一股强大的思潮在国际上得到了迅速的发展。

20世纪80年代末、90年代初苏联东欧发生剧变,大多数原执政党抛弃共产党旗帜,改变党的性质,纷纷易名社会党,由信仰马克思主义转而信奉"民主社会主义"。这一演变,和当年德国社会民主党的沿革同属一种类型。演变后的各国党,绝大多数不再提及马克思主义,并努力淡化其阶级基础,承认多党制。在组织形式上也完全按社会党的模式进行了改造。东欧各国共产党的演变,充分说明了政党发展过程的复杂性,值得我们进行深入的思考。

### (二)政党发展和沿革的条件

同政党的产生一样,政党的发展和沿革,也是和政党所处的客观环境、客观条件密切相关的。考察上述政党发展和沿革的具体过程,我们可以对促使这种发展和沿革发生的基本条件做一简单归纳。

首先,政党发展和沿革的过程,总是和政治力量的形成与集结过程相一致。这在英国两党的发展中尤为典型。我们看到,正是英国 19 世纪的两次议会改革,对两党发展成现代政党起了具有决定意义的作用。1832 年的议会改革,使英国选民人数从 43 万扩大到 65 万,新增加的选民主要是工业资产阶级和城市中产阶级。它表明,正在上升的资产阶级已经成为重要的政治力量。正是从这里,两党看到了建立全国性的党组织、把从中央到地方的党组织紧密联系起来的必要性。1867 年的议会改革又使选民总数增加到 225 万,小资产阶级和工人阶级的一部分获得了选举权。这促使两党更加重视党的组织建设,也就是在这一阶段,两党的组织原则、组织机构都变得更加严密、更加健全。

从许多第三世界国家政党的发展中,也可以明显地看到这一点。在这些国家,民族主义政党在建立之初往往只是一些由名人和政治精英组成的小集团。随着民众民主意识的觉醒,产生政治诉求,这些小集团才获得了发展的机会,逐渐成为具有现代意义的政党。而且由于客观条件不同,沿革的方向也是不一样的。在那些殖民统治者实行比较开明的政策、有议会政治导向的国家,大部分政党通过合法地集结政治力量,逐渐发展成为议会型政党;而在那些统治者比较专制、对群众运动实行暴力镇压的国家,政治力量难以合法地集结,这种情况下,政党往往发展成为人数少、纪律严、以极端手段对付统治者的秘密组织。

其次,政党往往会在寻求扩大社会基础的过程中,产生调整自身的要求。任何政党的基本目的,都是要取得社会大多数力量的支持,并在这一前提下执掌政权。因此,像阶级、阶层或集团会寻找政党来作为自己的政治代

表一样,政党也会努力为自己寻找和扩大阶级基础和社会基础。在这种情况下,社会的发展,以及随之而来的社会结构和阶级关系的变化,如中间阶级的扩大和无产阶级、资本家队伍的缩小等,都会为政党的发展和沿革提供外在的和内在的动力。在这方面,德国社会民主党的沿革是最典型的。德国社会民主党转向"人民党"的最主要的动因之一,就是这个党看到,随着战后经济的迅速发展,联邦德国的社会构成已经发生重大的变化,作为对立面的资产阶级和无产阶级两大阶级的人数都在锐减,而包括白领工人、经济管理人员、政府工作人员和小经营者在内的中间阶层队伍不断发展壮大。德国党就此认为,如果党继续把自己的社会基础局限在工人阶级一个阶级上,一成不变地坚持过去的意识形态,党就会"吓跑"日益扩大的中间阶层。正是在这种认识的基础上,德国社会民主党作出了改变党的性质的选择。

再次,政党在其信奉的基本政治价值遭受挫折的情况下,有时会通过改变自身性质来求得生存和发展。每个政党都有自己的基本政治价值。例如,保守主义政党把新、旧保守主义思想作为自己的基本政治价值,社会民主党把民主社会主义作为自己的基本政治价值,法西斯政党把法西斯主义作为自己的基本政治价值,基督教民主党把基督教民主主义作为自己的基本政治价值,绿党把生态主义、系统论作为自己的基本政治价值,无产阶级政党把科学社会主义作为自己的基本政治价值,等等。这些基本的政治价值是政党制定路线、方针、政策的思想和理论依据。因此,当这种基本政治价值在实践中遭到挫折时,政党的路线、方针、政策就会面临何去何从的抉择。当这个政党决定不再坚持已有的政治价值时,党就走上了一条演变的道路。东欧各国原执政的共产党所经历的就是这种演变。原意大利共产党变为左翼民主党,也是一个比较典型的例子。意共原是著名的"欧洲共产主义"的创始党之一,曾拥有180多万党员,是西欧最大的共产党,在国内外都有很大的影响。但在苏联东欧剧变的冲击下,意共反思过去后认为,党应当放弃"工人阶级先锋队"的概念,不能再走苏联的道路,而要用"第三条道路"来代替"欧洲共产主义"。1991年1月,意共正式改名"左翼民主党",表示今后将"在欧洲左翼和社会党国际范围内为新的欧洲社会主义做贡献"。

除了上述条件外,还有其他一些条件,在特定的情况下也会对党的发展

和沿革起重要的推动作用,例如突发性的政治事件,领袖个人或领导集团的
思想和行为,社会思潮的影响,等等。只有对政党发展和沿革的复杂性做充
分的估计,才能对政党发展规律有深刻的认识。

# 第二章　政党的本质和功能

政党首先是一种组织。但是,政党又和其他组织有着重大的区别。一方面,政党由一部分人组成,另一方面,它的目标又是控制公共权力。政党所具有的不同于其他组织的本质和功能,都由政党在政治体制和社会系统中扮演的这一特殊角色而产生。

## 一、政党的定义

什么是政党? 在弄清了政党的来龙去脉之后,有必要对政党的本质和特征加以概括。这也是政党研究者们首先要回答的问题。

现代政党以参与政治为目标。如我们所知,所谓政治,是指在一定的经济基础上,人们围绕着特定利益,借助于社会公共权力来规定和实现特定权利的一种社会关系。据此,政党政治应当是对这样一种政治现象的描述,即:在一定的经济基础上,人们围绕特定利益组成政党,通过政党对社会公共权力施加影响,以获得或维护特定权利。换句话说,政党政治表现为:政党在整个政治体制的运作中起至关重要的作用,人们的政治活动主要通过政党来实现。

政党政治的主体是政党。政治学者们为了弄清政党到底是怎么回事,曾经从不同角度对政党下过定义。例如从主体的角度,从行为、活动的角度,从结果、目的的角度,从活动领域的角度等。角度不同,看法自然也不同。

被称为保守主义之父的英国辉格党理论家爱德蒙·柏克给予政党很高的评价。他认为,政党是"在某种一致同意的特定原则基础上结合起来、用他们的共同努力来促进国家利益的人们的团体"。① 在他看来,政党是民主制度中应受到尊重的、通常是必要的一个组成部分。他的这个观点,和当时流行的贬低政党的认识刚好相反。

美国学者沙茨施奈德尔认为,"政党首先是一个为获得权力而组织起来的尝试"。这个论断作为定义倒是极为简洁,且抓住了问题的要害。但是,过于简洁了,似乎又难以经受住科学的考问。如果人们问政党和军队有什么区别,这个定义是不太能站得住的。为了避免这一尴尬,沙茨施奈德尔在这里使用了"首先"一词,说明他还想继续作解释。但是,只要继续解释,简洁的优点也就不复存在了。

相比之下,熊彼特的定义显得相当鲜明。在他看来,政党不是"'在某种一致同意的特定原则基础上结合起来'促进公众福利的一群人,而是一个其成员在竞争斗争中为获得政治权力而一致行动的集团"。显然,他对爱德蒙·柏克过于理想化的观点很是不以为然,力图客观地表述出政党不为人所喜欢的一面。

美国学者拉斯韦尔和卡普兰在他们的经典性著作《政治诉求的架构》中也给了政党一个定义:"政党是一个阐述复杂问题并在选举中提出候选人的集团。"另一个学者里格斯的定义与此有几分相像。他认为,政党是"为选出机构的选举提名候选人的组织"。这两个定义的共同缺陷,就是它们都以选举为前提,这无疑把争取民族独立和尚未实行民主选举制度的国家的政党给忽略掉了。

为了避免这个缺陷,简达对政党的定义在范围上作了扩充,确定"政党是以追求把它们自己认可的代表安置到政府职位上去为目标的组织"。这个定义对政党的描述和前面所述某些定义一样,缺乏共性,听上去很像是对西方政党的临摹。而且,正如萨尔托里所评价的,这个定义虽然不以选举为前提,却很难与压力集团甚至工会、军队区分开来。

有的学者把以上几个观点综合在一起,试图给政党下一个比较完整的定义:"政党是一种社会组织,这种组织试图通过为选任官职提出候选人,

---

① 转引自[美]R.K.斯科特和 R.J.赫莱伯纳尔:《危机中的政党》,约翰·威利父子公司,1984 年英文版,第 360 页。

来影响政府官员的选举和使用,使政府政策符合他们大多数成员同意的某些普遍原则和倾向。"颇有影响的政党学家乔范尼·萨尔托里也力图比较全面地定义政党:"政党是被官方认定在选举中提出候选人、并能够通过选举把候选人安置到公共职位上去的政治集团。"①还有 W. N. 钱伯斯,他的定义也是综合性的,强调政党"具有持久性的社会集结特征,以追求政府中的权力职位为目标,是一种联系政府核心领袖与政治领域中大批追随者的组织结构,并借此而产生共同的观念或至少效忠的认同符号"②。

有的学者着眼于把政党和派别(faction)区分开来。

西方学者对政党所作的解释和定义还有很多很多,此处不再一一列举。我想,对我们了解西方学者对政党的看法,上面提到的这些已经足够了。

西方学者关于政党所下的定义都忽视了对其阶级性的强调。这是我们应当注意的。忽视从阶级性上去考察政党,很多问题实际上说不清楚。但抛开这一点,就其看问题的特定角度而言,应该承认,西方学者对政党在政治体制中的定位还是比较准确的。这是我们过去忽略了的地方。当我们强调政党的阶级性时,实际上我们突出的是政党在政治中的地位。而当把政党摆到特定的政治体制中去时,我们还需要对它进行政治体制的定位。这两者不是一回事。对前者的回答不等于对后者的回答,反之亦然。从实际情况看,西方学者往往更重视政治体制(而且通常是西方模式的政治体制)运作的一面,因而往往有意无意地避开政党的阶级性问题。而马克思主义政党都比较强调政党政治性的一面,与此同时却往往对政党的政治体制定位不屑一顾。对于一个从事推翻旧制度的政党来说,或许这样做足以保持明确的斗争方向。但是,对于一个建设新制度的政党来说,这是远远不够的。

综观众多学者对政党的解说,我们认为,政党的概念至少应包含这样几个方面的内容:一是政党所属的那个"部分",即阶级、阶层或集团;二是不同于其他社会组织的目标;三是加入其中的人们有共同的价值追求;四是具

---

① 上述各种定义的引用及其评价,参见乔·萨尔托里:《政党与政党体制》,剑桥大学出版社 1976 年英文版,第 3 章第 1 节。

② 转引自吴文程《政党与选举概论》,台湾五南图书出版公司 2002 年版,第 8 页。

有一定广泛性的组织形式。政党为取得政治权力而存在。但政治权力属于整个国家和社会。政党如何从本质上是代表一部分人的组织转而代表公众利益？这种转化是如何实现的？把两者联系在一起的是价值目标。政党不能以它所代表的那部分人的名义掌握权力，而是为了"公共利益"这一价值目标。很显然，这个"公共利益"并非事实上的公共利益，而是站在它们自己的立场上认识的"公共利益"，体现的是它们所代表的那部分人的价值观念和价值取向。但它的"公共性"是任何政党所必须强调的。

据此，我们给政党下的定义是：政党是一定社会集团中有着共同政治意愿的人们自愿结合在一起、以取得政治权力为首要目标的政治组织。①

## 二、政党的功能

政党之所以能够作为整个现代民主政治的中心环节起作用，是由它的基本功能决定的。政党在现代民主政治中有许多重要的甚至是不可替代的功能。

政党的功能是研究政党的学者经常要涉及的基本问题之一。第二次世界大战以后，随着政党研究不断深化。学者对政党功能和作用的研究也在不断深化。当然，由于看问题的角度不同，对政党功能的概括，政治学家们之间存在很大的差异。

有的学者设法把政党功能从政党的具体活动中提炼出来。他们对政党功能的描述具有高度概括的特点。例如，英国学者戴维·海因认为，几乎所有政党都表现为两种功能的结合，即一方面，政党向社会作出反应；另一方面，由政党对社会施以控制。美国著名政治学者伊斯顿认为，把社会需求表达出来，并把这类需求压缩或凝聚起来，是政党的重要功能之一。西奥多·洛伊提出要分清政党的组织构成功能和制定纲领功能。萨尔托里主张比较严格地界定政党的功能，强调政党的功能只属于政党，只有那些没有政党便

---

① 在我的中央党校讲稿《执政规律与执政党建设》中曾经下过类似的定义。本定义又进行了补充。参见石泰峰主编：《中共中央党校讲稿选(6)》，《当前重大理论与热点难点问题研究》，中共中央党校出版社 2006 年版。

不存在的功能,才是政党的功能。因此,在他看来,政党最重要的功能有两个,即表达功能和沟通功能。①

　　有的学者则对政党功能进行细分,力求全面地、不遗漏地进行描述。例如,德国学者冯·贝米指出政党有四种主要功能,即目标制定功能,利益表达功能,动员和社会化功能,精英形成与录用功能。美国学者瓦坦伯格的划分更为具体化,他列举了政党的 11 种功能:(1)一致和忠诚的象征;(2)政治利益的表达和集约;(3)在选民中间和议会内部动员过半数的势力;(4)投票者的社会化和确保大众支持;(5)不满和反对意见的组织化;(6)补充政治领导人和获取政府职位;(7)使对抗和纠纷制度化、系统化及社会化;(8)克服地方主义和促进国家的利益;(9)实现政策目标;(10)使政府决定合法化;(11)促进政府的稳定。如此细致的划分,当然会使各功能之间内容交叉、重复。所以,日本学者冈泽宪芙把它概括成 4 种功能,即利益的集约功能,补充和选出政治领导人的功能,决策机构的组织化功能,政治的社会化功能。② 乔治·拉沃还提出某些政党有“论坛功能”,即维护少数派、反对现存政治制度,但并不通过暴力来推翻它。功能主义代表人物加布里埃尔·阿尔蒙德在他与 G.宾厄·姆鲍威尔合著的《比较政治学》一书中详尽地论述了各种政治功能,这些功能,有许多主要是由政党来履行的。

　　其实,在不同的政治体制中,政党的功能也并不完全相同。尤其是,如果各国之间现代化水平和政治发展水平差异较大,政党功能之间的差别也会比较明显。所以,有不少学者把研究的重点放在这种差异和共同性的比较上。例如,有的学者专门对发展中国家政党的功能进行了研究,指出了它们独有的特点。美国学者约瑟夫·拉帕隆巴拉和迈伦·韦纳认为,发展中国家中的政党,由于往往肩负着领导民族独立、国家发展和社会进步的使命,除了一般政党所具有的基本功能外,还有创造民族认同感、唤醒对政治体系的参与意识、提供政治教育和训练等功能。③

---

　　① ［美］萨尔托里:《政党与政党体制》,剑桥大学出版社 1976 年英文版,第 58 页。
　　② ［日］冈泽宪芙:《政党》,经济日报出版社 1991 年版,第 3—7 页。
　　③ ［美］约瑟夫·拉帕隆巴拉和迈伦·韦纳:《政党和政治发展》,普林斯顿大学出版社 1966 年英文版,第 1 章。

对政党功能的研究,是一个仍然可以深入进行的课题。这不仅因为,从不同的角度看问题,就会对政党功能有不同的概括;而且因为,在社会迅速变化的今天,政党的作用也在发生变化,相应地必然带来政党功能的变化。一些原来的功能可能会越来越弱化,或者让位于其他主体,如媒体、NGO等,另一些新的功能则会被发掘出来。

不过,在承认政党功能有发展、有变化的前提下,政党功能中还是有不少带有共性、普遍性的东西。这些共性、普遍性的东西,为我们研究问题提供了基本点。概括学者们的研究成果,我们把政党的基本功能归纳为如下四个方面:

第一,利益表达功能。政党总是代表一定阶级、阶层或集团。把这些阶级、阶层或集团的利益、愿望和要求表达、反映出来的过程,就叫利益表达。利益表达可以通过许多渠道来实现,例如个人、利益团体、政府机构等。政党是其中很重要的渠道之一,利益表达功能是政党一项很重要的功能。处在不同条件下的政党,履行利益表达功能的情况往往有很大的差别。例如,执政党往往有履行这一功能的良好条件,因为它有充分的资源可供利用,而在野党则会处在相对不利的地位。又如,政党和它所代表的民众之间建立有良好的沟通渠道,并保持对民众意愿变化的敏感性,民众的利益、愿望和要求往往能够得到比较充分的体现。反之则不然。再如,一个内部民主的政党,也往往能够从民众那里得到更多的信息,而内部缺乏民主的党,即使有大量的资源可供利用,也很难做到这一点。

第二,利益综合功能。政党不能简单地充当传达民众意见和要求的工具,不能只是"传声筒"、"传送带"。如果那样的话,政党的地位很快就会被诸如民意测验机构、调查机构等组织所代替,因为后者在即使没有政党的情况下也完全可以把民意体现出来。政党最重要的是能够作为一种力量,使民众的要求成为对权力机关的压力。要做到这一点,政党就必须把他所代表的那部分民众的意见和要求加以综合,变成党的政策主张。利用这种主张对政府运作施加影响,或在成为执政党的情况下在政府运作过程中贯彻这种主张,是政党政治的典型特点。这种利益综合功能是如此重要,以致美国政治学者 V. O. 基用它来界定政党:"政党是把群众的偏好变成公共政策的基本的组织。"另一个美国学者沙茨施奈德尔也从这个角度强调:"唯一一种能把多数统治的理想变成事实的组织就是政党。"①

第三,政治录用功能。政党首先与争取执政有关。政党是政治体制发展到一定程度才出现的,它要解决的是如何把民众的意志带到政治共同体中去的问题。上述利益表达和利益综合的功能便由此而来。但和一般组织不同的是,政党力图通过执政来执行这些功能。在执政过程中,政党不仅应当为民众提供政策方案,而且应当提供执政人员的方案。虽然从理论上说,民主体现为普通人有权选择公职人员,但实际上,普通人并不掌握判断竞争公共职位者的潜在能力和价值观念所需要的信息。政党的重要职责之一,就是要通过有组织的活动,在日常生活中把社会上的精英按照他们的能力和价值观念吸收到党内,储存起来,并把他们作为本党的人选推荐给选民。尽管选民不可能完全了解候选人的情况,但他们可以根据对各个政党的了解,来确定自己支持的方向。这就是政党的政治录用功能。这里的"录用"有两层含义:一是,政党总是千方百计地把社会上的精英吸引到自己身边,以便在执政时把他们安排到政府运作的重要环节上,提高政府的施政能力。二是,政党把能够体现政党意图的积极分子推荐给民众,由民众把他们选举到权力机构中去。当然,也有人把"政治录用"的概念用到更加广泛的意义上,例如把政党吸引公民、让他们在选举和党的活动中担任一定的角色等,也纳入这种功能的范围。实际上,这个意义上的"录用"(recruit),到这里就应该翻译成"招募"了。

第四,政治社会化功能。政党的利益表达、利益综合、政治录用等功能的发挥是政党与公众之间的双向互动。因为虽然民众有自己的利益,却并不一定能意识到这种利益,并去捍卫它。从理论上说,民众是主人,但他们并不天然知道什么叫政治,如何参加选举,如何表达自己的诉求,以及如何在政治社会中与他人相处,等等。总之,人们参与政治有一个从不知到知、从不自觉到自觉的过程。这个过程,就是政治社会化。政治学者们通过对这一过程的描述来确定政治社会化的内涵。例如"政治社会化是人们习得其政治取向和行为模式的发展过程","政治社会化是正式负责教育的机构

———————

① 转引自[美]萨尔托里:《政党与政党体制》,剑桥大学出版社1976年英文版,第28页。

有目的的对于政治意识、政治价值和政治习惯的灌输","政治社会化是政治文化形成、维持和改变的过程","人们关于政治传统或政治角色以及与之相关的行为的知识不是与生俱有的,政治社会化就是获取这些知识的一种或多种过程"等。① 在政治社会化过程中,政党发挥着不可替代的作用。它们不但要表达和综合民众的利益,而且负有使民众逐渐认识到自身的利益并不断强化这种认识的责任。例如,要使民众参与政治,就必须在民众中广泛传播民主的意识;要使民众对选举负责,就必须使他们对选举产生的结果与自己利益的关系有一个明确的认识;要使民众选择政党,就必须想方设法使民众了解政党,了解政党的政策主张、治国方略、内部运作;等等。在这里,政党履行的就是政治社会化功能。政治社会化功能是政党一项极其重要的功能。

政党的以上功能,都是从政党活动的基本方面来概括的。其中每项功能又能细分成若干方面的功能。例如,利益表达的功能中既包含对来自民众的信息的传递,也包括对民众利益的引导;利益综合功能中既有政策制定,也包含为推行政策而采取的行动;政治录用功能既指政党对政治精英的吸引和招募,也包括向民众推荐这些精英;政治社会化功能既包含政党的教育功能,也包含着政治动员的功能;等等。所以,这里概括四种功能,只是从一个角度而言,为的是使我们对问题的分析更方便些。研究者可以根据研究的需要,从其他角度进行概括。

此外,各种功能的区分更多的是理论上的。在实际运作中,各项功能之间的划分其实并不泾渭分明。例如一个政党参加选举,必然要对选民进行动员。我们不能说,这个选举动员只属于政治社会化功能。恰恰相反,这一政治行为实际上必然是政党整体功能的体现:它必须同时是选民利益、愿望和要求的表达,否则选民就不会响应;它必须有利益综合,因为只有"原汁原味"的表达而不能形成明确、有力的纲领,对选民必然缺乏吸引力;它还是对政治精英和选民进行政治录用的过程,通过竞选运动,发现和培养本党的人才和骨干。这种情况,是我们研究政党功能时应当注意的。

---

① 参见［美］加布里埃尔·A.阿尔蒙德等:《比较政治学:体系、过程和政策》(上海译文出版社 1987 年版)第 4 章,及其他政治学著作的有关定义。

　　政党并非都能很好地发挥自己的功能。相反,由于各方面的原因,政党往往会出现某些功能上的缺陷。在20世纪后期,我们曾目睹不少长期执政的大党老党失去执政地位。造成这种结果的原因很多,但是其中很重要的一条,就是这些政党被政治权力扭曲,逐步丧失了基本功能。例如苏共。我们知道,政党是民众控制公共权力的工具。从理论上看,苏共从来没有背离过这一点:它代表工人阶级和广大劳动人民的利益;它的领导是人民当家做主的根本体现;它的决策反映工人阶级和广大劳动人民的利益、愿望和要求;它的干部是人民群众的公仆和勤务员;等等。但遗憾的是,这些原则仅停留在理论说教上,没有通过政党履行自己的功能体现出来。相反,在实践中,由于苏共在这个政治体制结构中没有科学的定位,党被异化成国家机器的一部分,严重地国家化、官僚化、行政化了。在这种情况下,苏共不可避免地远离了人民,人民也抛弃了苏共,苏联模式终告失败。

　　又如日本自民党。自民党"党、官、财"三位一体的体系,成就了这个政党,同时也成了导致这个党衰落的重要因素。为什么? 说到底是因为,这样一种体系,虽然表面上看使这个党固若金汤,实际上恰恰导致了这个党和财团、官僚阶层的结合太紧密,难以履行自己的功能。作为一个利益结合体,"党、官、财"的体系不能够完整地反映日本社会现实的和整体的要求及未来发展的方向。自民党各集团为了当选而当选,关注的是如何保住自己的政治地位;财界大企业为了保住自己的垄断地位,关注的是如何排斥不利于自己的竞争;政府官僚集团则着眼于部门利益,对国计民生十分漠然。这样,日本政治领域失去了真正负责任的权力主体,加上腐败现象大肆泛滥,民众对自民党的信心逐步瓦解,发生了1993年"五五体制"结束的政治大地震。

　　再如墨西哥革命制度党。革命制度党能够在墨西哥执政长达70年,应该说,起决定性作用的因素之一,是它在政治体制中发挥了很好的功能。但是,20世纪80年代后,情况发生了变化。为适应新自由主义经济体制的需要,革命制度党放弃了"革命民族主义"的指导思想,转而提出"新民族主义"和"社会自由主义"理论,推行新自由主义改革。这一改革使革命制度党脱离了忠心支持它的劳工阶级,削弱了自身赖以存在的社会基础和组织基础,损害了党内工农职团部门的信心和凝聚力。党赖以生存的职团主义体系日趋衰落,建立在这个体系基础上的党的战斗力也就大大下降。这是革命制度党在2000年大选中终于失去执政地位的一个重要原因。

可见,政党履行基本功能的程度,是我们考察政党现代化的一个非常重要的指数。

## 三、当代世界政党的类型

从政党的起源和发展过程中,我们已经观察到了这样一种现象,即不同的政党,由于所处国家的国情不同,时代不同,其形成和发展也必然具有自己不同的特点。因此世界上的政党是多种多样的,并且如万花筒般变化多端。要研究政党,必须首先对政党进行分类。

确定政党的类型具有重要的意义。

首先,它有利于我们更加准确地把握政党的本质。从政党在17世纪出现到现在的300多年时间里,政党已经由一种特殊的现象变成了几乎无所不在的东西。当今世界上已经没有几个不存在政党的国家。很难对世界上到底有多少政党作出准确的统计。有时在一个国家中会同时存在几百个政党。例如在苏联从一党制转向多党制的1990年,全苏范围内出现的大大小小的政党约有两三千个。如此众多的政党,对于研究政党的人来说,确实有目不暇接之感,令人无从下手。只有在对政党加以分类的基础上,才能在光怪陆离的政党现象中,不为表面的东西所迷惑,抓住其实质。

其次,对政党类型进行区分,有利于我们探索政党活动的一般规律。在很长一段时间里,我们是把政党的阶级性作为最主要的标准(实际上是唯一的标准)来使用的。这虽然使得人们很容易看到马克思主义政党观与非马克思主义政党观的不同,却也给我们进行更深入的探讨带来了许多不便,有时甚至妨碍了科学的研究。实际上,用什么标准来划分政党的类型,取决于两个因素:一是研究的主题,二是标准的客观性。标准和主题是相适应的。如果主题是研究政党的组织机制,那么就应当用上下级关系、组织机构的关系、集中程度、民主化程度等作为分类的标准,而不能以是否执政为标准。所谓标准的客观性,则是指赋予标准的意义必须与标准的实际意义相吻合。如果我们认为一个观点意义重大,关系党的性质,而实际上这个观点并非原则问题,那么,一旦用这个观点来画线,标准就成为不科学的了。例如,我们曾长期用是否坚持暴力革命作为判断马克思主义政党和非马克思主义政党的标准,事实证明这是不正确的。

由此看来,政党的分类实际上并无一定之规,关键在于分类的目的。所以,政党分类的原则,应当是使分类本身与要达到的目标相适应。从这里就产生了各种各样、各不相同的分类法。下面对西方学者在区分政党类型时的一些观点作简单介绍。

法国政治学者迪韦尔热曾根据政党的组织方式及相关特征对政党进行了分类。他提出了四种不同的分类方法。

第一,从权力来源区分,可以分为内生的党(internal party)和外生的党(external party)。前者最初出现在议会内部,党的权力核心在议会中党的领导集团;后者最初是为争取政治权利而建立的社会组织,目的是在把自己的代表送入议会,如英国的工党为产业工会与费边社会主义组织联合组成,领导集团的权力来自议会外。

第二,从吸收党员的原则区分,有干部党(cadre party)和群众党(mass party)。欧洲大陆如法、意等国的自由主义政党多为干部党。这类政党党员人数多少不重要,平时只有少数积极分子处理党务,除了与国会议员之间的联系外,党的活动很少,只是在竞选时才组成活动频繁的竞选班子。其特点是组织松散,意识形态色彩不浓,以竞选公职为主要目标。社会党、基督教民主党多为群众党。它们在群众中吸收党员,党员对党组织有一定的义务,党组织开展活动较多,必要时对党员实行动员,并给予某种程度的教育。

第三,从党员与组织的关系区分,可分为直接党和间接党。前者的党员以个人身份直接入党,后者则因其所参加的组织(如工会)加入政党而集体入党,如英国工党。

第四,以党的基层组织形态区分,可分为干部核心会议(caucus)方式、支部(branch)方式、小组(cell)方式和行伍(militia)方式。自由主义政党的基层组织为干部核心会议,即少数基本观点或利益相一致的名流定期集会,商议公共事务,决定候选人等。社会党的基层组织是支部,有经常性组织和负责人,传达上级指示,反映党员意见。共产党的基层组织为小组,人数少于支部,往往在20—30人之间,由组长负责,定期集会商议事务,并作思想交流,互相提出批评。

　　美国学者纽曼按政党的功能把政党分成两类:一是代表性政党(parties of representation),指以代表社会中个别利益为主要功能的党;二是整合性政党(parties of integration),即以整合社会的各种利益为目标的政党,常常以国家和全民共同利益的代表者自居。

　　美国学者伯恩斯从政党的目标把政党区分为追求改变社会结构的党(transforming parties)和从事政治交易活动的党(transactional parties)。前者不接受现状,虽然可在现状中循规行事,但最终目的在改变现状。后者接受现状,并在其规定的条件下从事政党竞争与交易活动,它们与选民的交互作用也被纳入了政治交易的范畴。

　　另一种相似的分类是按政党的社会哲学把它们分为现状党、自由主义党和激进党。现状党大多数是保守政党,目的在保持国家政治、经济、社会现有结构;自由主义政党提倡某种程度的改革;激进党则主张结构性的改变,有的还主张用革命手段进行彻底而快速的改革。这一分类法往往不能指出最激烈的自由主义政党和最温和的激进政党之间的区别。而且自由主义政党与现状党、激进党之间往往是可以相互转化的。共产党一般被认为是激进党,但在它们已经掌权的国家,这些政党却是典型的现状党。

　　还有的按对宪法的态度把政党分为宪政党(constitutional)和非宪政党(non-constitutional)。欧洲的大多数自由主义和社会主义政党都是宪政党,因为它们都准备按宪政常规来从事竞选,取得政权。而未掌权的共产党是非宪政党。掌权后也有相当一段时间如此。当然也不尽然。例如有人认为,西欧发达国家的某些共产党,虽然很长时间具有非宪政党的性质,但现在已经变成了宪政党。

　　有人综合各方面因素,把政党分成 7 种类型:

　　1. 极权党:政党的内部组织缺乏民主色彩,其目的在获得政权后消除其他政党,建立一党独裁政府。这种观点把共产党看成极权群众党,以意识形态为号召,重视群众基础与基层。把法西斯党看做极权的英雄豪杰党(charismatic parties),以领袖的神秘个人品质为精神基础,不重视党员的人数。有的党介于这两类之间。

　　2. 传道党:重视原则,宣扬主义,不愿为赢得选举而牺牲原则。社会主义政党和昔日欧洲的天主教政党属此类。

3. 掮客党:对原则不大重视,主要目的在赢得大选胜利。为此,尽可能多地争取支持,在各种利益之间周旋,谋求妥协,故其原则多空洞而暧昧。美国两大党最为典型。

4. 遗老党:通常由封建贵族后裔或思想相当保守的士绅所组成,若干极右派的政治势力,如褊狭的民族主义者等,都有其代表。

5. 个人扈从党:是某个人利用时机的产物。往往是社会产生了某一政治问题,有一些人相当关心,而又为其他大、小党所未及重视,这类政党便会产生。法国第四共和国时代的布热德党,美国1960年华莱士的独立党等,均属此类。因其存在时间短,常常被称做昙花一现的党(flash parties)。

6. 名流党:地方名流的集合,缺乏固定纲领和组织,基于个人的声望而建立。

7. 联盟党:组织松散的政治联盟,有时以政党之名出现于政治舞台,往往为选举而组成,在议会中也以联盟之名出现。这种联盟若遇各成员关系良好,可演变为政党,所以又可看做是准政党。

台湾学者马起华按性质把政党分成6类:

1. 人物党(personality party):以领袖为中心和主角,政党的活动依赖于领袖,其政策也往往是领袖所确定的行动纲领。而且党和领袖同兴衰,共存亡。人物党往往人数不多,规模不大,流行于民主政治未走上轨道的国家。这类党中,因领袖的神秘力量使党员盲从的,又称魔力党(charismatic party),如法西斯党和纳粹党。

2. 主义党(party of principle or doctrinal party):以某种主义为依附的中心,作为号召的招牌。其组织严密,重视纪律。如英国的保守党、自由党和工党,德国的社会民主党和自由民主党,法国的共产党和独立民主党,中国的国民党等。

3. 权力党:专指纯以控制政府为目的而不重视主义或根本不谈主义的政党。如美国的两党,只为选票及当选人数而不问主义。权力党重视政治资源的取得和分配,所以也称庇护党(patronage party)。

4. 阶级党:信奉这一观念:基本的阶级冲突只有让主要阶级的利益获得胜利才能解决。这种政党,大都有其产生的背景。由于以实现明确的阶级利益为纲领,又称纲领党(programmatic party)。

5. 宗教党:主题是宗教。极端反对无神论的共产主义,并有保守主义和反唯物主义倾向。想借政治的力量,来作护教的工作。为了政治上的胜利,往往不得不采取普通政党的组织和竞选方式,从而冲淡了其宗教色彩。

6. 革命党:以革命为手段取得和巩固政权,以达成某种政治理想的党。

从以上形形色色的政党分类中,我们看到,国外和海外学者对政党的研究已经达到了一定的深度,有许多方面可以作为我们进一步研究的借鉴。同时我们也看到,他们的政党分类法存在一些缺陷和不足。除了如前面所说,缺乏对政党阶级本质的总体把握外,还有不少方面是我们不能同意、应当摒弃或应当避免的。例如,很显然,有人在对政党进行分类时,丝毫不掩饰对共产党的敌视态度;有人在研究中,摆脱不了作为西方人的优越感,缺乏对发展中国家应有的尊重;有人只注意到西方政党,把它们作为研究的范例,却忽视了其他类型政党的特性和合理性的考察,得出十分片面的结论。这些缺陷和不足,妨碍对政党这种政治现象进行深入的、客观的研究。如我们所知,一个国家政党的出现,以及政党所采用的组织机制、活动方式,都有其存在的历史背景和特定的社会政治经济环境。政党类型与此密切相关。只有把这些因素都考虑在内,才有可能对政党现象有一个中肯的认识。

为了尽可能把世界上各种类型的政党都纳入研究的视野,我们暂且先把当代世界政党分成如下几个大的类别。

1. 执政的共产党。我们通常说,执政党和执政党之间,哪怕性质不同,也会有许多相似的方面:面临许多相似的问题,担负许多相似的任务,发挥许多相似的功能。这是对的。但是,我们更应看到作为执政党的共产党的特殊性。因为在实践中,迄今为止的共产党执政党都是通过武装斗争取得政权的。取得政权后,又都大体采用了苏共的理论和模式,出现了相同的问题,有的党还失去了执政地位,甚至党本身土崩瓦解,不复存在。这是执政党的一种特殊类型,即使从政党学的角度,也值得专门分类进行研究。

2. 西方发达国家共产党。这类政党虽然在意识形态上和前面一个类型同宗,但实际上,发展到今天,两者已经有很大的差别。体现在:首先,这些政党没有获得全国政权,始终面临着如何以群众可以接受的方式取得政权的问题;其次,这些政党所在的国家,经济发达,法制健全,制度成熟,客观社会政治条件完全不同于上述国家,即使获得政权,也只能另寻一套新的执政模式;再次,这些政党所处的环境决定了它们主要在现有政治体制框架内活动;等等。所有这些,都使这类政党在组织机制、活动目标和活动方式上不同于上述共产党。

3. 西方发达国家的传统政党。这类政党一般都随着资本主义制度的产生而产生,把维护现存制度作为自己的历史使命。在这类政党中,最大的一支是保守主义政党。所谓保守主义政党,广义而言,包括所有与要推翻现制度的共产党、改造现制度的社会党、构造和主张上打破阶级界限的党以及为解决某个社会问题而建立的党不同的政党。保守主义政党强调秩序,强调传统制度和文化的价值,强调即使需要变革也应当是稳妥的、渐进的变革。应当指出的是,这里所说的保守主义是哲学意义上的,并不意味着反动,主要是指对传统和现状的肯定。

4. 社会民主党。通常又简称社会党。这类政党最初受马克思主义政党学说的影响而形成,把社会主义作为目标。但是后来逐渐改变了性质、目标和指导思想,脱离了马克思主义,形成了社会民主主义(或叫民主社会主义)的理论。这些党明确表示在资本主义制度的范围和框架内活动,以合法的、多党竞争的和走议会道路的方式来获取执政地位,在不改变资本主义制度性质的前提下对它进行改良。目前这些政党的发展比较引人注目。在欧洲、非洲和拉丁美洲许多国家,社会党都处于执政地位或曾经执过政,并且以社会党国际为依托,建立有广泛的国际联系。

5. 基督教民主党。作为一种类型,基督教社会党、基督教人民党、天主教民主党、天主教人民党都属于这类政党,是第二次世界大战以后首先在西欧政治舞台上发展起来的、同共产党、社会党相抗衡的一支带有宗教色彩的重要政治力量。这类政党自称要在自由主义与集体主义之间、资本主义与共产主义之间寻找一条"中间道路",不但对西欧各国笃信宗教的选民,而且对不信教的中产阶级、特别是新的中间阶层和部分企业工人具有广泛的吸引力。但从实际情况看,基督教民主党更偏向于资本主义和自由主义。

6. 绿党。这一类型是晚至20世纪70—80年代才出现的政党。和其他类型的政党不同,绿党往往不是以阶级划分,而是把关注点放在全人类的生存上。因此,其成员包括各个阶层的人,其中主要是知识分子。绿党的基本理念是生态主义。它们主张和平,反对任何暴力,认为应该以各种"生物区"组织取代国家,把人类按文化传统、民族习惯、社会风俗、语言文字和生物分布的标准划分成区域群体,实行自治。在经济上,绿党注重生态平衡和可持续发展。绿党给政党政治带来的一个最大课题是重新认识政党与阶级的关系。因为从绿党的活动已经可以看出,它给政党的组织形式、活动方式等都已经带来了重大的变化。

7. 法西斯政党。这类政党在资本主义进入帝国主义阶段、遭遇到一系列严重经济危机之后产生,在 20 世纪 30— 40 年代盛行一时。其主张的社会达尔文主义、种族主义、军国主义等,给人类带来了巨大的灾难。法西斯政党在第二次世界大战期间遭到毁灭性打击。德、意、日法西斯垮台,其他一些法西斯政党也都被迫改制、开放党禁。但法西斯主义思潮仍然时常出现,在不少国家还出现了新法西斯政党发展壮大的现象。由于法西斯主义的极端作为,法西斯政党到底属何性质,是人们一直在争论的问题。

8. 民族政党。我们用这种类型特指发展中国家那些为争取民族独立而活动,并在民族独立后在国家中继续发挥着较大作用的政党。这类政党早在 18 世纪末就开始出现,但大多数是在第一和第二次世界大战后发展起来的。它们在各国反对殖民主义、帝国主义和封建主义、争取民族独立的过程中产生,随着民族民主运动的开展而兴起。这些政党所奉行的意识形态各种各样,实际上受发展程度较先国家各种政党和政党体制的较大影响。其中既有西方模式,也有各色不同的民族"社会主义"。其中不少又在 20世纪 80— 90 年代苏联东欧剧变后再次转型,充分显示了其复杂性。

很难说这样一种分类已经科学。这种分类的目的,与其说是要对各类政党作出界定,不如说是为了我们下面所要做的研究提供一个临时的参考系。它不是、也不应该是我们思考问题所必须遵循的框框和原则。我们将看到,在许多情况下,我们需要跳出我们自己划定的圈子来对各种政党进行透视。这更有助于我们对问题进行实事求是的探索,以便得出更为科学的结论。

# 第三章　政党的组织结构

政党是一个由不同要素组合在一起的有机系统。和任何其他生物一样,政党作为政治生物也有它自己的分子式。构成政党的不同"分子",按照特定的结构和方式进行组织,遵循内在的规律发展和运行。这些"分子",就是我们所说的要素。对这些要素、它们的组织方式及其基本运行范式进行研究,是政党组织结构涉及的内容。

## 一、构成政党的要素

政党组织(party organization)看上去是个简单、明确的概念,但实际上,它的内容还是比较丰富的。用国外学者的话说,它"包含了所涉极广的各种组织变量:政党决策机构的组成及其权力,及两者之间的关系;权威集中或分散的程度;政党官僚机构的结构和规模;政党基层单位或地方单位的性质与功能;以及两个极其重要的变量——党员资格问题和党内领导的性质"①。

对构成政党组织结构的要素的确定,也是因研究的需要而异的。概括地说,如果把政党比作一台电脑,那么,构成这台电脑的基本要素可以分成硬件和软件两大部分。"硬件"包括所有有形的、物质的部分,如党员,骨干(干部),各级组织机构,等等。"软件"则指政党组织运行所依据的原则、规范、机制以及长期形成的思维模式和行为模式,等等。

我们先来看政党组织要素的"硬件"部分。

---

① [英]戴维·米勒、韦农·波格丹诺主编:《布莱克维尔政治学百科全书》,中国政法大学出版社2002年版,第567页。

### （一）党员

党员是组成政党的第一个基本要素。任何政党,都首先有自己的党员。但是,纵览各国政党政治,我们发现,各类政党对"党员"的界定,可以说是五花八门、无奇不有。

有的政党对党员的界定极其宽泛。党员徒有其名,甚至连名称都没有。有的虽然有党员的名目,但对党员没有什么要求。只要个人愿意,都可以作为党员。例如,在美国,愿意参加任何一党组织的预选并登记为选民,便自动成了党员,而且只要在下次重新填表时不更换党籍,便一直可以作为该党的党员。这样的党员没有什么申请和批准入党的手续,也没有用以证明党员身份的任何文件;既无交纳党费的义务,也无帮助本党竞选的责任。

与此不同,有的政党对党员有明确的要求。例如社会党,一般会要求党员遵守党的规章制度,交纳党费。英国保守党要求入党者签名宣誓拥护党的目标,愿意交纳党费。

有的政党则不但在党员和非党员之间有明确的界限,而且对党员要求极其苛刻,采用半军事化的手段进行管理。例如处于非法状态、试图用暴力来推翻现存制度的共产党。

还有的政党不但内外有别,对进入本党的党员也分成三六九等。例如孙中山先生设想,中国民主宪政的建立要分军政时期、训政时期、宪政时期三个时期,革命政党负有"以党治国"的责任。相应地,党员也根据责任不同而分为三等:"凡于革命军未起义之前进党者,名为首义党员;凡于革命军起义之后,革命政府成立以前进党者,名为协助党员;凡于革命政府成立之后进党者,名曰普通党员。"三种党员地位不同,享有的权利和待遇也不同。"首义党员,悉隶为元勋公民,得一切参政执政之优秀权利。协助党员,得隶为有功之公民,能得选举及被选举权利。普通党员,得隶为先进公民,享有选举权利。""凡非党员,在革命时期之内,不得有公民资格。必待宪法颁布之后,始能从宪法而获得之。宪法颁布以后,公民一律平等。"

印度国民大会党和后来与之实现政党轮替的印度人民党也都采取了党员分等的方式。20世纪40年代末、50年代初,国大党党章规定将党员分成初级党员、合格党员和有效党员三类。1951年取消了合格党员和有效党员的区分,两类合并为一,统称积极党员,初级党员依然保留。印度人民党把党员分成初级党员和积极党员两类。

　　由于不同政党的党员构成各不相同,党员的情况常常被一些学者用来作为区分政党类型的重要参数。迪韦尔热关于"干部党"和"群众党"的区分,即属此类。但是实际上,这种区分是很冒险的。例如,从活动情况看,美国的两党无疑都是"干部党"、"精英党"。然而,若以党员状况论,它们把投票给本党候选人的选民都算做党员,显然又应被看做"群众党"了。又如,就党员人数而言,苏共肯定是一个群众党。但就它对党员的严格约束和执政之后森严的党内等级制度来看,说它是"精英党"可能更恰当些。这说明,根据党员的状况,其实是很难对政党进行分类的。

　　为了便于分析,我们尝试归纳出一个带有普遍性的参与政党活动程度的声波状图形,如图1所示。在这里,我们根据民众与政党关系的亲疏,把他们归入政党周边的不同层次。政党的骨干分子组成了政党的核心部分。党的活动的参与者组成了政党的第二部分,围绕在核心部分的周围。和这一部分相邻,但和党的核心部分没有直接联系的是属于第三部分的一般支持者。处在最外层的则是普通民众。

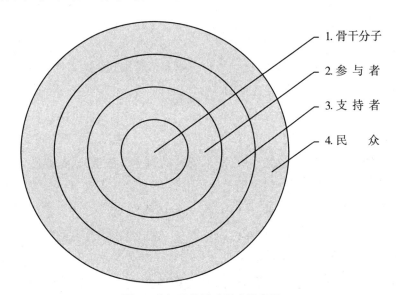

1. 骨干分子
2. 参与者
3. 支持者
4. 民　众

**图1　参与政党活动程度示意图**

　　按照这个示意图,我们可以对各类政党有一个比较清晰的定位。不同类型的政党,会根据自身的需要,在这四个不同层面上划定自己的组织边界。有的政党只认可骨干分子作为本党的党员,有的则把边界一直延伸到本党的支持者。还有的政党把各种各样的参与者划进党的圈子,唯把一般支持者排除在外。当然,也有的政党进一步在参与者中作了区别,把积极的参与者纳入党内,把消极的参与者吸收到党的外围组织。只吸纳骨干入党的政党是"干部党"或"精英党",这是可以肯定的。但是,我们很难把采取其他方式的政党都界定为"群众党"。原因在于,虽然从规模上看,这些政党已足可称为"群众党",然而实际上,党内仍然会对来自不同部分的党员加以区别对待,所依赖的仍然是其中的骨干分子和积极参与者。同时,对于其余所谓"党员"的疏远程度,不同政党的情况也大相径庭。例如,欧洲社会民主党会通过党组织活动、党员培训等来联系党员。而在美国两党那里,即使只是谈论此类话题,也会是非常不可思议的事情。

### (二)骨干(干部)

　　事实上,任何一个政党,之所以能运作起来,首先依靠的是一批对该党的理念和目标强烈认同的积极分子。由于他们的活动,政党才体现为活生生的存在。他们不同于为了进一步扩大政党的基础和影响力而吸收的普通党员。这些积极分子,就是党的骨干。对这些人,各国各党有不同的称呼习惯。有的叫党的"积极活动者",有的叫"积极党员",有的叫党的"干部",有的叫"党的中心成员",有的干脆叫党的"名流",美国还有叫"职业党员"(或"专职党员")的。总之,对此并无统一的概念。一般来说,这些人在党内都担任着一定的职务,似可用党的"干部"概括之。但是有的政党却有例外。例如在美国,在相当长一个时期,大批被称做"党魁"的人控制着党的地方组织。他们不一定担任党内正式职务,甚至也不参加党组织的正式会议,但却掌握着党的事务的决定权。党的骨干的人数通常比一般党员要少得多。举印度国大党为例,2001年,国大党"初级党员"人数达3 000万,而其中"积极党员"只有150万,占党员总数的5%。印度人民党的积极党员稍多,但在2003年的3 000万党员中也只有350万积极党员,占党员总数的不到 12%。① 意大利天民党把每年参加两次或两次以上党的会议的人算做积极分子。这样的"积极分子"只占党员总数的不到 5%。

党的骨干是政党活动的主要力量。政党履行功能,实现目标,以及维持党组织的日常运行,都主要依靠党的骨干的工作。马克思主义政党对干部都提出不同于一般党员的特殊要求。例如,中国共产党在党章中专门规定,除了必须履行党员的各项义务外,领导干部还必须具备马克思主义理论水平等六项基本条件。② 印度国大党 1957 年规定积极党员的条件是:每年交纳 10 卢比党费,或向党的储备基金提交捐赠,或每年负责吸收 50 名初级党员,或每年交出自纺的 25 支棉纱(这是一个很有趣的案例。1924 年,国大党为了鼓励党员勤纺线,穿土布衣服,把党费改为交纺线。1964 年取消了这一条)。2001 年又规定,连续 2 年以上党龄或 3 年内发展 25 名以上初级党员,即可成为积极党员。印度人民党则规定,积极党员须具有 5 年以上初级党员党龄,积极参加党的活动,并订阅党刊。

党的骨干在各类政党内部都有其他党员所没有的特殊权利,只不过有的政党对这种特殊权利作了专门规定,有的则是约定俗成。例如,印度国大党规定,只有积极党员才有资格担任党的各级领导职务或参加议员竞选。在新加坡,人民行动党的骨干被称为干部党员,只有他们有权选举中央执行委员会,出席每月一次的定期会议。在党内,这两者之间的区别非常明显。如有的党员所说,"凡具有高尚品格并愿意入党的人都可成为党员,但党的干部必须加以限制。党的干部必须从经过斗争考验、经过党的实际工作锻炼的党员中谨慎地挑选"③。但是,要了解干部党员的情况却不容易,因为他们的人数是保密的。被赋予了上述权利的干部党员,由党中央执行委员会秘书负责发函邀请。大部分支部执行委员会的委员可以收到这一邀请,但不是所有这些委员都能得到这个权利。究竟谁能够收到邀请,实际上是中央执行委员会说了算。这些干部党员没有任何特殊的党证、徽章,或任何

① 曹小冰:《印度特色的政党和政党政治》,当代世界出版社 2005 年版,第 208、259 页。
② 参见《中国共产党章程汇编(从一大——十六大)》,中共中央党校出版社 2006 年版,第 180 页。
③ [新加坡]冯清莲:《新加坡人民行动党》,上海人民出版社 1975 年版,第 112—113页。

特别的标识。有人估计,这个人数在400—500人之间。①

在政党的骨干群体中,领袖处于权力结构的核心。政党不同于其他组织的最突出的特点之一是,它的凝聚力来自政治认同。这种政治认同主要来自两个方面:一是对共同目标的认同,二是对领袖的认同。这两个认同是党的成员自觉服从的前提和基础。所以,政党领袖是非常重要的。事实上,政党发展的情况,在很大程度上要看领袖的能力和水平。如美国著名政治学家伯恩斯所说:“政党权力的大小取决于党的各级领导者的能力,也就是其了解、激发现有和潜在的党的追随者的需求和愿望的能力,以及调动各种经济、社会和心理的手段来满足——或答应满足——他们要求的能力。”②马克思主义政党尤其重视领袖的作用。列宁强调领袖对于马克思主义政党的极端重要性:“阶级通常是由政党来领导的;政党通常是由最有威信、最有影响、最有经验、被选出担任最重要职务而称为领袖的人们所组成的比较稳定的集团来主持的。”③“历史上,任何一个阶级,如果不推举出自己善于组织运动和领导运动的政治领袖和先进代表,就不可能取得统治地位。”④

### (三)组织

组织是构成政党的又一个基本要素。政党由单个的人组成。但是,光有人还不行,政党必须把这些人集合成组织。什么是组织? 按照社会学的概念,组织就是人们为了达到某种特定目标而有意识地建立起来的群体。按照社会学者埃斯欧尼和莱曼的说法,组织除了有清晰的目标之外,还具有以下基本特征:第一,为了更高效率地达成群体目标而进行的劳动分工和权威的分配;第二,权力相对集中在领导或者执行主管手中,他们使用权力控制组织成员活动并将它们导向组织目标;第三,组织中成员不是固定的,这使得组织可以超越某一特定成员而生存,成员减员时可以用常规性的方式来加以替补。根据这个标准,政党本身就是组织。但是,依政党的组织形式

---

而论,政党其实不是由单个的人直接集合而成的,而是这些个人先集合在一个个具体的党内组织(如基层组织、地方组织、议会党团乃至社会团体等)中,这些组织再集合而成政党。因此,政党应当被看做超大型组织或复合组织。我们在这里说的作为政党要素的这个"组织",实际上既指政党本身的集合形态,更指的是把单个党员集合起来的党内组织。

和其他组织一样,政党组织也具有人力汇集和人力放大两种基本作用。政党组织的所谓人力汇集,就是把具有共同政治意愿的人们集合在一起,互相协作,互相激励,为实现政党的目标而采取共同行动。政党组织的所谓人力放大,则是指政党组织中的人们通过分工,提高专业化程度,提高效能,使得能量产生聚变效应,从而取得"整体力量大于个体力量简单相加"的效果。正是在这个意义上,列宁强调:"无产阶级在争取政权的斗争中,除了组织而外,没有别的武器。"①

组织的力量来自活动。政党的特殊性在于,它是人们为了实现共同的价值而集合在一起的。价值追求属于人的更高层次的需求,而不是维持生存的基本需求。这就大大降低了人们参与政党活动的积极性。例如,公司是一种组织。但公司必须天天活动,因为公司停止运营就意味着没有产品,意味着无法赢利,意味着工人发不出工资,紧密联系着人们的生存问题。政党组织则不是如此。政党的这种特点,决定了各政党在组织上的巨大差异。有的政党组织结构松散,有名无实,平常没有什么活动,主要活动集中在党的各级领导机构和党的骨干中间。党员完全依个人的兴趣参加党的事务。有的政党组织则活动频繁,对党员的要求极其严格。例如,马克思主义政党把党的基层组织建在生产单位上,并且要求每个党员无论职位高低,都必须参加党的一个支部、小组或其他特定组织,定期参加组织生活。对党组织的活动也有一系列明确的要求,如规定每月一次支部活动,每季度一次民主生活会等。

党员、干部和组织,就好比电脑系统的主件、配件和集成块,它们构成了政党组织的"硬件"要素。

---

① 《列宁全集》第7卷,人民出版社1990年版,第410页。

## 二、政党的组织原则

有了要素,政党存在就有了基本条件。把这些要素按照特定的政治目标和要求组合在一起,就形成了政党。至于怎样组合这些要素,不同的政党会因政党在社会中地位、作用及其对它们的理解的不同,以及对政党期望的不同而产生不同的思路。这些思路体现在政党组织发展过程中,就是组织原则。

说到组织原则,人们总是习惯于用最简单明了的词语加以概括。于是,我们便听到了类似"民主制"、"集中制"、"集权制"、"民主集中制",等等这样一些概念。其实,这些概念,无论是在理论上,还是在实践中,都经常是含糊不清的。例如,讲到"民主集中制",我们很自然地认为,它是从列宁以来创立的马克思主义政党的组织原则。这毫无疑问是对的。但是,在对"民主集中制"的解释中,我们却经常会读出这样的内容,似乎只有马克思主义政党的组织原则是最全面的,既讲民主,又讲集中,而其他政党则要么只讲民主不讲集中,要么专制而不民主。这种解释,乃井蛙之见,实在缺乏科学态度。又如,讲到"集中制",我们往往把它和"民主制"相对应。其实,这两个概念分属于不同的角度和范畴。再如,一说"集权制",我们马上觉得这不是一个好词,甚至把它和"极权"混淆在一起,这又显得很可笑。在英文里面,"集中制"和"集权制"都是"centralism"一个词。"极权"(totalism)则已是完全不同的另一个概念。

所以,看来,在讨论政党的组织原则之前,很有必要先把概念本身弄清楚。首先,必须弄清楚上述概念的对应关系。"民主制"对应的不是"集中制"或"集权制",而是不民主,是"专制制"、"专断制"(或"家长制",这个概念能最准确地反映中国人的理解),是一个多数做主还是少数做主的问题。"集中制"或"集权制"对应的也不是"民主制",而是"非集权制"或"分权制",关注的重点在权力的流向,权力向何处倾斜。其次,既然不存在对应关系,那么,上述概念之间也并不必然矛盾,有时相互之间是融合的。民主不意味着权力不能集中。或许正相反,人们希望反映民意的授权更有效有力些。分权也不等于民主。如果分权使政党的地方官僚机构强大,可能恰恰削弱了民主。

在这个前提下,再来对政党的组织原则进行分析,就相对清晰一些了。民主,集中,分权,等等现象,在任何政党内部都是同时存在的。一个真正的政党,不可能只讲其中的一个方面而否定其他方面。因此,判断一个政党的所谓组织原则,不是看它采纳了什么、否定了什么,而是如何处理几者之间的关系。通俗讲来,就是在实施这些原则的同时,对孰主孰次、孰优先孰避让有不同的倾向。所以可以说,政党的组织原则,实质上是当上述各项原则之间发生矛盾、需要作出取舍时,政党所表明的思路和取向。只有立在这一点上,"民主制"、"集权制"、"分权制"的概括才是有意义的。

即使如此,在不同的政治生态和语境下,同一个概念所表达的内涵也仍然可能完全不同。在联邦制和单一制国家,"分权"在含义上存在很大差别。在一党制和多党制下,"民主"所表达的内容也显然不同。马克思主义政党谈集中和保守党谈集权,恐怕更是风马牛不相及的两码事。可见,考察一个政党的组织原则,从概念和文字出发是绝对不可能正确把握的。最好的办法,就是从实际出发,对现实进行概括和归纳。

在这个认识的基础上,我们认为,目前各国政党实行的比较成形的组织原则,大概可以归纳为以下五种:

1. 非集权制。在一些实行联邦制的国家,国家体制实行非集权制。相应地,政党也把非集权制作为本党的组织原则。人们往往容易把非集权(non-centralization)和分权(decentralization)混淆起来。实际上,这是两个不同的概念。分权的前提是,中央政府掌握着权力。为了有效使用这些权力,中央把其中一些权力分配给地方。因此,分权本质上是中央赐予地方或上级赐予下级权力的行为。非集权的前提则是,地方的权力直接来自民众,而非来自中央。相反,中央的权力或者和地方一样直接来自民众,或者由地方把一些权力委托给中央来行使。美国和德国都实行非中央集权制。

这种非集权制也成了不少政党遵循的组织原则。例如美国两党,都是典型的按非集权制原则进行组织的政党。两党都有自上而下的全国委员会、州委员会、县(市)委员会、区委员会和选举委员会的等级机构设置,但全国委员会和地方委员会没有隶属关系,并无比地方委员会更大的权力。地方委员会的权力来自本地党组织和党员,而不是来自全国委员会。例如,州委员会是党组织中最重要的组织,该委员会在有的州是由各所辖县市的委员会主席,有的加上副主席,作为州委员会的委员;有的是各县市委员会的所有委员都参与其中;有的由各参议员选区的委员会委员互相推选出四人组成;也有的是由党员选出代表参加县或州代表会议,代表们推选其中一位为州委员会委员。州委员会的其他各种职务都由委员会自己决定。与此相应,各地方推出的议员进入国会两院后虽组成议会党团;但议员却向选区负责而既不向党的全国委员会负责,也不向总统(即党的领袖)负责。此外,议会党团和党的全国委员会也是各自独立的。

加拿大政党也有明显的非集权制的特征。以加拿大自由党为例,候选人的提名权掌握在基层组织——选区组织手中。中央或省的政党组织和领袖可以推荐候选人,但必须获得选区党组织的同意。充当候选人的首要条件,就是"为政党效忠、为政党服务"。

2. 分权制。在使用这个概念之前,有必要对概念本身作一解释。如前所述,国家制度意义上的分权,强调的是中央对地方的赋权。但用在对政党组织的分析上,含义则有所改变。我们设定政党是集中人们的意志、通过获得政治权力来实现特定目标的组织。因此,它本身应当是一种集中了人们权利的权力。但在一些政党看来,权力集中往往导致组织性质、目标、功能发生变异。为了防止这种前景,应当尽可能地把权力分散在党员、基层组织和地方组织等多元主体中。这就是我们所说的"分权"。所以,在这里,"分权"强调的是权力分散,更加接近"decentralize"的原来意义。

把强调权力分散作为组织原则的政党,最典型的是绿党。这和绿党主张的生态主义在逻辑上是一致的。绿党也有中央、地方、基层组织之分,但在各自权力、职责、相互之间关系等方面,却体现了高度分权的原则。绿党极力强调"基层民主"。基层掌握着实际决策权,上层组织只是办事机构,有关决策是由基层代表提交到代表大会,经充分讨论而作出的。在讨论阶段,各级党代会都必须向全体党员开放,并争取最大可能地达成共识。形成决议后,无论是绿党的议员,还是党的执行委员会成员、发言人,在立法表决或向社会公开党的政策、立场时,都必须按决议行事,不得擅自改变。由基层直接选出的各级领导机构,实行集体领导。这些机构不设主席或总书记职务,而是只设2—3名发言人。发言人有不同分工,但不分主次。党的领导职务实行任期制,连任不得超过两届。甚至绿党进入议会的议员最初也实行中期轮换制,四年任期的议席要安排两名候选人轮流担任。作为绿党组织特色的还有一点,就是强调男女比例。1986 年德国绿党新党章作出硬性规定,要求在党的各级指导委员会、执委会、发言人、议员候选人名单、受雇工作人员中,原则上必须有至少半数女性。①

3. 民主制。就"民主"本身的含义而言,上面所说的非集权制、分权制显然也是应该包括其中的。但是,我们把这里所说的民主制缩小一下,更多用指在组织形式上的代议制民主。许多政党在强调民主时,都是以此为立足点的。作为政党组织原则的民主制有以下几个特点:第一,党内实行代议制民主,党的代表大会是党的最高权力机构,其他权力均由此出;第二,党的重要决策,包括重要人事安排,都在尽可能广泛的党员参与下进行;第三,党在议会中的组织不是党的最高机构,对党的最高权力机构有明确的服从关系。

社会民主党通常比其他政党更加强调民主原则。根据各国社会民主党党章的规定,全国代表大会是党的最高权力机构,其主要职能是制定党纲和党章,听取中央委员会和执行委员会的工作报告并进行辩论,讨论各项提案和重大问题,选举中央委员会的委员、党的领袖和司库。党的代表大会选举产生的中央委员会,主要功能是在党的代表大会闭幕期间,负责领导党的工作,贯彻执行全国代表大会制定的路线、方针和政策,决定党章的修改,通过竞选纲领和施政纲领,选举党的领导人,审议执行委员会的报告,讨论和决定某些重大的内外政策主张等。但中央委员会的决议一般只供党的执行委员会和领袖参考。中央再选出执行委员会作为党的最高常设机构,其主要功能是负责党的日常事务和行政工作,负责指导和监督议会外的各级党的组织工作,筹备全国代表大会,领导竞选工作、与议会党团一起确定各选区的议员候选人等。

强调民主制原则的政党,通常都不会让议会党团独立于党的控制之外。例如,社会党都要求议会党团对党代表大会的纲领和决议有服从的义务。

---

① 关于绿党的组织情况,参见刘东国:《绿党政治》,上海社会科学院出版社 2002 年版;郁庆治:《欧洲绿党研究》,山东人民出版社 2000 年版。

议员必须严格按照议会党团领袖和领导机构的指示精神和议事规则要求而活动,否则就会有遭到党纪处分、被剥夺下届本党选区议员候选人资格乃至开除党籍的危险。

4. 民主集中制。民主集中制是列宁建立布尔什维克党时明确规定的组织原则,后来被马克思主义政党确立为根本组织原则。苏共强调实行这一原则的理由:"必须根据民主集中制的原则来建立共产党,这是由党本身的性质及其历史任务决定的。"①《中国共产党章程》也明确规定,"党是根据自己的纲领和章程,按照民主集中制组织起来的统一整体",②并系统阐述了民主集中制原则的六项内容。

从民主集中制的基本内容看,无论是它的创立者列宁的阐述,还是后来者对它的补充,都是和前面所说的民主制贯通的。所以,马克思恩格斯最初也把工人阶级政党的组织原则概括为民主制。后来的民主集中制和民主制的差别,除了要求党由工人阶级的先进分子组成、党员必须参加党的一个组织、党必须有统一意志和实行严格的纪律外,主要体现在实践中。民主集中制的突出特点是在民主的基础上强调集中,强调下级对上级、全党对中央委员会的服从。这种特点,和共产党通常在战争时期和非法状态下产生有关。当时的情况是,一方面,因为要领导暴力革命,对集中的强调本来就比其他政党更强烈些;另一方面,由于党所处的严酷环境,党内民主的若干要求一时难以实行。两者之间的反差,不但使不少人误以为共产党实行集权制,而且在执政以后,的确由于党的纲领出现问题、没有实现向执政党转型等原因,在组织上仍然呈现高度集中的特征,出现了斯大林和后来各国党的领导人搞个人专断的不正常现象。

苏共模式的民主集中制出现问题后,许多马克思主义政党开始进行反思。有的党后来放弃了民主集中制的原则。还有一些党在坚持民主集中制的同时,也越来越意识到实践中存在的党内过度集权、民主不足的弊端,明确强调发展党内民主。在我国,邓小平最早指出了我们党和国家体制的最大问题是权力过度集中。及至党的十六届四中全会,我们的认识已经提到

①  [苏]K. M. 谢戈列夫主编:《党的建设》,求实出版社1983年版,第107页。
②  《中国共产党章程》第2章第10条,人民出版社2003年版。

了"党内民主是党的生命"的高度。今天,发展党内民主已成为党自身变革的主旋律。

5. 个人集权制。其特点是党的领袖的个人专权。许多政党都发生过领袖专权的情况,但把个人集权作为组织原则来实施的政党却属特殊。法西斯政党就是其中的典型。法西斯政党的个人集权制有一整套理论基础。例如,希特勒声称,"人民统治的真义是指一个民族应被它的最有能力的个人,那些生来适于统治的人所统治和率领"。因此,他强调,"绝不能实行多数决定的制度……必须要由一个人单独地作出决定","这一原则是绝对责任和绝对权威的无条件结合"。① 墨索里尼的国家法西斯党在党章中规定,"国家法西斯党是一个在执行领袖命令、为法西斯国家服务的志愿民兵组织",每一个法西斯党员都要"宣誓执行领袖的命令",为此要"不惜流血牺牲"。

党的领袖被赋予绝对权力、全党对领袖绝对服从,这被称为"领袖原则"。意大利法西斯党的"领袖原则"体现在,在全国范围,党政军大权集于墨索里尼一身;在区域性组织或小组,各由领袖一人独断专行。② 党的各级组织的领导人分别由上一级领袖任免。全党都必须对墨索里尼绝对服从。党的领袖有权召集会议,有权建立和解散基层组织,有权废除或修改领导成员采取的措施,有权免除领导成员在党内的领导职务,有权行使他认为属于它的一切权力。③ 在德国,"领袖原则"体现在,希特勒本人作为党国合一的"领袖",享有至高无上的绝对权力。他的意志以及他以任何方式表达的意图,不仅可以取消或修改现行法律,而且必须不折不扣地贯彻到整个社会生活的一切领域。全国性机构和组织的领导人由希特勒任命并向他负责,在本领域、本地区或本组织系统行使绝对权力。

以上是对不同政党组织原则的大体概括。需要指出的是,这只是为了研究方便所作的理论上的区分,很难在实践中明确地把所有政党都归入其

---

① ［德］希特勒:《我的奋斗》,转引自夏伊勒:《第三帝国的兴亡》(一),第130页。

② 1938年通过的意大利国家法西斯党党章(1943年修改)。转引自朱庭光主编:《法西斯新论》,重庆出版社1991年版,第94页。

③ 1938年通过的意大利国家法西斯党党章(1943年修改)。转引自朱庭光主编:《法西斯体制研究》,上海人民出版社1995年版,第334页。

中。有的政党会在不同情况下强调不同取向,有的政党可能没有十分明确的原则,还有的政党会同时体现其中的几个方面。例如,我们知道,社会民主党都强调组织上的民主原则。但具体到德国社会民主党,我们会看到,它比其他国家的社会民主党具有更多的分权制的特点。由德国的联邦制政治体制所决定,社民党中央和地方组织不是领导和被领导的关系,各地方组织相对中央有很大的独立性。地方组织会准时得到中央的重要文件,但不是作为命令,而是作为讨论的基础。所以,中央组织和地方组织之间的联系主要靠协调来实现,并建立了固定的联系协调制度。这些情况,在研究时应予注意。

## 三、政党的组织系统和领导体制

各种类型的政党之间之所以有区别,原因在于,虽然凡政党都由党员、干部和组织组成,并且都按照某种等级制模式建立起来,都设有中央、地方、基层组织和附属组织、分支组织等,但这些要素却有着复杂的组合方式。按照不同的组织原则把各个要素加以组合,构成了不同类型的政党组织系统和领导体制。我们可以从若干个方面来考察这些不同点。

### (一)组织内部授权关系

政党组织的内部关系特点,首先体现在党员和组织、各级组织之间的授权关系上。相互之间的授权关系不同,决定了组织系统的不同。

第一种是等级授权。有的政党,基层组织直接获得党员授权,更高一层的组织的权力通过低一层组织的授权间接获得。这种逐级授权情况下形成的组织系统,往往具有高度等级化的特征,权力呈现越来越向少数人乃至领袖个人集中的倾向。因为,在这种组织体系中,虽然理论上党员是授权的主体,但这个主体在完成了授权之后,便往往不再起作用。整个政党的运行,更多的是靠获得授权的个人和组织的推动。这种类型的政党,具有组织性强的特点,有很强大的动员能力和执行能力。其缺点是容易精英化、官僚化。领导武装斗争和计划经济时期的共产党,多采用这种模式。党员参加基层组织,选出自己的代表参加上一级权力机关;这些代表又选出代表,进入更上一级权力机关;以此类推。很显然,组织内部的层级越多,越容易造成党的上层和基层的脱离和疏远。

在逐级授权的体制中,组织的力量和权力(权威)合法性来源之间的联系显得比较脆弱、易断,而且往往容易被一些野心家和权势分子所利用。意大利法西斯党和德国纳粹党的兴起,就是一个明显的例证。意大利法西斯党通过逐级授权,建立了法西斯大委员会作为党的最高权力机关,由墨索里尼任主席。法西斯大委员会有权制定法西斯党的章程和指导方针。中央指导委员会、全国评议会和中央书记处为中央机构,其成员或由大委员会提名、墨索里尼任命,或由墨索里尼直接任命。党的总书记由墨索里尼任免。监察员、省委书记、特殊使命领导委员会书记和9个直属组织的领导成员均由总书记提名,墨索里尼任免。在德国,希特勒在党的一次特别会议上就能当选纳粹党主席,而且可以迅即取消党的中央委员会,设立由他本人直接任命负责人的部、处、办公室等机构,支配纳粹党的各个组织和党员。所有这些组织,都通过从希特勒开始自上而下层层任命来控制。这种情况,可以叫做垄断授权。党的权力完全掌握在希特勒、墨索里尼这样的独裁者手中。

第二种是直接授权。有的政党采用党员和基层组织向多层次的上级机构直接授权的模式。这种授权并不排除党的运行中仍然有间接授权的内容,但越来越多的直接授权,是这种模式的基本取向。这种模式具有使组织系统扁平化的特征。这里面又有不同情况。有些政党越过中间层级,由基层直接选出全国机构。如德国社会民主党,它们的联邦代表大会的代表不是从联邦各州党组织选举产生,而是在全国22个专区根据党员人数选出其中的大多数成员。在这个类型的政党中,最典型的是绿党。绿党强调,党的一切领导机构都由基层直接选举产生,决策权属于党的基层组织。这被概括为"基层民主"。举德国绿党为例。在联邦一级,绿党设有全国会议、全国指导委员会和全国执行委员会。每年召开一次的全国会议不是由各州的党组织,而是由地方基层党组织和县党组织直接选举的代表召开的,其职责是就政治问题和政策作出决议。全国会议选举产生全国执行委员会,成员11人,任期2年。执行委员会又选出3名发言人作为党的领导。全国指导委员会的授权来自另一途径:它与执委会、全国会议都是分离的,由各州按本州党员人数选派代表组成,每6周开会一次,任期也是2年,处理党内事务。指导委员会主要起联系作用:联系基层一级组织和全国执行委员会,联系基层和联邦议院的绿党议员。全国指导委员会的代表在投票时必须绝对表达所代表州党组织的观点。至于参加全州会议的人,有的是由县党组织选派,有的则是全体党员均可参加。州指导委员会也同样,有的由县党组织代表组成,有的则由全州会议选举产生。县以及县以下党组织召开的会议,全体党员均可参加。

　　需要指出,实际上,大量的政党组织内部的授权形式介于以上两者之间。有的政党虽然有层层授权的特点,但却把在党的高层的代表权和基层组织活动状况联系在一起,从组织上直接反映两者之间的关联。美国两党的代表大会即是如此。以共和党为例,我们来看看它采用全国代表大会制后的代表组成规则:每州 4 名代表;每在国会中增加一名本党议员,增加代表 2 名;哥伦比亚区代表 9 名;维京岛代表 3 名;在上届总统选举中获得总统选举人票、或获得多数总统选举人票的州,可以再增加 6 名;在上届大选或中期选举时赢得国会参议员或本州州长席位的州,有权要求增加不超过6 名的名额。此外,代表大会还有选区代表参加。选区代表的名额依据党的地方组织在各类选举中获得的成果,作为奖励进行分配。例如,在上届总统和众议员选举中,投给共和党的票数超过 2 000 票的选区,可选出 1 名选区代表;超过 1 万票,再选出 1 名。这实际上也是基层组织和党员向高层直接授权的一种形式。

　　还有的政党的授权是派别化的。这也是介于以上两种授权之间的一种授权形式。例如法国社会党,就是明确按派别划分权力的政党。党章规定,党的指导委员会和各级领导机构均按派别比例代表制选举产生。每个派别,只要在该党组织中拥有代表总额的 5%,就有权推举自己的代表参加各级领导机构。①

### (二)政党内部组织形式

　　各类政党组织内部各要素之间的具体连接形式,也有许多不同的特点。

---

　　① 笔者在《世界政党比较研究》一书中对法国社会党的党内派别制作了专门介绍。参见王长江:《世界政党比较研究》,中共中央党校出版社 1996 年版,第 200—203 页。

　　第一种比较规范的形式是：党员参加党的一个基层组织，同属一个地区的若干基层组织再组合成地方组织，地方组织受中央的统一领导。马克思主义政党采用的就是这种形式，而且执行起来比较严格。这些政党都强调，党内不存在特殊、不受组织管辖的党员，所以，党章明确地把"参加党的一个组织并在其中工作"和承认党纲党章、交纳党费并列地作为党员的条件。中国共产党章程还规定，党员没有正当理由，6个月不参加党的生活，或者不交纳党费的，就被认为自行脱党，支部大会应当对这样的党员予以除名。

　　不少政党的内部组织形式，包括相当一部分社会民主党，大体上都可以归入这一类。但实际上，各个政党的实施情况又是不一样的。有的政党比较严格、规范，有的政党要宽松一些。就前者而言，它们多是历史上受马克思主义影响较深的政党。在这些政党中，不但党员要加入党的一个组织，而且不应同时成为两个组织的成员。要求比较宽松一些的党，主要原因是受其他政党竞争的影响。对党员的要求过严，或是党费交纳的要求过高，都会导致成员向其他政党流动，造成政治资源流失。为了避免这种结果，这些政党往往在组织上要作一些让步。但总体上说，类型归属还是比较明确的。

　　在不同类型的政党内，地方党组织的地位不尽相同。举基督教民主党为例。大多数基督教民主党都十分重视地方各级组织建设，但比利时的基督教人民党和基督教社会党没有省一级组织，而在意大利天民党的组织体系中，省级组织十分健全。省级组织机构包括委员会、执行委员会、代表大会。天民党的93个省级委员会发挥着十分重要的作用，特别是在全国选举前的筹备时期。各省的委员会大小不同，在人口超过200万的省份有51名成员，在人口不足100万的省份有30名成员。但省委常委通常只有七八个人，他们是有报酬的官员。省组织的最重要任务是为选举挑选候选人，而且权力很大。虽然他们的选择还需要全国委员会审批，但选择未被批准的情况是极少的。省级委员会由一个7—11名成员组成的执行委员会和一位省委书记领导。执行委员会由省代表大会选举产生，它的职能是使省委的决议得到贯彻执行，并就日常行政事务作出决定。省的代表大会的最重要任务是选择参加全国代表大会的代表。至于基层党支部，与其他政党一样，基督教民主党也按区域来建立组织。一般说来，这些组织在选举时发挥非常重要的作用,它们的选举委员会要草拟党的候选人名单,同其他党派谈判联盟问题。它们拟定的名单,全国总部通常不会予以变更或提出建议。

此外,法律通常不干涉政党的内部事务,而给政党调整内部关系以充分的弹性。20 世纪 70 年代,美国民主党内希望扩大中央权力和希望保留地方党组织更大的自主权的人之间发生分歧,希望法律予以解决。最高法院裁定,"政党中央党部有权决定对该党整体最有利的方式,政党对州党部的立场亦然"。①

第二种比较常见的形式是,在党内,在中央—地方—基层组织系列之外,专门建有特殊的、独立性较强的组织,和地方、基层的其他组织并列为党的一级组织。加拿大自由党即是如此。除了作为基层组织的选区组织和省、地区一级的地方组织外,加拿大学生自由党和加拿大妇女自由联盟也在加拿大自由党内进行活动。此外,在魁北克省,除了建立有省组织,还有单独的魁北克自由党,也是加拿大自由党的成员。在社会民主党内,这种现象同样比较普遍。例如,德国社会民主党有"社会民主党青年团",聚集 35 岁以下的社会民主党人,选举产生的联邦书记和执委会都需经社会民主党执委会批准;新加坡人民行动党建立了人民行动党青年团、人民行动党妇女团;等等。

在这类组织形式的总框架下,有的政党还添加了自己的特点。例如,日本社会党有一个特别的设计,就是在众议员选区内,如认为有必要,可在设支部、总支的基础上,总支之间建立"支部协议会",目的是收集民情、选情,掌握民意,加强总支之间或支部之间的联络和沟通。新加坡人民行动党设立的"社区活动中心"也有类似功能。

第三种形式比较特殊,即政党以社会组织为依托建立,党员不是直接入党,而是加入社会组织,这些社会组织再整体进入政党。这类政党也被称做"间接政党"。这一类型中,最典型者莫过英国工党。英国工党实行集体党员制,甚至最初只接受集体党员而不接受个人党员。根据规定,凡属英国全国职工大会或经它认可的工会组织,如愿遵守党章,均可加入工党,其会员

① 李明等:《世界各国主要政党内部运作之研究》第一辑,台湾正中书局 1990 年版,第 38 页。

自动成为工党党员。这些党员的党费从他们的工会会费中自动扣除,除非该成员明确地签署放弃党员资格的文件(即废约)。1918年之后,党章中才有了个人入党的明确规定。进入工党的有工会、学术团体、政治团体及各种利益团体,甚至还有政党,形成党中有党的局面。独立工党、合作党、犹太社会党等都是英国工党的成员。从全国到大区再到郡市的地方组织,都由这些工会、团体和政党组成,它们选出的代表进入各级组织的领导机构,并和选区工党组织的代表一起参加全国年会。可以说,英国工党具有世界上最为复杂的组织系统。甚至工党地方组织也是集体入党的。根据党章,拥有1000名以上党员的选区工党组织,可以以选区工党组织的名义加入工党。英国工党的这种组织形式,和历史上工党由工会组织联合而来有关。直至今天,英国工党党员中集体党员的人数仍远远超过个人党员。瑞典、挪威、瑞士等国的社会民主党也不同程度地把集体入党当做壮大党的队伍的手段。

另一个更完全地实行集体党员制的政党是墨西哥革命制度党。墨西哥革命制度党是一个按职团结构组织起来的政党。该党根据社会阶级分层的情况,在党内设立了工人部、农民部、人民部等部门,每个部门都由若干个相对应的职业社会团体组成。例如工人部由全国的和州一级的行业工会和工会联合会组成,农民部由全国农民联合会、工农总联合会等组成,等等。普通公众只要成为这些社会团体的成员,便自动成为革命制度党党员。党员入党和退党都没有具体手续。地方和基层的组织也以此类推。党的基层组织按行业生产原则组成,叫做"核心小组"。党员按其所属的职业部门,分别组成工人部、农民部和人民部的核心小组。若干个核心小组组成一个分区组织。分区之上分别是市(区)党组织,再往上是联邦州(区)党组织。三个职团部门广泛地渗透到党的各级组织中。

很显然,实行集体党员制的政党,能够通过各种社会组织把触角伸向广大的人群,拓宽党的执政基础。但是,由于党员带有更多的被动入党的性质,党员对于政党的忠诚普遍存在问题。所以到后来,一些原来采用这种组织形式的政党开始放弃或限制集体入党制度。英国工党在20世纪90年代的改革中,首先把发展个人党员作为一项重要内容,采取各种措施鼓励选区党组织发展个人党员。1993年更通过一项改革动议,把工会在工党年会上享有的选票比例由 90% 削减到 70%，由个人党员组成的选区党组织的选票由 10% 增加到 30%，以此来限制工会等团体的权力，提高个人党员的地位。看来，重视发展个人党员，限制集体党员，已经成为这类政党进行组织改革的一个重要取向。

### （三）政党内部领导体制

除了领袖个人专权制的简单化结构不需要太多描述就很容易理解外，绝大多数政党都存在这种情况：一方面，按照金字塔式的等级结构，政党有一套自上而下的领导指挥系统，无非是代表大会选出中央委员会，中央委员会选出执行委员会，然后再产生党的领袖，对全党进行领导。这套系统在各个政党里都是存在的，只是名称有时不同、设置不尽一致、功能稍有区别而已。另一方面，政党通过动员党内外力量，把自己的骨干输送到国家权力体系中，在那里形成了另外一个较有权威的团队。其中最典型的便是议会党团。这就产生了两套都具备领导权威的系统如何协调的问题。不同的政党领导体制，往往体现在对两者关系的不同处理上。概括起来，有这样两种基本类型：

一是强调党的代表大会的最高权威，把议会内外的党组织统归代表大会及其产生的机构领导。研究表明，在议会外部产生的政党，绝大多数实行这种模式。共产党都强调党的全国代表大会是最高权力机关，它选举产生的中央委员会以及中央委员会进而选举产生的常设机构（有的叫执行委员会，有的叫政治局）领导全党执行代表大会的纲领和决议。党的其余组织，无论是否设在政府中，均听从中央的统一号令。进入政府的人员，也由党来推荐，这些人员在执政中体现由上述中央机关传递的党的意图。社会民主党同样有这方面的要求。社会民主党原则上都把党的决策机构和领导机构设在议会之外，党的代表大会或年会通常是最高决策机构和最终决策机构，议会党团对其决议和制定的纲领有服从的义务。基督教民主党的领导体制也属于这种类型。例如，意大利天民党党章规定，只有全国代表大会才是党的最高机构，议会党团和全国委员会、执行局、书记处一样，是它的执行机构。议会党团内部的规章须提交全国委员会批准，对于所有政治问题，议会党团应该遵循"代表大会所制定的总路线以及全国委员会和中央领导机构的指示"。① 德国基民盟规定,党代表大会的决定对议会党团和基民盟领导的各级政府都有约束力。当然,在这个大的类型之下,各党的实际情况有不少差别。

二是突出执政权威,党的领导体制围绕国家权力机关形成。英国保守党在其中最有代表性。在中央一级,保守党建有议会党团、保守党总部和全国联合会三个彼此独立的系统,相互之间只有协作关系,而没有隶属关系。议会党团由在大选中获得席位的本党议员组成,代表整个党与政府发生直接关系:或作为执政党执政,或作为在野党充当政府的"忠诚的反对派"。保守党的领袖由下院保守党议会党团选举产生,和议会外党组织、普通党员无直接关系。甚至更早的时候(20 世纪 60 年代以前),保守党的领袖一直都不是选出来的,而是沿用首相或前首相作为本党当然领袖的惯例。但党的领袖一旦产生,就拥有了非常大的权力。他不受任何组织机构的约束,甚至党的年会和各种决策机构通过的决议,也只为领袖提供参考,不具有任何约束力。党的领袖没有义务以正式形式向党的机构如议会党团、全国联合会等报告工作。党的财政大权,也是由领袖一手掌握的。保守党总部是在党的领袖的直接领导下进行党内事务管理的机构。其领导人"党组织主席"(即保守党主席)由党的领袖直接任命。全国联合会是议会外保守党的全国性组织,由保守党各选区协会组成,每年举行年度大会,选出中央理事会作为管理机构,再由中央理事会选出执行委员会负责日常工作。此外,还有若干个咨询委员会、董事会。从形式上看,它们很像是全国联合会下属机构,但实际上,这些委员会却不向全国联合会负责,或不完全向全国联合会负责,因为其负责人往往由党的领袖任命,其成员也不完全由全国联合会决定。纵向地看,保守党组织之间的上下隶属关系更加松散。作为保守党议会外组织基本单位的选区协会,在管理自身事务方面有很大的自治权,像选举本组织的负责人,选择本组织的代理人,确定本组织的议员候选人,筹集活动资金,开展竞选等。可见,党的权力中心是在公共权力系统中的。

美国两党也是这一类型中的典型。美国两党都召开全国代表大会。但

---

① 转引自[法]热纳维埃夫·比布:《意大利政党》,上海译文出版社 1980 年版,第 157 页。

是,和总统选举相一致、四年一次的代表大会的任务,就是选出本党的总统候选人,制定竞选政纲,之后便不再有任何活动。候选人成了党的领袖,不存在之外的全国性的领导机构。与会代表选出的全国委员会,主要负责选举事宜。全国委员会的主席由总统候选人提名,按总统候选人的意愿开展工作。在全国代表大会期间,两党都会组成担负相应任务的常设委员会,但这些委员会都不具有全国领导机构的性质。而且实际上,一旦总统选举结束,当选的本党总统更多地不是依靠党组织,而是依靠政府部门开展工作。当然,这不是说,总统对于本党有至高无上的控制力。虽然总统作为党的领袖领导着全党,但由于权力来源不同,国会议员往往站在本地选民的立场上,并不听从总统的号令。总统基本上不能对国会议会党团实施组织上的控制,只能通过个人施加影响。从这个角度看,党的领导体制又是不健全的。

无论上述哪一种类型,或者是兼有两种类型特点的混合型,最重要的是担负着不同职能的领导机构之间的协调。许多政党都在实践中逐渐形成了这种协调所需的制度、手段和规则。最通用的一种手段,是党的领导层个人之间的经常性沟通。法国社会党为保持党组织和议会党团的协调,党的主席和议长保持经常沟通。在议会和政府中,本党的总理、政府部长直接参加议会党团的会议,与党团成员进行讨论,以首先在党团内部取得一致。德国社民党执政期间,总理、党的总书记和议会党团主席二人保持着至少每周三次的情况碰头会,讨论当务之急的工作,交换意见,决定对策,达成共识后各自向本系统通报,同时通过媒体向社会通报。奥地利社会党执政期间有总理、党的主席、政府成员、有关书记及工会领袖每周一次例会的制度。

有些政党力图从规则上规范这种协调,减少摩擦。意大利天民党规定,当政府发生危机时,议会党团和党的全国委员会、执行局、书记处各司其责:执行局要负责制定出党对危机想要采取的立场,但这必须经两院议会党团领导人的同意,然后由全国委员会确认议会党团和执行局作出的决定。

还有些政党尝试用制度来体现这种协调。例如,加拿大自由党在中央一级设立了咨询委员会、顾问团和政治内阁三个机构,来协调国会议员与党组织的关系。咨询委员会的职责是就各类政治问题和政策议题进行经常性的研究和探讨,并广泛调查和征求党员的意见。顾问团由总理指定的一名阁员、由省级国会议员互选产生的一名国会议员和各省的自由党主席组成，旨在促进国会议员与党组织之间的沟通和协商。政治内阁由联邦内阁、自由党主席、联邦议会党团主席组成，目的是促进党和政府之间的良性互动。

　　但是，总的看来，很少有政党在领导体制上实现完全科学的运作。原因在于，政党越靠近公共权力，它的影响越有效，同时越容易因对公共权力的依赖而导致政党功能的变形。这使得政党往往取舍皆难。它是政党政治中一个带普遍性的两难课题。

# 第四章 政党的意识形态

如果把构成政党的要素分成"硬要素"和"软要素"两大类,那么,除了组织原则和组织制度外,政党意识形态就是最重要的"软要素"。政党是人们自愿组成的政治组织。"自愿"的这个"愿",即人们通常所指的共同政治意愿和价值取向,它以特定的意识形态为基础。意识形态是政党的黏合剂,把具有共同政治意愿的人们聚合在一起。有了它,政党才成其为政党;没有它,政党便无异于乌合之众。

## 一、意识形态对于政党的意义

什么是意识形态? 对意识形态这个概念的理解实际上非常混乱。在不少西方学者眼里,意识形态是一个贬义词。例如美国学者阿瑟·施莱辛格认为:"谈到意识形态,我指的是一组系统的僵硬的教条和信条,人们根据这些教条和信条试图了解世界,并试图保存或改变这个世界。"[1]这里面的偏颇显而易见。当然,随着人们对意识形态重要性的认识,对意识形态的偏见也随之淡化。罗伯特·A.达尔关于意识形态的定义就已经显得客观多了。他的解释是:"政治体系中的领袖通常维护一套多少持续和统一的信条,这些信条有助于说明和证实他们在体系中进行领导的合理性。一套这种类型的信条常常被称做一种意识形态。"[2]

在达尔的解释中,把"领袖"作为主体听起来有太多的主观随意性,就

---

① 转引自[美]詹姆斯·M.伯恩斯:《领袖论》,中国社会科学出版社 1996 年版,第 302 页。

② [美]罗伯特·A.达尔:《现代政治分析》,上海译文出版社 1987 年版,第 78 页。

好像意识形态是几个精英想象出来的一样。其实,意识形态只不过是由经济基础决定的上层建筑的一部分,是社会关系在人们认识上的反映,受着人们所处地位和历史条件的制约。可以说,有什么样的社会状况,就有什么样的意识形态。这是历史唯物主义者对意识形态的认识。

但是,话又说回来,如果把达尔分析中的缺陷抛开去,可以认为,达尔的定义包含了意识形态这个概念的基本信息。例如,意识形态需要基本的延续性,不能出尔反尔、变化无常、自相矛盾;它是一种"信条",只有人们相信,它才有效;它的目的首先是要论证"领导"的合理性;等等。所以,《布莱克维尔政治学百科全书》这样定义道:"意识形态是具有符号意义的信仰和观点的表达形式,它以表现、解释和评价现实世界的方法来形成、动员、指导、组织和证明一定的行为模式或方式,并否定其他一些行为模式或方式。"[①]

意识形态作为与一定社会的经济、政治、社会和文化直接相联系的观念、观点、概念的总和,体现为政治法律思想、道德、文学艺术、宗教、哲学和其他社会科学等意识形式。它们从不同侧面反映现实的社会生活,相互联系,相互制约,构成意识形态的有机整体。可以根据种类不同,划分成政治、社会、知识、伦理,等等意识形态类型。

意识形态有三个基本特征。一是群体性。意识形态是一种思想,但不是个别人的思想观念,而是被一定规模的群体(如阶级、阶层、社会集团等)所接受的思想观念,反映这个群体的利益并影响它们的行为取向。二是系统性。意识形态不是零碎的想法和观念,也不是它们的简单堆积,而是一套有自身逻辑的思想和认识。用时髦的用语讲,就是这些思想、观念和认识形成了"自治"的体系。三是历史性。意识形态往往在一定的社会经济发展的基础上形成,是一个时期人们思想、观念、认识的积累。这三个特征,使意识形态区别于一般的思想、观念和认识。它是一种确定的文化。这种文化是对社会存在的反映,受社会存在的制约。个人或集体都要自觉不自觉地受这种文化的影响。

和政党相关的意识形态,属于政治意识形态的范畴。政治意识形态反

---

① 《布莱克维尔政治学百科全书》,中国政法大学出版社 2002 年版,第 345 页。

映人们对社会发展及其规律的认识和主张,是一组用来解释社会应当如何运作和发展的观念与原则,它的关注点是如何划分权力,以及这些权力应该被运用于什么目的。政治意识形态因主体不同,内容和涵盖面也必然不同。阶级、国家、政党都有各自的意识形态。它们同存于一个社会中,既相互联系,又各有特点。一个阶级的意识形态为该阶级的人们所普遍接受和认同,而与其他阶级相区别。因此,不同阶级意识形态之间的相互斗争,往往构成阶级斗争的最为重要的内容。其中统治阶级的意识形态成为占社会统治地位的意识形态,它集中反映该社会的经济基础,表现出该社会的思想特征,通常体现为国家的意识形态。政党的意识形态是政党所代表的阶级的意识形态的高度概括和凝练。

对政党而言,意识形态是实践价值目标的基本工具,具有导向、辩护、凝聚、动员、约束等功能。这些功能,讲得再概括些,可以归结为两项:一是支持,二是整合。它们对于政党的生存和发展具有极其重要的意义。

所谓支持功能,简单说,就是意识形态为政党的目标和行动提供合法性和正当性的依据。意识形态反映人们对世界的认识,是人们对社会发展作出的解释。政党意识形态是政党对社会发展、政党追求的目标以及政党自身的行为的合理化进行辩护而形成的一套思想理论体系。当这种认识和解释为党员所认同和接受时,政党就产生了强大的内聚力;而一旦为民众所认同和接受,政党就得到了支持的力量。所以,支持功能是意识形态的一项最基本的功能。由这种支持功能,衍生出了许多其他功能。例如导向功能,通过理论提升,把人们中间尚不成形的思想引导到政党所期望的方向,纳入政党支持体系;又如动员功能,通过思想传播,激发人们的热情,使他们积极主动地投入政党所期望的活动中;再如批判功能,对不合本政党主张的思想、观念和行为,或是作为对立面的政权和政党的思想体系和言行予以否定,从另一面强化对本党的支持;等等。

所谓整合功能,就是意识形态对社会上反映各种不同利益和要求的思想和观念进行甄别、分类,为集合在本政党周围的人们提供共识。意识形态为人们解读各种社会现象提供了一套理论体系。它告诉人们如何认识客观世界和主观世界,告诉人们怎样看待社会发展过程中存在的问题,告诉人们追求什么样的前景,告诉人们通过什么途径来达到目标。通过所有这些,意识形态把人们的思想归拢到大致相同的方向上来,最终对政党为社会发展开出的药方表示认同,并支持和参与政党采取的行动。这种整合力量的功能,也可以进一步发展出其他一些次生的功能。例如约束功能,把人们的思想和行为约束在整体一致的范围内,使他们服从整体行动的要求;又如凝聚功能,从思想上和情绪上引导和调动人们的热情,提高人们参与共同行动的自觉性和主动性;再如导向功能,把人们中间本来存在的纷杂混乱的思想引导到一个方向上来,就重大问题达成共识;等等。

意识形态是政党对社会实施领导和控制的最重要的工具之一。无论是取得国家权力,还是巩固执政地位,政党都不能仅仅靠强制性的力量,而要靠多数公众的认同。这样,政党就需要把自己本质上作为部分利益代表者的身份转化成公众利益代表的身份。这种转化,是靠意识形态来实现的。通过意识形态,政党把尽可能多的人凝聚在自己身边。

## 二、政党意识形态的类型

意识形态往往是一政党区别于其他政党的主要标志。不同的政党之所以彼此区别,非常重要的一个方面,就是它们在意识形态上的差异。然而,在当今世界上,各种各样形形色色的意识形态不但争奇斗妍,令人目不暇接,而且相互影响、相互渗透,并不完全相互排斥。这进而使得对意识形态的区分变得复杂而困难。这里只能对各种各样的意识形态择其要者作一介绍,使大家对其基本类型有一个大体的把握。

### (一)马克思主义

马克思主义是 19 世纪由德国人马克思和恩格斯创立的学说。它是在资本主义发展到一定阶段、资本主义制度中的各种矛盾发生激烈冲突,特别是无产阶级和资产阶级两大阶级的矛盾日益激化的条件下产生的。这一学说把无产阶级作为最先进的阶级,认为无产阶级肩负着解放全人类的历史使命,从而成为指导无产阶级革命和解放的理论。世界上所有共产党都把马克思主义作为党的指导思想。

马克思主义包括哲学、政治经济学和科学社会主义三大组成部分。马克思主义哲学即辩证唯物主义和历史唯物主义,是关于自然、社会和人类思维发展一般规律的学说。这一学说的核心就是承认世界的物质性,承认物质世界处在永恒的运动、变化、发展之中,有着自己不以人的主观意志为转移的规律。马克思主义哲学为马克思恩格斯和后来的共产党人分析、研究社会历史运动提供了基本的世界观和方法论。

运用这一世界观和方法论,马克思把商品、货币这些细胞作为分析的起点,对资本主义经济关系进行了解剖。他分析了商品的要素,发现了劳动的二重性,通过对价值本质的揭示,阐明了劳动价值理论。马克思进而通过对劳动力这种特殊商品的使用价值和价值的分析,证明无产阶级作为出卖劳动力商品的雇佣劳动者阶级,在资本主义生产过程中不但再生产出劳动力自身的价值,还额外地生产出剩余价值。资本家凭借自己对生产资料的占有权,把这些剩余价值无偿地据为己有。由此马克思恩格斯论证了资本主义制度人吃人的本质,把资本主义剥削的秘密揭露出来了。剩余价值理论作为马克思主义政治经济学的核心内容,和唯物史观一起,被称为马克思的两大发现。

这两大发现使马克思恩格斯能够科学地揭示人类历史的发展规律,揭示资本主义生产方式和它所产生的资产阶级社会的特殊的运动规律。马克思恩格斯通过对资本主义的经济结构、阶级关系与社会基本矛盾的运动的分析,得出了资本主义必然灭亡和社会主义必然胜利的结论,并看到无产阶级作为先进生产力的代表者,代表着人类的前途,肩负着推翻资本主义制度和建设社会主义、实现共产主义的历史使命。这就使过去只是人类美好愿望、只能作为幻想存在的社会主义体现为规律,体现为人类社会的目标,并且有了实现这一目标的现实力量。于是,社会主义由空想变成了科学。

马克思主义在世界上产生了广泛而深远的影响,极大地鼓舞了工人阶级。许多工人阶级政党把马克思主义付诸实践,推动了国际共产主义运动的发展。1917 年,俄国发生十月社会主义革命,以列宁为首的布尔什维克党夺得了政权,建立了世界上第一个社会主义国家。20 世纪 40 年代中、后期,东欧、中国等也都走上了社会主义道路。

马克思主义与各国的实践相结合,产生了各国共产党自己的理论。这些理论是马克思主义的进一步发展。例如,俄国布尔什维克党人创立了列宁主义,斯大林称之为"帝国主义和无产阶级革命时代的马克思主义"。中国共产党则形成了把马克思主义和中国国情相结合的毛泽东思想。在探索建设道路过程中,中国党创立了中国特色社会主义理论。这些理论,都包含在广义的马克思主义概念中。

### (二)保守主义

保守主义是一种带有普遍性的意识形态。18 世纪英国著名政治学家埃德蒙·柏克(Edmund Burke, 1729—1797)是保守主义的代表人物,是保守主义思想的集大成者。西方许多大党都奉行保守主义原则。

和马克思主义不同,究竟什么是保守主义,很难下一个确切的定义。因为,保守主义与其说是一种意识形态,不如说轻视抽象的理论、注重实践和经验更是它的特点。甚至保守主义者也反对把保守主义作为一种意识形态。《布莱克维尔政治学百科全书》干脆把保守主义定义为"以维护有限政治为目的,以调和、平衡和节制为内容的政治艺术"。确切说,保守主义是一种政治心理倾向和心态。它要"保守"的对象,几乎可以是任何既有的或已经失去的东西,像财产、地位、权力、生活方式、过去的好时光,等等。其基本精神倾向是明确的,即积极肯定现存的制度和价值。同时,这种肯定虽然与社会变革形成对峙,却并不完全否定变革本身,而是主张渐进的发展道路,反对激进的急速社会变革。如果简单概括的话,保守主义有两个基本方面:在对象上,保守主义保守的是传统及与传统有关的东西;在方法上,保守主义主张连续性和渐进性。

保守主义涉及的内容几乎无所不包,它的基本价值观念和原则从这些内容中体现出来。有的学者对这些观念和原则作了概括:相信存在一个超越性的、客观的道德秩序;社会具有连续性,任何变革只能是渐进而审慎的变革;传统是智慧的源泉,应当尊重传统;人的知识不仅有限而且会出错,保持审慎是十分必要的;社会应当保持多样性;不存在至善至美的东西,人们可以期待的只能是一个存在弊端但却可以容忍的、有序的、自由的社会;等等。① 美国学者伯恩斯把保守主义的共同特点概括如下:"简单地说,这些

---

① 刘军宁:《保守主义》,中国社会科学出版社 1998 年版,第 23—26 页。

学说就是:人性的脆弱和罪恶;普通人缺乏应用理性的能力来解决自己的问题;大多数积极的社会行动形式无益甚至有害;民主制度不可能,因此必须有一个强有力的行政元首,或者某种形式的杰出人物统治,或者少数统治;需要把宗教作为社会戒条的源泉和作为促成基本一致的制裁力量;个人主义及其思想和制度上的自由实验将导致法西斯主义或其他形式极权主义的危险。"①

在现实生活中,保守主义作为一种思想意识和文化心理,在政治、经济和社会的各个领域,在人的信仰、思想、心理和行为的各个层次,都有其具体的表现形式。对一个保守主义政党来说,保守传统是它们的共同特点。但由于各国的传统不一样,因而实际上保守主义的内容也不一样。在英美等国,保守主义保守的是自由的传统。在英国,在发生资产阶级革命之前,自由的观念就已经确立,自由就已成为人们公认的价值。由于自由的传统确立在先,保守的思想形成在后,故保守主义和自由主义有着密切的联系。在美国这个没有什么悠久历史传统的移民国家,所谓传统实际上指的是美国的自由民主法治制度。因此,美国的保守主义也是自由价值的捍卫者。在加拿大,保守党很自然地受强大的自由主义思想的影响,在自由经济和托利主义的主张之间保持平衡。所以,加拿大的保守主义常常被说成是民主托利主义和温和的商业自由主义的调和。在日本,秩序成为自民党要保守的主要对象。自民党宣称"我党是摒弃导致斗争和破坏的政治理念,以协同和建设的精神为基础,维持合理的传统与秩序,并促其在不断适应时代要求中发展,积极改革现状,消除弊害的进步政党",认为"真正的进步在秩序中求得,有价值的创造只有在优良传统上发展才有可能"。

而且,保守主义的内容不是一成不变的。无论是英国保守党、美国共和党,还是加拿大保守党,或是日本自民党,其保守主义的内容都随着时代的发展而不断进化。例如在资本主义制度确立时期,英国的托利主义就是当时那个时代的保守主义。它所保守的社会准则和信念,更多的来自封建传统,如等级制度、权力主义、家长式统治等。所以,按照英国学者赛西尔的说法,英国的保守主义由这样三种所组成:"天生的守旧思想,即所有的人内

---

① 　[美]伯恩斯:《当代世界政治理论》,商务印书馆1983年版,第289页。

心所固有的不信任未知事物和眷恋所熟悉的事物的思想;王党主义,即维护教会和国王、尊崇宗教和权威的原则;最后是目前还没有更好的名称而被称为帝国主义的部分,即热爱国家的伟大和热爱使其伟大的上下团结。"①但到后来,托利党所一直反对的自由主义则成了保守党的传统。到20世纪80年代,随着资本主义世界经济体系发生转型,英国保守党、美国共和党和日本自民党等保守主义政党又都纷纷调整政策、主张,形成了一股被称为"新保守主义"的思潮。新保守主义主张"小政府,大社会",重视市场机能,致力于减少政府对经济的干预,推进企业民营化,甚至扩大民主参与也成了这时它们要保守的内容。

### (三)自由主义

自由主义是诞生在欧洲的一种意识形态。通常认为,作为学说的自由主义产生于近代。英国学者约翰·格雷指出了这一点。他说:"尽管历史学家从古代世界,尤其从古希腊与罗马中,找出自由观念的成分,然则,这些成分仅仅构成自由主义史前的内容,而不是现代自由主义运动的组成部分。作为一种政治思潮与知识传统,作为一种可以辨认的思想要素,自由主义的出现只是17世纪以后的事。"②而作为一个明确的政治概念,自由主义到19世纪30—40年代才开始得到普遍使用。

和保守主义一样,自由主义的含义也具有极不确定性。萨尔托里强调:"如果我们用'自由主义'这个标签与那些和它相近的概念比较,如民主、社会主义、共产主义,那么,自由主义在有一点上是无可匹敌的:它是所有概念中最不确定、最难以被准确理解的术语。"③有研究者指出了这种状况的原因:首先,自由主义在近代以来经历了复杂的发展过程。在这之中,自由主义理论强调的重点不断变化,从而包含了多方面的内容。其次,由于不同研究者的态度不同,对自由主义强调的方面不同,描绘出的自由主义也不一样。此外,从不同的角度看,对自由主义会有不同的认识。正如意大利政治

---

① [英]赛西尔:《保守主义》,商务印书馆1986年版,第154页。
② 转引自李强:《自由主义》,中国社会科学出版社1998年版,第15页。
③ 转引自李强:《自由主义》,中国社会科学出版社1998年版,第14页。

哲学家圭多·德·拉吉罗所说,自由主义"可以被称为一种方法,一个政党,一种统治艺术,一种国家组织形式"。而且"这些描述是互补的而不相互排斥,因为每一种都表达着自由主义精神的一个特殊方面"①。

尽管如此,自由主义仍然有一些可以称为核心要素的内容。如美国学者萨皮罗所说,"自由主义在所有时代的典型特征是它坚定地相信自由对于实现任何一个值得追求的目标都是不可或缺的。对个人自由的深深关切激发自由主义反对一切绝对权力,不论这种权力来自国家、教会或政党"②。从字面上理解,自由主义就是坚持个人至上,承认人有随心所欲地行事的权利,人的行动属于自己,产生于自己的个性,不受别人的强制。其他内容都围绕这些要素而展开。

自由主义涉及政治、经济、社会和文化等方方面面,人们常常用政治自由主义、经济自由主义、社会自由主义来概括之。政治自由主义主要把专制主义作为反对对象,强调个人的政治权利,强调从法律上保障个人政治权利,进而强调建立以人民的选举权、参与权为基础的宪政政府。经济自由主义则着力强调人的经济和财产权,强调经济个人主义与自由企业制度,坚持一切与此有关的个人权利:生产与消费的权利,缔结契约关系的权利,通过市场进行买卖的权利,以自己的方式满足自己愿望的权利,支配自己财产与劳动的权利,等等。经济自由主义相信市场条件下的自由竞争能够自动地调节经济生活。一般地说,英国经济学家亚当·斯密在1776年出版的《国富论》中提出的"自由放任"主张为经济自由主义奠定了基础。社会自由主义把关注点放在社会问题上,强调社会正义、弱者的基本生存权是自由主义的题中应有之义。

历史地看,政治、经济、社会的自由主义恰恰也正是自由主义发展的三大阶段。早期的自由主义以文艺复兴运动和新教改革运动为标志,以人文主义为本质特征,代表着人权向神权的挑战,强调人的幸福、尊严、欲望和意志,一句话,把人本身而不是把上帝或者其他东西作为目的。因而很显然,

---

①　[意]圭多·德·拉吉罗:《欧洲自由主义史》,吉林人民出版社2001年版,第334—335页。

②　转引自李强:《自由主义》,中国社会科学出版社1998年版,第19页。

它是为推翻封建专制制度服务的。18 世纪,资本主义制度确立之后,经济自由主义学说也随之占据了主导地位,为自由资本主义制度作出了强有力的解释和辩护。这时候的自由主义,不但把人的权利看成是自然的、天赋的、神圣不可侵犯的,而且反对政府介入经济活动,反对国家对经济的干预。到 19 世纪,自由主义更发展出了功利主义原则作为衡量个人行为与集体行为的根本原则和衡量现存法律、政治、经济与社会制度的根本标准。不过从 19 世纪中后期起,由于自由放任的资本主义出现了严重弊端,自由主义开始关注社会问题,重新反思以往的原则。这一时期的自由主义有几个关键性的观点是和过去很不相同的:第一,它强调社会利益,认为组成社会的除了个人利益外,还有共同利益,个人利益不能离开社会而存在,他们相互联系,相互依存,整体利益高于部分利益;第二,自由被理解成“从事值得去做或享受值得享受的事物的一种积极的力量或能力”,即“积极自由”,而不仅仅是不受法律限制的自由,并且真正的自由是使人类社会的所有成员都享有最大化的能力去实现自己的最大价值;第三,国家应该在社会发展中扮演积极的角色,履行某种道德的职能。由于这些观点明显区别于传统的自由主义,因而被称为“新自由主义”(Neo-liberalism)。英国经济学家凯恩斯是这种自由主义的典型代表。20 世纪 30 年代美国罗斯福总统实行的国家对经济进行大规模干预的“新政”,则是“新自由主义”的具体实践。

经过以上三个阶段的发展,自由主义的内容得到了系统的充实。但是,这并不意味着它的发展停止了。相反,到 20 世纪 70 年代,由于国家对经济的干预成了普遍现象,暴露了不少缺陷,人们又开始重新思考古典自由主义的价值。在这种情况下,一些曾经被否定的原则再次被肯定下来,似乎出现了向古典自由主义回归的趋势。当然,这种表面上的回归并非倒退,而是自由主义学说的进一步演进。所以,人们给予它的名称看来是相矛盾的:有人称之为“古典自由主义”,有人称之为“New liberalism”。有趣的是,后者译成中文也是“新自由主义”,很容易和前面 19 世纪后期那个“新自由主义”相混淆。目前,“新自由主义”(New liberalism)和新保守主义交汇在一起,形成了在世界上拥有强大影响的思潮。

### （四）社会民主主义

社会民主主义是全世界社会民主党人的意识形态。

从渊源上讲,社会民主主义是从马克思主义分流而来。社会民主党本来也把马克思主义看做党的指导思想。但是从 19 世纪后期起,情况发生了变化。资本主义从自由资本主义向垄断资本主义阶段过渡,带来了一些新的特征。这种情况,使马克思恩格斯的某些论断有些过时。

强调社会的"民主"性,是社会民主党人目标的显著特征。关于究竟什么是社会民主主义,人们各有各的看法,甚至在社会民主党人内部,也各有各的理解和解释。正如瑞典社会党领袖帕尔梅所说:"社会主义的定义有七十一种,如果我提出第七十二种来,并不会因此而好些。'公认的'定义是不存在的。"①英国工党理论家克罗斯兰把社会民主主义概括为五项原则:政治自由民主、混合经济、福利国家、凯恩斯主义经济学和平等的信念。

德国社会民主党 1959 年哥德斯堡纲领宣布,社会民主党的基本价值观念是"自由、公正和团结"。它强调,"社会民主主义在欧洲植根于基督教伦理,人道主义和古典哲学,它不宣布任何最后的真理"。概括起来:

在政治目标上,社会民主主义强调自由、民主是社会主义的基本价值所在,是任何真正的社会主义纲领的出发点。1951 年社会党国际成立大会通过的宣言称:"没有自由,就没有社会主义。社会主义只有通过民主才能完成。而民主也只有通过社会主义才能充分实现。"按照社会民主主义的观点,"民主需要有一个以上的政党存在和彼此反对的权利"。因此,社会党都是多党制的拥护者。

在经济目标上,社会党人强调,"社会主义谋求一种制度来代替资本主义,在那种制度内公共利益优先于私人利润的利益"。"生产必须是为全体人们的利益而计划的","这种计划生产同经济权力集中在少数人之手是不相容的"。较早时期的社会党都非常强调"国有化",但同时也指出:"社会主义的计划并不以所有生产资料的公有为先决条件。它容许在重要生产范

---

① 转引自王长江:《世界政党比较研究》,中央党校出版社 1996 年版,第 184 页。

围内,例如在农业、手工业、零售商业与小型和中型的工业内部可以有私有制的存在。"①社会党还认为,公有制形式本身不是目的,而可以看做是对社会经济生活与幸福所依靠的基本工业与服务事业的管理方法,它强调的是"对生产的公共控制和对其成果的公平分配"。20 世纪 80 年代以后,社会党人纷纷进一步淡化所有制问题,明确放弃"国有化"和"计划经济"的立场,而把混合经济作为自己的主张。

在实现社会主义的道路上,主张"社会党人的奋斗目标,是以民主方法建立一个自由的新社会"。也即利用资本主义现有制度参加选举,通过获得选民多数的支持执政,来推行自己的政策。

在党际关系上,社会党人强调社会主义运动是一个国际运动,不能强求一致。只要国际是建立一个"社会公平合理、生活美好、自由与世界和平的制度",就不必在意各社会党的信仰是建立在马克思主义的分析社会的方法上,还是建立在其他方法上,是受宗教原则的启示,还是受人道主义原则的启示。

### (五)基督教民主主义

基督教民主主义是基督教民主党(广义地也包括天主教民主党)所奉行的一系列思想、观念和原则的总称。基督教民主主义和改良主义、保守主义有一个共同的特点,即它们都不是根据一种理论发展而来,更多的是各个国家中的那些有关政党根据本国情况而阐发的思想。因此,在西欧各国基督教民主党的特点千差万别的情况下,给基督教民主主义下一个定义是很不容易的。尽管如此,我们还是可以从它们的活动中抽出一些共同的特点和共同的信条。

基督教、天主教党作为教派的党,即作为维护天主教徒利益的党,在第二次世界大战之前就已经存在,例如德国中央党、意大利民主党等。但作为面向全体选民的党,则是战后才出现的。英国学者罗纳德·欧文认为,基督教民主党之所以能够在战后迅速兴起,是因为它"合乎理想地填补了战后政治的真空":在右翼,法西斯主义为人们所憎恶,极右派没了市场;传统的

---

① 《各国社会党重要文件汇编》,世界知识出版社 1959 年版,第 4 页。

保守党和资产阶级政党既由于战初的绥靖主义态度,也由于它们的放任经济和传统资本主义而名声欠佳;在左翼,斯大林模式的名声也不太好。基督教民主党抓住这个机会,宣称要树立一种新的政治作风,这种新的政治作风是建立在人民参与、和解、合作和传统的道德价值观念的基础之上的。它对许多欧洲选民产生了吸引力。典型的持基督教民主主义观念的政党有德国的基督教民主联盟、意大利的天主教民主党、比利时的时代基督教党、法国的人民共和运动等。

构成基督教民主主义意识形态基本框架的基本原则有三个。

首先是基督教原则。即基督教的宗教和道德原则。但是,基督教民主党人所要强调的不是宗教本身,而是它的"原则",也即人们后来所概括的"人格主义"。基督教人格主义的精髓是,它极力强调全面发展人的个性的重要性。人格主义与自由主义有两个大的区别:第一,它强调精神生活,因而经常批评有组织的教会的正规结构和保守倾向;第二,它强调个人只有在社会的"天然社会结构"(如家庭、团体、工作场所等)的范围内才能充分发挥自己的才能。基督教民主主义强调,"任何秩序良好和健康的社会的基础"是对人的尊重,个人应当享有一系列"普通的、不受侵犯的和不容剥夺的权利"。它认为,在实际中,人的自由往往受到威胁,因此"国家的作用是为社会的全体成员的充分发展作出贡献……其中的一个方面应是保障每一个人的天赋权利"。国家有义务保护人的自由和"天然社会结构"。鉴于上述观点,基督教民主党积极主张在各国宪法中把人权写进去,并主张立法机关强制实行这些权利。

其次是民主。许多政党都主张民主。因此,这里所说的民主不是这种为许多党所强调的民主,而是被基督教民主党的解释具体化了的民主。基督教民主党人以为,国家必须为自由和公平的结合提供条件,使人在精神上和物质上充分发挥他的潜力。但这种潜力只有在适当的"社会结构"中才能发挥出来。这种"社会结构"就是多元化的社会结构。所以基督教民主党的民主是同多元主义连在一起的。基督教民主党主张"横的"和"纵的"多元主义。所谓"横的"多元主义是指,在社会和经济生活中有平行的和竞争的机构,例如基督教民主党和社会党,私立学校和公立学校,私营企业与国有企业等;所谓"纵的"多元主义是指,至少应在理论上支持最大限度的政治、经济和社会民主,也就是说,要由尽可能基层的单位通过决定和提供情况。所以,基督教民主党的民主主张是多方面的:工人应当"分担"(不是占有)管理权;权力下放,以防中央集权;应使"天然的社会集团"有机会参与意见等。值得注意的是,基督教民主党的"民主多元主义"否定自由民主的传统模式,认为这类模式有缺陷,一是只允许极少数地方代表在政治中起积极作用,二是在民族—国家一级鼓励权力的日益集中化。因此,应当实行"改良"型的自由民主,即尽可能多的人都能参与其中。

最后是一体化。所谓"一体化"实际上包含两层意思:一方面,它是指支持国际和解,特别是支持欧洲的一体化;另一方面,它是指动员广大群众,建立有广泛基础的人民党,实现阶级调和。基督教民主党常常愿意把自己看做"跨阶级"的党,把"联系群众、动员群众"放在非常重要的位置上。可以说,基督教民主党是最不讲阶级性的政党。

### (六)生态主义

生态主义是绿党极力坚持的意识形态。这一思想首先是由1973年罗马俱乐部的科学家们起草的一份报告表达的。这份报告认为,我们的世界正处在一个多方面的全球危机中:世界上各国储存的核弹头足以把整个世界毁灭几次,军备竞赛仍在加速进行;世界范围的军事支出每天都超过10亿美元,与此同时却每年有1 500万人以每分钟32人的速度饿死;人类的35%缺乏安全的饮用水,却有几乎半数的科学家和工程师在从事武器制造研究;经济学家们煞费苦心地提高和加快生产速度,有限的资源却正在迅速枯竭;有毒化学物质的大量泄漏使河流变成了阴沟;原始森林的大规模砍伐使人类失去了天然的呼吸器官;酸雨像洪水猛兽一样吞噬了无数树木和良田;等等。

基于这种认识,绿党认为,必须用一种全新的观念来对待整个世界的发展。它们指出,所有这些危机都不过是全球总危机的不同表现形式,它们相互联系、相互作用,单独解决其中任何一种危机都是不可能的。从系统论和生态学的理论出发,绿党宣布,过去的一系列价值观念必须改变,例如把宇宙看做是一个基本的物质构成的机械系统,把人体看做是一种机器,认为社会生活是为生存而竞争,认为通过经济和技术发展可以取得无限制的物质进步。认为社会上女性在任何地方都被男人统治是一种正常现象等。应该把社会结构与人类之间的相互作用、自然界中相互联系的各种过程都看做由各种动态系统组成的复杂网络,这些动态系统本身既是一种完整的系统,同时又是这种网络中相互联系和相互作用的不同部分。绿党的政治经济思想都是由此而引出的。

在政治上,绿党主张以各种"生物区"组织取代国家。所谓生物区组织,是指按文化传统、民族习惯、社会风俗、语言文字和生物分布的标准划分而成的区域群体。绿党认为,在这种划分的基础上实行区域自治,就有可能避免战争和压迫,而现在的民族国家是一种固有的危险,它的巨大权力集中不可避免地会导致竞争、剥削和战争。绿党反对暴力,而主张"非暴力",把印度的圣雄甘地和美国的马丁·路德·金奉为行动楷模。绿党坚决反对核试验和核军备,强烈要求解散两个军事组织"北约"和"华约"。并积极主张对学生进行"整体论"教育和和平教育。

在经济上,绿党主张建立一种社会"可以承受"的经济,这种经济既能满足全体人民的真正物质需要,又不至于破坏人类的生物圈。人类应该变消费性经济为保护性经济,避免经济最终走上崩溃的道路。绿党指出,人的劳动应该从现在的条件下解放出来,成为生活的快乐,成为人类生存不可缺少的条件,成为自由和自治的活动。

很难从生态主义意识形态上确定绿党的性质。至少从理论本身看,这一思想既超越了资本主义的界限,也超越了社会民主主义的界限,当然也不能定性为社会主义的东西。它的出发点是全人类的,不分阶级、阶层。它所关心的不是哪个阶级、哪些人的生存,而是整个人类和地球的生存。它反对任何战争和暴力,反对任何经济的无限制增长,也由反对战争和暴力进而反对任何形式的高度集权。从它的发展趋势来看,它既有某种局限性,同时又符合世界发展的整体利益,因而具有积极意义。我们来看一段绿党的"宣言":

　　　　"在西方最富有的、工业化程度过度发展的国家中,一个具有根本性意义的反对党正在兴起……它是对现在已经明显走向自我毁灭的——对外是谋杀性的,而对内是自杀性的——我们的工业文明的反抗,是对只能沿着老路走下去的一成不变的制度的反抗。"①

从这个宣言的内容看,我们毋宁说,绿党代表未来对现在的反对。

### (七)法西斯主义

如果从人文关怀的角度看问题,那么可以说,绿党的意识形态和法西斯主义意识形态是两种完全对立的意识形态。法西斯主义的理论基础是种族主义和社会达尔文主义。它强调生存竞争,强调等级,赞美暴力、战争和强权,敌视人类,是一种以对他人的敌视为特征的意识形态。

法西斯主义认为,人类的生存空间是有限的,种族是有优劣之分的。强者存,弱者灭,乃是自然的规律。但是,由于各种原因,优等民族土地有限,不得不限制自身的发展,而那些劣等民族因为占有较大的生存空间,就能够无限制地增加人口,这是不公平的。地球上最好的土地应属于那些有精力占据这些空间的民族,才能使优等种族发展,因为是他们创造了世界文明。政治就是这样一场争取生存空间的斗争。它通过战争的形式来使优秀种族成长和扩张成帝国,确立他们对世界的统治,使劣等种族提供优等种族所必需的劳动和服务,或使劣等民族和混血儿灭绝。法西斯主义强调,要达到这一目的,必须有一个强大的国家。国家是伦理观念的体现者,是普遍道德意志的体现者。国家是绝对的,个人和社会集团则是相对的。最大限度的自由和最大限度的国家力量是一致的。自由的思想、传统是民族力量的腐蚀剂。民主是发展领袖和推行果断政策的力量源泉的障碍,代议制民主的实质是退化。政府必须控制每个人或集团的每一行动与利益,用以增强国家的力量。任何人或事无不在政府职权管辖范围之内。

那么,这个国家和政府又由谁来掌握? 法西斯主义认为,应该由"超人"来掌握政权。超人不同于凡人,他是天才,是文明堕落的拯救者,创造性是这些天才人物具有魅力的美德和天赋特权。而多数人不具有英雄主义和才智,庸碌无为,最大的愿望是找到自己的领袖。希特勒在《我的奋斗》

---

① 转引自[美]劳伦斯·迈耶等:《比较政治学——变化世界中的国家和理论》,华夏出版社2001年版,第235页。

一书中公开宣称,"多数不但代表着无知,而且代表着胆怯……多数绝不能取代伟大人物。""群众的接受能力是非常有限的,他们的理解力是低劣的。另一方面,他们健忘。""只要不断重复,就能最终把一种思想铭刻在一群人的心里。"①

法西斯主义意识形态作为仇视人类的理论受到人们的唾弃。但是在一些国家,这种意识形态有死灰复燃之势。例如在法国、德国、奥地利、意大利等国,都出现了新法西斯主义政党得票上升的现象,引起了各国的警惕。

## 三、政党意识形态的特性

政党意识形态具有两面的作用。一方面,它为政党提供了一套有明确指向的理论,使政党能够更有力地凝聚人心,为完成特定的目标服务;另一方面,意识形态一经形成,就会对全体坚持它的人都提出统一的要求,成为人们行为所应遵守的基本原则。所以,罗伯特·达尔说得好:"领导人其实不能专断地造出和操纵一套统治的意识形态。因为,政治意识形态一旦在政治体系中被广泛接受,领导人本身也就成了它的囚徒。如果他们违反其准则,就会冒毁坏自己的合法性的风险。"②这两方面的作用,同时也是政党的陷阱:政党提出意识形态是为了抓住人心;但在抓住人心的同时,政党自己也受到它的束缚。避免掉入这个陷阱的办法,就是保持意识形态有足够的弹性。这一点,对执政党来说有着重要的意义。

### (一)政党意识形态与政策

政党的意识形态有无弹性,首先表现在政党政策的灵活性上。我们知道,政党的政治见解,实际上包含着两个层面的内容:一是这个党对具体事务的看法、评价,根据这种就事论事的看法和评价,政党制定自己的政策。二是这个党在长期活动中形成的一套价值观念、理论体系和是非标准,它是这个政党在提出任何主张、作出任何决策时都有意无意地贯穿其中的,是政

---

① 艾伦·布洛克:《大独裁者希特勒》,人民出版社 1986 年版,第 22、54 页。
② [美]罗伯特·A. 达尔:《现代政治分析》,上海译文出版社 1987 年版,第 79—80 页。

党制定政策的依据。两者之间存在着显而易见的区别。后者就是我们所说的政党的意识形态,而前者只不过是政党对于具体事件的应对之策。

政党的意识形态和它的具体政策有着紧密的联系。政党的意识形态决定了党的政策的基本方向。政策不能偏离这个方向,否则就意味着思想基础的转变。但是,政党的意识形态和它的政策之间的关系,远比我们想象得要复杂得多。政党的意识形态一经形成,往往具有较高的稳定性。一个经常变换自己意识形态的党是不可想象的。与政党意识形态的稳定性相反,由于政党周围环境的变化,由于选民状态的变化,由于党的追随者和党员利益、愿望、要求的变化,政党的政策应能经常发生变化,对客观环境作出适时的反应,以保证党不与它的支持者发生冲突而疏远,或保证政党获得更多的支持者。

政策主张的弹性强了,政党的活动就有了更多的回旋余地。例如,在竞争状态下,不但每个政党通常都要显得有别于其他政党,而且同一政党内部的竞选,也通常要显示出差别,才好吸引选民进行选择。这往往对政党的主张是否有弹性是一个考验。实用主义型的政党容易通过这种考验。美国2000年的总统初选给我们一个范例。在美国,在意识形态的横轴上,两大党要维持住自己的大党地位,必定分别占据中左和中右的位置。小布什代表共和党出选,理所当然地站在中右的立场,这是共和党的传统位置。然而,就在这时,共和党内突然出现了参议员麦凯恩这匹黑马,公开向小布什叫板,一下子使问题复杂化了。因为麦凯恩不是共和党的主流派,他的挑战要取得胜利,就不能不在得到共和党一部分人支持的前提下,还要想方设法得到一些民主党人的支持。因此,实际上,麦凯恩是以更加强势的中右立场挤占了小布什的空间。这使布什不得不向右靠,于是广大中间选民对小布什的疑虑陡升,小布什的胜算下降,使共和党的人为小布什能否当选着实捏了一把汗。不过,小布什还是化险为夷。因为在击败了麦凯恩的党内挑战后,小布什的立场迅速向中间转变,把原来属于麦凯恩的观点统统囊括下来,恢复了选民对他的信心,从而能和民主党候选人戈尔抗衡,一决雌雄。这里面,就体现了其政策主张的灵活性。

保持弹性也好,体现灵活性也好,都要求意识形态有一定的高度,和政策主张保持适当的距离。西方学者称为意识形态的含糊性。西方有的学者认为,政党意识形态的度应当把握在:"首先,党的纲领不能过于明确,这样它的有效性就不会如此密切地依赖于客观条件。这并不意味着政党纲领要广泛到空洞无物的地步——纲领的基本原则仍然必须是清楚的。其次,纲领的修改最好要通过适当的程序来使之合法化——修改纲领要获得党员们的同意建设一个恰当的程序。"①经验表明,对于一个政党来说,意识形态保持适度的含糊性,不但无害,而且有利。

### (二)政党意识形态与意识形态观

不同类型的执政党,在适应形势变化的能力高低上有很大的差别。有的党具有非常强的适应性,有的党则适应能力比较差;有的党对各种变化都能适应,有的党则只能适应其中幅度较小的变化。其中有着决定意义的因素,除了前面提到过的意识形态本身特性外,还有一个重要的方面,就是政党对待意识形态的态度,即政党的意识形态观。

按照普遍的认识,意识形态有左、中、右之分。其中每种大的倾向,又可以根据其偏向分成若干小的倾向。如果我们把从左到右的各种倾向都摆在一条意识形态横轴上,那么,根据政党的意识形态,比较齐全的政党分布应该是:

无政府主义→极左小党→共产党→社会民主党→资产阶级改良政党→资产阶级保守党→君主立宪党→法西斯党

但是在政党实践中,情况远比这里描绘得要复杂得多。在有的国家,政党被分成了更多的类型;而在另一些国家,真正在政治运作中发挥作用的只有两三个政党。从意识形态的角度讲,前者意味着意识形态出现了更加细碎的划分,后者则意味着意识形态的融合。产生这种情况的原因,是政党研究者们关注的重大课题之一。美国学者萨尔托里引进对意识形态的态度作为指标,来对这种情况进行理论诠释,得到了学者的普遍认可。在萨尔托里看来,决定一个国家的政党分化程度的,不光是政党所持的意识形态,还取决于人们对意识形态的态度。

---

① [法]让·布隆代尔和[意]毛里齐奥·科塔主编:《政党政府的性质—— 一种比较性的欧洲视角》,北京大学出版社 2006 年版,第 26 页。

　　西方有的学者把政党对意识形态的态度从强到弱排列,把强调意识形态的党称为意识形态型政党,把不强调意识形态的党称为实用主义型政党。这种分类方法不一定全面、科学,但其中体现的某种规律性。很值得引起我们的重视。

　　政党的意识形态观确实影响着政党的生存环境。例如,在人们比较强调捍卫各自的特殊意识形态、从而使意识形态的对立比较明显时,政党之间的意识形态斗争往往比较激烈,左和右之间就呈现出离心的、而不是向心的倾向。这表明这个国家的意识形态是两极化的,左和右的距离就会扩大,形形色色的意识形态就为五花八门的政党的出现提供了思想理论基础。反之,在人们强调共识,强调意识形态的包容性时,阶级合作的观念就会占据上风,不同的意识形态之间就会大面积地交错、重叠,人们的共处就有了更大的可能性,整个社会的大趋势就是向心的。这样,左和右两种倾向的距离就会缩小,许多政党就会在意识形态上失去生存空间,这从客观上限制了政党的分化和数量的增长。

　　政党的意识形态观也影响着政党政策的灵活性。比较强调意识形态的政党,往往能够有效地激发人们的参与,在动员政治资源方面有独特的优势。但这类政党的政策主张往往同政党的意识形态密切联系在一起,政策主张的变化往往也影响到政党的意识形态,因而它们在适应环境变化进行变革方面要弱一些。相反,采取实用主义态度的党,往往弱化政党的意识形态,政策主张和意识形态的联系不紧密,政策可以随时变换而又不涉及意识形态的调整,因而较能适应环境变化。当然,这类政党也往往会因为意识形态过于模糊而难以和其他政党相区别,因而对民众缺乏吸引力。

　　不同类型政党的意识形态观在很大程度上要受所在社会环境的影响。例如,同样都是社会党,和在一个两极化倾向不强的社会相比,生活在两极化比较严重的社会中的社会党,很可能在立场上要更左倾些,意识形态的调门也要更高些。当然,即使在同样一个社会中,不同类型的政党对意识形态的态度也会不同,这也是事实。综合政党的意识形态和意识形态观,我们可以设计一个坐标,来形象地描述政党与意识形态的关系。我们用横轴表示意识形态的排列位置,用纵轴表示意识形态的强度。如图2所示。

　　应该看到,政党意识形态和意识形态观,都经历了一个逐渐发展变化的

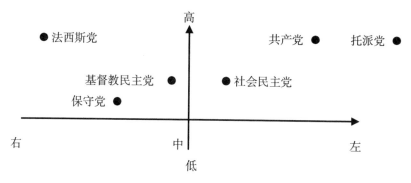

**图 2　政党与意识形态的关系图**

过程。发展变化的情况,以第二次世界大战为界,前后分成两个明显不同的时期。

第二次世界大战以前的政党意识形态,可以用"多极化"来概括。这一时期的政党,不仅在意识形态上各执一端,而且相互之间尖锐对立;不仅国际上国与国之间的政党差异甚大,而且在同一国家中,不同政党之间的意识形态也冲突不断。政党借以立足的,除了其特殊政策主张外(而且这也往往与意识形态相联系),就是它们的意识形态特征了:君主立宪党鼓吹君主立宪主义,无政府主义者鼓吹无政府主义,极右派鼓吹种族主义和法西斯主义,民主党鼓吹民主自由。社会党人以社会民主主义为招牌,共产党人以马克思主义为旗帜;传统资产阶级政党偏爱保守主义,亚非拉的民族主义政党则致力于挽救本民族的传统文化和宗教。这些立场,充分反映了政党意识形态两极化、分散化的特征。

各国政党主观上也有强烈的尽量拉开意识形态距离,以保持自己特色和独立性的离心倾向。通过考察意识形态相近的两党之间的关系,能够清楚地看到这一点。例如,从渊源上说,社会党和共产党都与马克思的理论和工人运动的实践有关系,两者之间比它们与其他政党的观点要靠近些。但是,在法西斯主义猖獗的 20 世纪 30 年代,恰恰是在这两个都把工人阶级群众看做依靠力量的共产党和社会民主党之间,相互攻击比任何时候都来得普遍和激烈,达到了登峰造极的地步。社会民主党称共产党是暴政的工具,共产党则把社会民主党叫做"最危险的敌人"和"社会法西斯主义"。这种斗争也发生在资产阶级保守党和改良党之间。例如在美国,就有人把实行

"新政"的民主党说成是工人阶级政党。

　　不过第二次世界大战以后,这种情况发生了变化。离心的意识形态逐渐为"阶级合作"、"共识政治"所取代。这在北欧是非常突出的。就连向来以意识形态分裂为特点的法国,也出现了向心政治的倾向。突出表现在:1988年社会党人密特朗第二次当选总统,总理却由右翼政党领袖希拉克担任,出现了第一次"左右共治"。1995年,希拉克当选总统,社会党人若斯潘当选总理,又一次形成了"左右共治"的局面。2002年,若斯潘与希拉克竞争总统职位,在第一轮投票中就以不到一个百分点之差败给了极右翼的勒庞。社会党立即表示,将在第二轮投票中把票投给希拉克。对于不同的国家来说,形成这种大联合自有它的特殊原因。但是,如果放在世界发展的大范围看,则不能不承认,这是各政党之间的意识形态距离越来越短造成的。政党意识形态的这种发展变化,后面的有关章节还会提及。

## 四、政党意识形态的变革

　　在本章开头,我们打了个比方,把意识形态形容为政党的"黏合剂"。但是,这绝不意味着,只有意识形态才能把政党内部诸要素整合在一起。作为"黏合剂",意识形态不是唯一的。组织的强制性、共同的利益等,同样起着"黏合剂"的作用。问题在于,相比其他东西,只有意识形态能从精神上和心理上把人们真正凝聚起来。意识形态的这种作用,是其他任何东西都难以取代的。就此而论,一个政党最大的内部危险,莫过于组织的强制性和利益的力量占了上风,而意识形态实际上已经不再起作用。一些政党能在一夜之间垮掉,主要原因即在于此。

　　所以,一个有作为的政党,不但要关心自身的意识形态,而且要关心意识形态的状况:它的"黏性"是否下降? 它的内容是否"过期"? 它起作用的方式是否需要改变? 等等。这里向我们提出的是一个极其重要的问题:政党意识形态变革的问题。

### (一)政党意识形态的调整

由于意识形态对于政党的重要意义,政党总是小心翼翼地维护本党的意识形态。把最实用主义的政党也算在内,我们可以说,不到万不得已,政党是不愿意放弃原有意识形态的。英国学者理查德·克罗斯曼对此作了很准确的描绘。他指出:"要说服一个民主政党放弃其主要原则之一可能是罕有的,而且这个党也从来不会尝试抛弃它的主要神话。保守主义者一定要为自由企业辩护,即使在他们实际正在采用国家计划之时。工党政府必须把与社会主义绝少相关的政策作为真正的社会主义政策为之辩护。党的领导人的工作,常常是说服其追随者相信,传统的政策仍在执行,哪怕是在可以证明这不是事实的时候。"①

但是,意识形态毕竟也是客观实际的一种反映。在客观实际不断发生变化的情况下,意识形态要想纹丝不动是不可能的。因此,政党不但要在政策上进行经常性的调整,而且必要时也不能不对意识形态进行调整。和政党政策主张的调整一样,在意识形态的调整方面,也是实用主义取向的政党比较容易地做到这一点。

第二次世界大战后英国保守党政策的转变就是一个典型的例子。1945年英国举行战后第一次大选。自以为胜券在握的保守党没有预料到会败得如此之惨。对于这次惨败的原因,普遍认可的说法是保守党坚持已经过时的政策。如保守党一位前领导人所说:"由于保守党全然不愿意作任何具有深远意义的改革","唯独保守党没有提出能吸引公众想象力的建议,公众对它的希望幻灭了。"②由于工党战时参加联合内阁时推行了一些贴上社会主义标签的政策,如国家对经济进行调控,部分关系国计民生的大企业实行国有化,实行社会保障立法等,英国公众对社会主义颇有好感。然而,保守党领袖丘吉尔却仍然大肆攻击工党的社会主义:"毫无疑问,社会主义无可挽救地同极权主义和卑劣的国家崇拜交织在一起……社会主义在其实质上不仅是对英国企业的一种攻击,而且是对普通男男女女自由呼吸权利的一种打击,不能容许有一只粗糙、冷湿、笨拙而残暴的手捂住他们的口和鼻。一个自由的议会——你们注意着——一个自由的议会对社会主义学说是格

---

① [美]西摩·马丁·利普塞特:《政治人——政治是社会基础》,上海人民出版社1997年版,第392页。

② [英]T. F. 林赛、迈克尔·哈林顿:《英国保守党(1918—1970年)》,上海译文出版社1979年版,第151页。

格不入的。"①这就显得很不识时务了。

大选失败迫使保守党不得不调整政策。正像一个保守党理论家所指出的:"对于社会主义左翼的政策,如果不能提出另一种积极的可供选择的政策,保守主义就永远不能恢复。"迪斯累利原则"在其含义上包括保守党政策的一切内容。但是,它们要求按今天的形势重新作出一个明确而详尽的声明。"②在党内改变政策要求的压力下,保守党就政策问题进行了党内辩论,最终在1947年5月出台了一个新的纲领性的文件——"工业宪章"。工业宪章明显地吸收了工党的一些思想,如充分就业,低利贷款,高消费税和赤字预算等,并在承认工党已经实行的一些政策的前提下强调个人主义:"我们的永久目标是使工业摆脱不必要的管制和限制。我们希望用以代替现在这种瘫痪状态的……是一种自由企业的环境,它同政府当局保持关系,并使中央领导的必要性同对个人努力的鼓励协调起来。"③

工业宪章并不限于工业经济,它还包括了保守党对公共开支、地方权利和消费者权益等方面的主张。例如,保守党一改过去对工人的漠不关心,就职业保障、鼓励制度和工人状况提出了自己的观点。继工业宪章之后,保守党还制定了"农业宪章",这个"宪章"更是工党政策的翻版。1951年保守党上台后明确宣布,它要继承"福利国家"体制的核心部分。

保守党政策的调整,当然以不损害保守党意识形态为前提。所以,无论是支持政策调整的人还是反对它的人,都从保持保守党的意识形态出发来阐发自己的观点。有些人认为,调整政策是错误的,是向社会主义投降。另一些人则认为,这种政策并不违背保守党的思想。如后来接替艾登当了保守党政府首相的麦克米伦强调,"工业宪章仅仅是按照现代情况,重新阐明我们党的根本而持久不变的原则"。④ 尽管两种意见同时存在,但支持对保

---

① ［英］T. F. 林赛、迈克尔·哈林顿:《英国保守党（1918—1970年）》,上海译文出版社1979年版,第142页。

② ［英］T. F. 林赛、迈克尔·哈林顿:《英国保守党（1918—1970年）》,上海译文出版社1979年版,第152页。

③ ［英］T. F. 林赛、迈克尔·哈林顿:《英国保守党（1918—1970年）》,上海译文出版社1979年版,第153—154页。

④ ［英］T. F. 林赛、迈克尔·哈林顿:《英国保守党（1918—1970年）》,上海译文出版社1979年版,第156页。

守党政策进行调整的意见显然占了上风。在保守党的年会上,有人对宪章的某些内容提出了批评,但却没有一个人对整个宪章表示公开反对。工业宪章后来经常被说成是"新保守主义"。这或许从另一个角度说明了保守党这次政策调整的特点。

能不能顺利地把一种新的政策纳入政党原有意识形态的轨道,既取决于新的政策的性质,如内容、变化幅度等,也很大程度上取决于这种意识形态本身的特点。如前所说,实用主义特点较浓的意识形态,往往对新政策有较大的包容力。美国两党都是实用主义色彩较浓的政党。美国两党不像其他国家的政党,相互之间经常发生意识形态的论争。相反,两党之间在意识形态上的区别,甚至比两党内部总统和议员之间的差别还要小。两个主要政党都不把自己的意识形态定在极端的位置上,而是偏向中间。按美国老百姓的普遍看法,也即民主党是中左政党,共和党是中右政党。意识形态上的这种兼容和相互靠拢,使两党有足够的包容力和应变能力,来大部分体现美国民众各种利益、愿望和要求及其变化。这当然不是说两党之间没有竞争,而只是说,它们之间争吵的内容绝大部分是政策性的。例如,从南北战争到20世纪初,两党主要围绕关税和货币制度进行斗争;20世纪以来,主要围绕联邦财政资金的使用,对通货膨胀的看法,对国家调控和福利政策的立场等进行斗争。自然,这里面无疑会包含某些意识形态的因素,但很明显,只要对本党有利,两党都会把对方的思想、政策主张拿来为我所用,而不会拘泥于一种既定的观念。所以,形式上的两党,为公众提供的选择却是多样化的。

美国两党的实用主义有很强的包容性,社会上的主要矛盾都反映到了两党内部和两党之间。这就使其他第三政党很难有借以立足的政治空间,成为美国第三党难以发展的一个重要原因。从理论上讲,美国是一个多党制国家。而且美国政治中确实也不断出现其他小党。这些小党,有的在具体问题和政策上和两大党有分歧,例如1848—1852年的自由土壤党,19世纪70年代的绿背纸币党;有的是在意识形态上取向不同,如平民党、进步党、社会劳工党、社会工人党,美国社会党和美国共产党等。这些党都曾经提出过一些对群众有吸引力的思想和政策主张。但是,这些党都没有能够发展起来。原因在于,当有着雄厚实力的两大党一旦发现它们的思想和政策主张能够吸引民众,这两个党就会毫不犹豫地把这些思想和主张接过去,变成本党的东西。20 世纪 30 年代民主党借以刷新党的"新政"政策,就是民主党从进步党那里"拿来"的。这种"拿来主义"使得许多新党昙花一现,无法站稳脚跟。

与上述情况相反,意识形态取向比较鲜明的政党,意识形态的调整往往就要艰难得多。从这类政党的实践看,几乎每一次这样的调整,都意味着一次非同寻常的转变。南斯拉夫共产党就是一个典型例子。20 世纪 40 年代末,南斯拉夫不满苏共的大国主义政策,与苏共发生了冲突。对苏共的权威进行挑战是需要很大勇气的。因为在当时的情况下,苏联是唯一一个已经有 30 年社会主义建设经验的国家,苏共的理论被看做绝对正确的、神圣不可侵犯的理论。反对苏共,就等于是反对马克思主义。南共对苏共进行批判,稍有不慎,就会引起全党的思想混乱。从这个角度看,苏南冲突使南共面临深刻的思想政治危机。南共后来能够渡过这次危机,主要得益于两点:第一,南共联盟把马克思主义基本原理同苏共宣扬的那套马克思主义区分开来,不但指出了两者之间的不同,而且强调,苏共的理论和实践都是背离马克思主义的,是在歪曲马克思主义基本理论的基础上建立了一个畸形的、官僚主义的社会。第二,南共联盟重新开发了马克思主义的理论内容,挖掘出了以社会主义自治理论为核心的一整套理论、路线、方针、政策,从而更有说服力地维护了马克思主义。通过这两个方面的努力,南共联盟既捍卫了自己的意识形态,又把新的路线方针政策与原有的意识形态有机地结合在一起,从而避免了有可能爆发的党内危机。

无独有偶,中国共产党在这方面也有类似的经验。当然,不同的是,阻碍中共进行意识形态调整的主要是来自党内的教条主义力量。因此,每作一次这样的调整,就相当于闯过一道难关。仅从改革开放以来,就有若干道这样的意识形态难关:改革开放开始,我们党冲破的是"两个凡是"的束缚;20 世纪 90 年代初,冲破的是"姓社姓资"的束缚;20 世纪 90 年代后期,冲破的是"姓公姓私"的束缚;等等。意识形态的这些调整,往往要靠大的思想解放做后盾,才得以实现。

### (二)政党的意识形态危机

政党意识形态的调整绝不是件容易的事情。调整得好,对政党来说,就

等于获得了一个新的机遇,政党的影响力有了新的增长点。调整不好,就会
给政党带来一系列的困难和问题,有时还会导致党的垮台和解体。具体说
来是两种情况:一是,明明需要对意识形态进行调整,政党却视而不见,思想
僵化,丧失了意识形态创新的机遇;二是,在调整过程中变化幅度过大,造成
了对政党原有意识形态的否定,从而否定了政党赖以存在的基础。

有许多由于意识形态的调整给政党带来麻烦的例子。例如荷兰天主教
党。该党一直是荷兰最大的政党。但是,随着社会日益世俗化,天主教徒不
再根据宗教信仰投票,这使这个党在天主教徒中丢失了大量选票。在这种
情况下,这个党为扩大自己的基础,增加党的吸引力,越来越把自己塑造成
一般的基督教政党。例如,它与其他两个正统的新教政党合并为一个"同
一信念的集团"。结果却是,这个党再度陷入困境之中:只要它的支持者仍
然以天主教徒为主,它就仍然被看做是天主教党,只有天主教徒才愿加入这
个党;而一旦这个党不再以天主教徒为主,那么天主教徒就不再视为己出,
这同样会使这个党失去支持。所以,这个党最终不可避免地消失了。甚至
基督教民主魅力党在这个党衰落之后把那部分信教选民争取到了自己一
边,也照样在不断世俗化的进程中丢失选票。1994 年该党在执政 12 年以
后下台。

至于说因僵化和调整幅度太大而导致政党衰落这两种情况,用苏共的
失败来说明恐怕是最贴切、最有说服力的。苏共意识形态最为突出的特点
之一,就是僵化。而在对这套僵化的意识形态进行调整的过程中,最大的教
训莫过于,它的调整不是为这个党输入了活力,而是使它不但失去了今天存
在的理由,也失去了历史上存在的理由。

过于僵硬往往损害思想多元化,造成主流意识形态自身吸引力的下降。
意识形态的教条化和僵化,不但堵塞了党外各种思想的释放,而且也伤及执
政党自身。它强化了投机心理,造成了党员心理、道德和思想素质的严重下
降。教条主义往往在理论上和实践上都从固定的条条出发,追求纯而又纯
的东西,因而往往导致"左"的倾向。由于这种教条常常是难以做到的,或
是严重脱离现实的,久而久之,弄虚作假、言行不一的风气就在党内蔓延开
来。一些抱着个人目的的人乘机混入党内,攫取权力,另一些本来抱着真诚
愿望入党的人则深感失望,逐渐丧失了理想和信念。这种状况从 20 世纪

30—80 年代整整影响了几代人,使党内普遍潜伏着对党离心离德的危机和信仰危机。

意识形态在僵化的同时,也就必然地造成了意识形态的脆弱。这种脆弱,不只表现在它在铁的事实面前不堪一击上,而且还表现在它有可能成为各种消极腐败现象的藏污纳垢之地上。这是一种十分奇怪,但却现实存在的悖论。从理论上说,意识形态和腐败现象存在着某种不相容性。越强调意识形态,说明该政党越追求未来目标,越接近于理想主义,因而也就离世俗主义越远。但实际上却不是这么简单。我们看到,在许多发展中国家,政党的意识形态色彩往往特别强烈,但政治运作的结果,却往往是不可避免的腐败现象泛滥。这种现象至少表明,意识形态的高尚并不自然拒绝权力腐败。一个重要的原因是,在这类国家,政党凭借自己意识形态的纯洁性,自认为不会受到金钱和权力的腐蚀,往往把杜绝腐蚀看做政党成员都能做到的事情,因而往往没有足够强度的预防和监督机制。在物质条件匮乏的情况下,腐败现象或许只能处于潜伏状态,而当经济有所发展、可供支配的公共资源有所增加的情况下,这种状况便再难以继续。苏共和东欧国家原来执政的共产党都属于这种情况。这些政党把宣传和思想教育放在极其重要的地位,其内容也是极其高尚的共产主义道德情操。但这些政党却又恰恰都是在无法遏制的腐败中烂掉的。在这里,历史发展的辩证法给了我们极其深刻的启示。

# 第五章　政党的自身建设

在第三、四章,我们分析了构成政党组织体系的各个要素。在这一章,我们着重探讨这些要素的组合。在马克思主义政党词库中,这属于政党"自身建设"的范畴。虽然这个概念是共产党发明的,但它反映的却是政党活动的一种客观要求。任何政党在实现特定政治目标的活动中,都有一个自身建设的问题。

## 一、党员招募、党内教育和培训

为了发展力量,扩大影响,把尽可能多的民众吸引到自己身边,政党在党的自身建设方面的非常重要的任务,就是围绕增强政党的内聚力和政治活动能力,招募党员,对党员和党的骨干进行教育和培训。

### (一)招募党员

政党招募党员的基本方法有两种:一是党员直接加入党的一个组织,二是政党把某种类型的社会组织整体接纳到党内,只要参加这个组织,成员便自动成为该党党员。有的政党只采用前一种方式,有的政党同时采用这两种方式。

政党对党员的招募方式和要求,在很大程度上取决于政党的政治生态。马克思主义政党建立之初着眼于无产阶级和资产阶级的对抗,通常对党员有严格的要求。在招募方式上,也往往强调只用前一种方式招募党员。在马克思主义政党看来,党员是工人阶级中的先进分子,必须经过严格的审查和考验程序,确认合格者才能入党。党肩负领导人民实现共产主义的使命,必须严格防止不合格分子混入党内。所以,马克思主义政党对党员应具备的条件和所应承担的义务都有明确的规定。除非极其特殊的情况，集体入党的形式通常是被禁止的。

在对党员要求的规范程度上，仅次于马克思主义政党的是社会民主党。这一点，在其早期更加明显。例如德国社会民主党早期章程规定，党员必须参加党的一个组织、交纳党费，而且一个党员不能同时成为两个下级组织的成员。1924 年的组织章程还增加了党员一年"等待期"的规定，强调在地方组织接纳党员之后，所有党的领导机关都有权提出异议。如果一年之内未收到异议，接纳方开始生效。在"等待期"内，被接纳者只能算做临时性党员，不能在党内担任"信任性职务"，而且负责接纳的地方组织党员大会可以作出剥夺该党员资格的决定。党章还规定，如果一个党员参加其他政党、在经济上支持其他政党、为拥护其他政党或反对社会民主党进行活动，党的执行委员会就可以不经组织程序，立即将其开除出党。[①] 只是在第二次世界大战结束，社会民主党才在这方面松动了许多。其他国家的社会民主党，大体上也经历了这样一个变化的过程。

当然，在社会民主党这个类型中，情况也不完全一样。英国工党由于其历史形成的特殊性，长期采用集体党员制度。各种类型的工会，包括地方的、全国的和不同产业的，都可以作为一个组织集体入党。在集体入党的情况下，该组织的会员自动成为工党党员。与此同时，党费也由所在工会组织集中划拨，划出一部分工会会费作为党费交给工党。对党费的数目未作专门的规定，但工会代表在工党中的表决权由党费数量来决定。瑞典、挪威等国的社会民主党也都采用了工会成员集体入党的传统做法。20 世纪 50 年代初，英国工党成员的 4/5，瑞典社会民主党党员的 2/3 以及挪威工党党员的 1/2 都是工会会员。工会作为整体附属于社会民主党，壮大了党的队伍，但它的明显不足是，大量间接入党的党员几乎意识不到自己的党员身份，对党缺乏热情。因此，近年来这些政党的发展趋势是鼓励个人直接入党。在英国，这一倾向非常明显。1994 年工党个人党员的人数只有 25 万多人，到 1996 年 7 月达到了 40 万人。瑞典社会民主党则在 1991 年取消了集体党员制。

---

① 参见曹长盛主编：《两次世界大战之间的德国社会民主党》，北京大学出版社 1988 年版，第 125 页。

　　墨西哥革命制度党也实行集体党员制。但需要指出,这种集体党员制是一种特殊的类型,很难和上述情况同样看待。革命制度党按照人们的不同职业和身份建立各种组织,如针对工人建立的工会和工会联合会,针对农民建立的村社、农艺协会和农民联合会,针对除工人和农民之外的其他阶层建立的公务员工会联合会、小商业者联合会、教育工作者联合会、青年联合会等,这些组织分属于革命制度党的不同部门。参加了这些组织,便自动成为革命制度党的党员。当然,在具体程序上也存在另外一种情况,就是个人按照党章规定,根据自愿原则入党,入党之后,再被指定属于党的某个部门。但实际上这种情况远没有前一种情况普遍。

　　在党员招募方面,和共产党、社会民主党相比,其他政党就显得比较松散了。例如基督教民主党。对于基督教民主党的领导人来说,党员只不过是选举的工具。他们的作用就是在竞选的过程中为自己的党作宣传以便多拉几张选票以及在选举中按照党组织的要求投票支持本党的候选人,在除此之外的其他事务中,党员的作用无足轻重。发展党员的目的无非是扩大党的影响、多拉选票。因此,基督教民主党发展党员一般都没有严格的标准和手续,也没有任何条文规定党员必须积极参加党的生活。尽管基督教民主党以基督教原则作为自己的理论的基本框架,并以捍卫基督教的价值观作为自己的目标,但是,为了争取到更多的追随者,基督教民主党常常愿意把自己树立为"跨阶级"的党的形象,因此,大多数基督教民主党的党章里都没有任何条文规定党员必须信仰基督教。例如,意大利天民党是与教会联系比较紧密的党。但该党也只是在党章中规定:加入天主教民主党的成员不能参加"具有同天主教的神灵启示教义和党的意识形态基础相对立的纲领的协会或运动,即使它们不完全是政治性的组织"①。也就是说,加入基督教民主党的成员不一定是基督教徒,只要是不反对基督教原则的人都可以成为基督教民主党的成员。一些已经执政的基督教民主党经常利用特权为党员提供便利,以此为诱饵吸引选民加入自己的党派。因此,各国基督教民主党党员构成的一个最显著的特点就是多元化。党员成分十分

---

　　① 转引自[法]热纳维埃夫·比布:《意大利政党》,上海译文出版社1980年版,第132页。

复杂,几乎囊括了本国内所有的社会阶层,可以称之为"跨阶级"的政党。以意大利天民党为例,可以看出它的党员结构范围之广:在全盛时期的170万党员中,有约25%是工人,25%是自耕农、店主和小商人,近25%是家庭妇女,此外还有退休、退职人员。恰恰是在那些政治上最不活跃的或是与生产系统发生关系最少的社会成分占有重要的地位,党的活力由此可知。

对党员要求最为随意的,大约是美国两党。无论是共和党,还是民主党,都采用了一种更加简单的办法,即以选民登记来代替党籍认同。在选举年,两党都自己组织初选(即党内选举)。愿意选择其中一个政党参加初选者,只要进行了登记,便被统计为该党党员,除此之外没有专门的党员入党的方式:既没有入党登记,也不发证明党员身份的党证;既无交纳党费的义务,也无须参加党的组织。党员全凭兴趣参加党组织的活动。

### (二)党内教育和培训

增强党内凝聚力,需要在党内形成更多的共识。其中,党内教育和培训是达到这一目标的重要手段。当然,由于所处地位不同,认识不同,在这方面,各政党有不同的做法。

马克思主义政党最为看重意识形态的作用,因而也最重视党员和党的骨干的教育培训工作。马克思主义政党通常都建有专门的培训机构,例如党校,以党的骨干为基本对象开展培训和轮训。教育和培训的基本内容有两项,一是思想政治教育,意在使受训者掌握马克思主义意识形态,学会运用马克思主义的世界观和方法论,强化对党的认同和忠诚。二是专门技能培训,旨在提高他们对党自身进行管理的水平和作为执政党掌握权力、领导经济、政治、社会和文化等各方面工作的水平。对于党员的教育和培训,马克思主义政党也采取了多种多样的形式。总起来说,有日常教育和集中培训两种。日常教育体现在党组织平常的活动中,例如每隔一段时间召开一次的支部会议和党总支会议都可用做学习时间,或学习有关文件,或讲党课。集中培训则是按照一定的阶段性目标和专题,抽出相对集中的时间,确定特定的内容,设置专门的课程,进行政治的或技能的培训。

　　社会民主党也设有自己的党校,用于实施对党员和党的骨干进行培训的任务。例如,德国社会民主党十分重视对党的活动积极分子的培训。资料显示,活跃在各级党组织的积极分子有 5 万人左右。为提高这些积极分子的能力,社民党制定了相应的培训计划。在地方上党组织设立了许多学院,每年要选 100 人左右进行培训。学院的规模不算很大,主要利用周末的业余时间,有的是采用小型研讨会的形式,就当前大家关心的问题进行研讨。另外,社民党设立各种培训项目,由党所属的艾伯特基金会提供帮助。但是很显然,在对普通党员进行教育方面,社会民主党就无法和共产党相比了。特别是从第二次世界大战结束、社会民主党纷纷淡化自己的意识形态以后,党内教育和培训也随之淡化,党的培训机构更多地面向社会,根据人们提高素质和技能的需要来设置班次和课程。有的内容和党有关,如党的环境政策、妇女政策、税收政策等;有的内容则与党本身没有直接关系,更接近于实务技术,如怎样演讲、怎样和媒体打交道等。

　　对许多政党来说,党内教育和培训更侧重的是党的骨干的培养。例如,英国保守党组织上的松散性,决定了它不可能对党员进行教育和培训,更不存在进行教育和培训的机构。但是,党务管理中的代理人制度,却是它的一大特色。这里的所谓"代理人",实际上是组织工作方面的专家,他们的工作内容是在党员和组织、组织和组织之间扮演中介的角色,进行联系、沟通和募捐,为党组织提供服务,有时还负责排解地方的党务和政治纠纷。这种代理人往往先在地方加入与保守党有关系的民间组织,再接受保守党中央的聘任。为了保持提供这种服务所需的信任,代理人一般在政治竞争中保持中立,不参与竞选。为了培养代理人之间的情感,帮助他们了解党的政策,保守党中央便召集定期的会议,或不定期的讲习班,对代理人进行培训。代理人接受培训之后领到聘书,才可正式从事党务工作。保守党制定了专门的评估标准对代理人的工作进行评价。[1]

　　日本自民党为促进党的国民化,在 20 世纪 50 年代也采取过一系列措施,加强培训工作。自民党设有中央政治大学,执行培养党的骨干的任务。

_____

　　[1]　参见李明等:《世界各国主要政党内部运作之研究》(第一辑),台湾正中书局 1990 年版,第 217—218 页。

此外,在中央每年三次召开组织干部中央研修会,也是培训干部的重要方式。自民党制定《组织活动要纲》,强调"最重要的是培养优秀的组织干部。全国组织委员会要配备这种专职的组织干部(20 名左右),分别承担不同地区、从而承担起全国的组织领导工作"。1961 年,为加强党的内聚力,自民党建立了中央驻地方组织员制度。这些驻地方组织员多由地方推荐,经自民党的中央政治大学培训后,再作为党中央本部的职员派遣到地方。但是,强调培训是和党的改革联系在一起的。所以,自民党的培训工作随着后来改革受挫,实际上也未能加强起来。

## 二、政党形象塑造

政党的自身建设,对党内而言是增强党的活力和内聚力的工作,对公众而言,则可看做是塑造政党形象的活动。因为归根结底,政党的影响力取决于政党在公众心目中的形象,取决于公众对政党及其行为的认同。

政党形象(party image)是一个综合的概念。据《布莱克维尔政治学百科全书》的说法,这一概念是 1908 年由英国政治学家格雷厄姆·沃拉斯在《政治中的人性》一书中率先提出来的。当然,这个概念最初的内涵比较狭窄,主要和选举投票相联系。在他看来,投票人需要"某种简单的、较为持久的状物,某种被热爱和信赖的状物,某种在相继的选举中能被认为是过去所热爱和信赖的相同的状物,政党就是这样的状物"。[1] 其实,政党形象的内涵远不止于此。政党形象包含着政党及其活动的所有方面。例如,政党的组织方式,政党的纲领政策,政党的待民之道,政党的内部管理,乃至政党成员、骨干的总体表现等,都影响政党的形象,只不过不同的人对这些方面的关注不同而已。

政党的许多活动本质上都是塑造形象的活动。在许多政党那里,这一点都是非常直观的。例如,在美国,政党活动过去往往和公共福利联系在一起。"为了争取选票,地方政党组织为穷人介绍职业,提供贷款和免费用煤,组织野餐和娱乐活动;帮助那些在领取抚恤金、纳税和申请执照方面遇

---

① 《布莱克维尔政治学百科全书》,中国政法大学出版社 2002 年版,第 347 页。

到麻烦的人。"①这样做的目的,无非是强化政党关心选民生活的形象,以换取选民在选举中对政党的认同和支持。

把党的形象作为一个重要问题提出来加以强调,在社会党身上显得比较突出。在世纪之交政党面临变革的情况下,社会党甚至把"党的形象和党的影响力"作为党的自身改革的中心问题来对待。社会党都不约而同地强调,党在新的历史条件下是什么样的形象,关乎党的前途。"党的变革"就是要改变旧形象,树立新形象。法国社会党表示,想方设法动员更多的党员积极参加党的活动,目的在于改变党主要由干部和议员组成这样一种"议员党"的形象。德国社会民主党强调,关于"党的变革"的讨论,目的是革新党的纲领,同时通过"党内的组织和机构设置反映社会结构变化",提高党的吸引力、凝聚力和执政能力。德国党强调自己是"成员党"(即以普通党员为主体的党),选民是党的基础。改革后的社会民主党要成为一个能对社会发展作出快速反应的党、一个党内上下沟通渠道畅通的党、一个对外团结一致的党。奥地利社会民主党强调要"让党在选民中变得更有吸引力"。希腊党的领导人也明确讲到了这一点:"如何使党更有吸引力,是我们始终要考虑的。"②

社民党的许多改革措施都围绕增加党的吸引力、提高党的形象而展开。例如,大规模的政治问题讨论本身就被看做是提高党的吸引力的一种手段。德国社民党认为,讨论党的纲领的过程比最终出台的新纲领更加重要,因为讨论就是统一思想、澄清认识的过程。又如,利用媒体的特点,树立党的领袖人物的个人形象,也是塑造党的形象的一个重要环节。德国党在 1998 年大选时,精心策划有关竞选的一系列活动,使本党在整个竞选过程中始终处于媒体关注的中心。执政后,该党的主要内阁成员都聘用了"新闻形象顾问",以强化执政党的形象。该党还加强了党总部对全党新闻工作的指导和协调,以维护党的"统一形象"。近年来该党特别重视保持党的领导层团结一致的形象。虽然党内允许存在派别,但和法国社会党不同,党的理事会

① 〔美〕詹姆斯·M.伯恩斯等:《美国式民主》,中国社会科学出版社 1993 年版,第 352 页。

② 此目引文均源自会见时的对话。

实行多数当选制,不按派别得票的比例分配,以利于党整体形象的统一。奥地利社民党的培训机构雷纳学院——相当于社民党党校——专门开设了如何与新闻媒体打交道的课程,具体指导党员个人如何树立良好形象以争取选民。

许多社民党都把加强和民众的联系当做塑造党的形象的一项重要工作,摆在显著位置上。不少政党还对此作了制度性的规定。在这方面,新加坡人民行动党的做法很有自己的特色。该党规定,国会中党的议员必须利用业余时间同本选区民众见面,以了解民情,为民众提供更具体、更有效的服务,为政府修订政策提供最真实的信息。见面活动每月至少安排一次,时间至少3小时。议员对民众提出的方方面面的问题,能够当场回答和解决的,必须就地解决;涉及政府各部门的,应由议员本人向这些部门反映,力求在最短的时间内予以解决;对于那些有悖法律和政策的问题,则由议员向民众作出具体解释,做好说服工作;对于那些有代表性而在现有政策框架内无法解决的问题,则要提请国会和政府进行审议,以制定更有效、更能符合民众利益的政策法令。

人民行动党在基层还通过各种组织为选区公民提供服务,人民行动党社区基金和人民协会便是其中主要形式。社区基金是人民行动党在基层设立的福利性机构,为社区提供一些政府基层组织所提供不了的服务,在社区开办行动党幼儿园、托儿中心、儿童图书馆、电脑辅导班等,还为选区提供一些福利如保健计划、学生奖学金等。总之居民需要什么,就主办什么活动。如社区幼儿园为中低收入的家庭提供低价的学前教育(如每学期收费从20多元到80多元,私人幼儿园高达800多元到2 000多元不等)。每个组屋区都有一所人民行动党办的幼儿园,目的是从幼儿开始培养对行动党的认同,同时也是为了争取家长选民的支持。人民协会是一个半官方的非政府组织,主要从事政府涉及不到的社区服务事务,如经营老人乐龄中心、退休人员俱乐部、儿童音乐绘画班、电脑、健美、舞蹈班,甚至开茶室、收藏室等,还组织居民进行交流、进行聚餐活动、节日庆祝、歌咏比赛、环境保护等,总之一切能吸引、服务于居民的事他们都干。他们办的这些活动虽然都是经营性的,但并不营利。由于政府有补助,所以比其他完全商业性的经营要便宜许多。人民行动党青年团"设有功能齐备的管理机构,包括政策研究小组、网络小组,组建了自己的足球队,通过与知名人士的午餐聚会、与议员的对话会、与政党领导人的小组讨论和专题研究、网络空间沟通等多种方式就广泛的政治和非政治问题进行探讨和交流,并组织旅游、露营等文化休闲活动和慈善活动"①。

不过,最重视党的形象并把它提出来作为党的建设一个重要问题的,还是共产党。特别是中国共产党,通过加强党的作风建设来树立党的形象,形成了自己的特点。从本质上说,作风就是党的形象,作风建设的过程,同时也就是塑造党的形象的过程。所以,中国共产党在领导革命和建设的长期实践中,高度重视党在广大人民群众中的形象,提出了党的作风建设这一概念,认为党风直接反映全党包括每个党员在思想、政治、工作、生活各方面一贯表现的态度和行为,强调它体现着党的性质和宗旨,是党的世界观在行动上的表现。在党的作风建设方面,中国共产党有丰富的历史经验。民主革命时期国民党为自己塑造的形象和共产党在老百姓中的形象,有着天壤之别。总结历史经验,中国共产党对党的作风的丰富内容作了系统概括。被纳入党的优良传统和作风的有理论联系实际、密切联系群众、批评和自我批评、谦虚谨慎、艰苦奋斗,等等。

在传媒技术高度发达的情况下,政党活动越来越公开、透明,很难再完全脱离公众的视野,因而政党形象的塑造变得更加重要。不少政党都对这一点有比较深刻的认识,并千方百计利用传媒的特点来强化党的形象。许多政党都建立了网站,还有些政党积极探索占领网上虚拟生活空间,明确制定了"建设网络党"的战略。此外,受传媒固有特性的影响,政党形象塑造的着眼点也在相应发生变化。例如,由于电视、网络的发展,政党领袖的个人形象在很大程度上和政党的形象重合在一起,从而使领袖个人占据了越来越重的分量。近年来不少政治人物更多地借助于媒体而非更多地借助传统组织而当选,就反映了这种趋势。在有的国家,甚至选举中的个人魅力强过政党本身。人们与其说投政党的票,不如说投个人的票。也正因为此,不少政党把塑造党的形象的重心放在了领袖形象的塑造上,政党明显地个人化了。当然,也正像我们所指出过的,这种情况带来的结果,往往是党的领

---

① 孙景峰:《新加坡人民行动党执政形态研究》,人民出版社 2005 年版,第 228 页。

袖为靠近选民而与党组织拉开距离,党的领袖和党组织之间产生矛盾。这一矛盾,本身就是给政党政治提出的一个未决课题。

## 三、政党的党内民主

政党作为有共同政治意愿的人们自愿组成的政治组织,必须有统一的组织形式,有共同的纪律,有组织内部的等级服从,才能充分发挥组织的力量。但是,服从可能意味着放弃自己的权利。这就产生了一个问题:政党会不会利用人们的服从剥夺人们的自由,成为专制的工具? 德国社会学者米歇尔斯对这个问题作了肯定的回答,并据此提出了"寡头政治铁律"。在他看来,无论是什么样的政治组织,哪怕是信奉民主意识形态的政党,也不可避免地要产生强烈的寡头政治倾向。这一观点,对后来的政治组织研究有很大的影响。

许多研究者并不赞同"寡头政治"不可避免的论点。但是,政党有可能产生寡头政治,这个判断却是正确的。也正因为此,如何防止这种可能变为现实,就成为政党政治研究者们的一个长盛不衰的话题。长期探索形成的一个共识是:发展党内民主是医治政党内部寡头政治的最主要的手段。这个共识,由于德国纳粹党、意大利法西斯党的出现和它们给人类带来的灾难而得到了进一步强化。第二次世界大战结束后,不少政党都在强调社会民主的同时强调党内民主。德国政党法还在法律上对党内民主提出了具体要求。当然,也不排除个别学者对党内民主提出质疑。美国主张精英政治的代表性学者熊彼特就不主张党内民主。他认为,如果一个政党要有责任感和内聚力,就应该大大缩小党内民主的范围,否则党的凝聚力可能会受到影响。政党是一个国家民主制的主要手段,不过它本身不能是民主的。但总的说来,更多的人对发展党内民主持肯定的态度。

什么是党内民主? 这里使用的"民主",并非民主的本义,而是一个借用的概念。尽管人们关于民主有很多不同的定义,对它的理解也五花八门,不过,民主的主体是公民,在这一点上不存在任何疑问。但我们用到"党内民主"概念中的民主,主体却不是"民",而是党员。这一区别是本质性的。不仅仅因为不能把党员和民众混淆在一起,而且也因为他们的运行有着完全不同的法理基础。民众之所以要做主,首先是因为他们是具有独立利益的公民,是公共权力的主人,有权要求国家和政府以维护和发展公民利益为准绳运用权力。政党虽然有自己的利益,但由于要掌握的是属于公众的公共权力,因而只能以发展公共利益为目标,而不能以发展党自身的利益为目标,更不允许以发展党员的利益为目标。按照这一原则,“党内民主”就不能解释成党员为了自身个人利益而做主。所以,我给党内民主下的定义是:“所谓党内民主,就是一个党的全体党员在有关本党的一切问题上有最终决策的权利。”①在这里,作为民主的逻辑起点的不再是利益,而是权利。权利来自利益。但这里的权利不是公民权,不是在公民利益的基础上产生的,而是党员权利,来自公民自愿加入组织而形成的共同追求。可见,和建立在利益基础之上的国家民主和社会民主不同,党内民主不具备利益—权利—权力链条的那种完整性,而只是对民主运行所遵循的一些理念、原则、规则、手段、体制机制的借用。

但是,所有这些,都并不妨碍人们对党内民主问题的日益关注。其原因,大概在于党内民主在实践中推动着政党政治的发展。这种情况,在两个世纪交替的年代尤甚。20世纪70年代之后的世界性民主化浪潮,以及信息社会给人们政治生活带来的影响,都进一步推进了各国政党的党内民主实践。党内民主不但被看做提高党的凝聚力的有效途径,而且成了提高民众政党认同的重要手段。当然,由于如上所说,对党内民主可以作多方面、多角度的理解,各政党的党内民主实践也各有自己不同的特点和侧重面。

社会民主党向来关注党内民主问题,这无疑和这类政党的一贯价值取向有关。首先,社会民主党把民主作为最基本的价值观念。在社民党的理论体系中,“民主”的地位甚至高于“社会主义”。对民主的这种强调,反过来也会变成普通党员和选民对党自身的要求。其次,和其他政党一样,社民党的党员数量也一直呈下降趋势。这对历来把成员看得非常重要的社民党来说是寝食难安的事情。这样,吸引广大民众对社民党的兴趣,提高他们的参与度,就成为党的一项根本性工作。扩大党内民主便是其中最为重要的

---

①　这个定义是我20年前在讨论党内民主问题时下的。参见《理论纵横》(政治篇),河北人民出版社1988年版,第199页。

手段之一。

在发展党内民主方面,各社民党都有自己的高招。例如,英国工党把重点放在党员的直接参与上。工党改变了党的领袖的产生方式。1981年以前,英国工党领袖由议会党团选出。1981年工党进行组织改革,其中一项重要的改革,就是改由议会外党组织和议会党团一起组成的选举团选出党的领袖。在选举团中,工会代表占40%,议会党团代表占30%,选区组织代表占30%,这就扩大了议会外组织对党的领袖的制约和影响,扩大了党的领袖的基础。1993年,这个比例又被调整为工会代表、议会党团代表和选区组织代表各占1/3。不仅对领袖,而且对党的议员也加强了约束。1970年工党年会明确规定:年会通过的决议对所有工党议员都有约束力。工党把党员投票制度扩大到各个方面:既包括各类领导人的选举,也包括政策的选择。例如在关于党章第四条的修改、关于工党的竞选宣言等问题上,党员都有机会表达自己的意见。

世纪之交,社民党把党自身的改革问题提上日程。一些党将之概括为"党的民主化"。在这方面,各国党都有一些具体的设想和做法。德国社民党允许各级党组织成立各种论坛,允许这些论坛向同级党代会提交提案、派送代表等。该党强调保留党内公决形式,以使每个党员都有机会参与到重大问题决策中。在党的总书记明特费林2000年提出的8点改革建议中,还提出了由全体党员,而不只是由党代会代表投票决定党的总理候选人的主张。法国社会党1997年把过去第一书记由党的执行委员会选举改由全体党员直接选举,把党的各级议员候选人由过去自上而下的指定改由地方党组织选出,并把届中召开党的全国代表会议的做法制度化。奥地利社会民主党认为,党在去年的大选中失利的一个重要原因,是党内交换意见不够,对有关党的发展等重大问题的研讨太少。鉴于此,在密切与选民的联系方面,奥社民党从组织上加大了力度。

绿党对党内民主的强调不比社会民主党逊色,甚至在某些方面更甚。绿党把"基层民主"作为党的一项重要的组织原则。绿党制定的纲领指出:"基层民主的政治学意味着更多地实现分散化的直接民主。我们的出发点在于,基层的决定原则上必须予以优先考虑。我们给予分散化的、易于管理的基层单位以具有深远意义的独立和自治的权力"。"我们决定建立一种新型的党的结构,以不可分割的基层民主和分散化概念为基础的结构。我们相信,缺乏这种类型结构的党,就不适用于令人信服地支持议会民主机制内的生态政策"①。

基层民主的具体做法体现在:绿党的一切领导机构都由基层直接选举产生,决策权属于党的基层组织,采取分散化而不是集中制的措施,使各级党组织成为独立行动的实体。举德国绿党为例。在联邦一级,绿党设有全国会议、全国指导委员会和全国执行委员会;在州一级,设有全州会议、全州指导委员会和州执行委员会;再往下一级,就是县、市党组织(在较大城市,市以下还设区组织),每月召开一次会议;第四级是地方组织,每两周或一个月开一次会;最后是地方支部。地方组织是绿党的基本单位,直接控制党员,拥有审批党员的权力。联邦一级党组织的权力受到各方面的约束。每年召开一次的全国会议不是由各州的党组织,而是由地方基层党组织和县党组织直接选举的代表召开的,其职责是就政治问题和政策作出决议。全国会议选举产生全国执行委员会,成员 11 人,任期 2 年。执行委员会又选出 3 名发言人作为党的领导。全国指导委员会的授权来自另一途径:它与执委会、全国会议都是分离的,由各州按本州党员人数选派代表组成,每 6 周开会一次,任期也是 2 年,处理党内事务。指导委员会主要起联系作用:联系基层一级组织和全国执行委员会,联系基层和联邦议院的绿党议员。全国指导委员会的代表在投票时必须绝对表达所代表州党组织的观点。至于参加全州会议的人,有的是由县党组织选派,有的则是全体党员均可参加。州指导委员会也同样,有的由县党组织代表组成,有的则由全州会议选举产生。县以及县以下党组织召开的会议是全体党员均可参加的。

在绿党那里,我们可以明显地看到,党内民主对党员积极性发挥了极大的调动作用。和其他政党相比,绿党党员要活跃得多。他们的活动不但不限于选举期间,而且也绝不限于竞选获胜的目的。绿党的党员和党外人士都可以向各级绿党机构、绿党官员直接提出建议或问题。有的地方支部还允许非党成员代表对绿党的决议进行投票表决,以使绿党看上去更群众化

① 转引自[美]弗·卡普拉、查·斯普雷纳克:《绿色政治》,东方出版社 1988 年版,第 68—69 页。

些。绿党的每个成员都按绿党的思想和目标展开自己的工作,发动群众来支持绿色运动。绿党在各州建立了生态基金会,对各种与绿色运动有关的活动进行资助。党员常常走上街头,宣传绿党主张。绿党的活动不是为了眼前的现实利益,也不是为了一部分人的利益,因此看上去总是充满献身精神。绿党基金主要来自全国的党费和议员的部分薪水。

值得注意的是,一些传统的资产阶级政党,这些年来也开始强调党内民主建设。其中最典型的,大概是英国保守党。长期以来,保守党领袖的权力具有寡头政治的倾向。党的领袖一旦产生,就拥有了非常大的权力。他不受任何组织机构的约束,甚至党的年会和各种决策机构通过的决议,也只为领袖提供参考,不具有任何约束力。党的领袖没有义务以正式形式向党的机构如议会党团、全国联合会等报告工作。党的财政大权,也是由领袖一手掌握的。甚至党的领袖也不是通过民主选举产生的,而是在很小范围内由党内权势人物经过秘密协商推举出来的,带有浓重的神秘色彩,因而通常被人们称做党内"魔术圈"。只是到20世纪60年代,保守党才逐渐过渡到党的领袖的正式选举制。即使如此,选举党的领袖的主体也仅仅被限定在下院的全体保守党议员。在民主的潮流面前,保守党内这种缺乏民主的状况再也无法继续下去了。所以,在1997年大选失败后,保守党提出了改革的口号。其中在党内民主方面,保守党采取的重大举措包括:改变党的领袖只由议会党团选举的办法,吸收普通党员组成选举团共同选举领袖,选举团由上下院的议员、欧洲议会的议员和普通党员代表共同组成;党内重大决策须经全体党员投票决定;建立"道德委员会",负责对犯有丑行的议员进行处罚,直至开除出党;增加少数民族和妇女议员的比例,规定至少1/4的议员应为女性。和保守党的传统相比,这是非常大的转变。

党内民主呼声日益高涨的深层次原因,是社会的日益知识化、信息化,这一趋势仍在向纵深发展。所以,可以预料,关于党内民主的探索会在越来越多的政党中得以展开。

## 四、政党经费的筹集和管理

和其他组织的活动一样,政党活动离不开金钱。所以,西方国家普遍存在着"金钱是政治活动的母乳"、"金钱是政治活动的燃料"、"金钱是政治参与的手段"等说法。政党自身建设的一个很重要的方面,就是党的经费的筹集和管理。

### (一)政党经费的来源

政党经费的来源,若作大体区分,主要有四个方面:(1)党费;(2)社会捐助;(3)国家资助;(4)经营所得。当然,还有政党通过除此之外的其他方式筹集经费。例如墨西哥统一社会党规定,可以向国家企业发行债券。不过这并不是一种各政党通用的方式。

党费是指党的成员向党交纳的一定数量的费用。作为一种义务,许多政党都有交纳党费的规定。有的政党把交纳党费作为保持党员身份的基本条件之一。如中共党章规定,党员无正当理由连续6个月不交纳党费,就被认为是自行脱党,党组织应予除名。许多政党都按照党员个人收入情况对党费的应交数额作出明确的规定。不少政党要求进入权力机构的党员上交一定比例的津贴。其中以绿党的要求最为严格:出任绿党议员者保留其出任之前所从事职业的工资额,其余部分全部作为党费上交。

社会捐助是指来自党外的社会团体或个人给予政党的资金支持。通常的方式是捐款和募捐。捐款和募捐是大多数政党获得资金的最重要的方式,我们下面进行专门介绍。

国家资助是指国家承认政党活动是民主制度运行的不可缺少的部分,由国家从国库中拨款对政党活动给予补贴。不是所有的国家都为政党提供资助。但是,越来越多的国家把资助政党作为完善民主制度运行、规范政党行为、遏制腐败的措施和手段。德国、西班牙、瑞典、芬兰等国都以设立政府基金的形式,根据每个政党在竞选中获得的支持率按比例进行补贴。美国国会1974年批准的一项计划,设立总统竞选基金。按照这个计划,税务局被允许将所得税收收入中的3美元/人捐赠给这项基金。该基金根据被提名的总统候选人所得票数按比例进行补贴,但被提名者所得票数不能低于全国总票数的5%。但到1995年,这项基金又被停止了。

经营所得是指政党通过商业化运作获得的收入。有的政党经营自己的企业和党产。有的政党把举办各种活动作为创收渠道。例如,西欧各国共产党普遍都有举办党报节或党节的传统。通常每年举办一次，集中在 9 月。党报节是一种集政治、文化、体育、娱乐、餐饮、购物于一体的大型群众性欢庆活动，形式多样，往往把宣传党的政策主张、鼓动群众、筹集党的经费、争取国际支持等内容集于一身。

不同类型的政党，四个方面资金来源的分布各不相同。组织体系比较严密的政党，党费占党的经费的比例也往往较大。例如德国社会民主党，党费所占比例达到了 1/2。德国基督教民主联盟的党费占党的总收入的 1/3 强。相对而言，组织比较松散的政党，经费则主要来自捐款和募捐，对党员党费的依赖性很小。例如美国的两党，支持本党的选民即被算做党员，均无交纳党费的义务，甚至没有"党费"这个概念。有的政党只把党费作为对党员的一种约束性要求，很少把它作为党的经费的主要来源。而且，为了扩大党员的数量，这些政党尽量压低党费数额，不使它成为入党的负担。例如，英国保守党只要求党员每年交纳总计约 60 分的党费。在对政党实行资助的国家，有的政党对国家资助的依赖性较大。如德国绿党，党费收入只占总收入的 15%，国家财政补贴则在有的年份几乎占到了 70%。

### (二)政党经费的筹集

捐款和募捐是大多数政党、特别是西方政党经费收入的主要来源。典型者如美国。美国总统大选前后会花上一年的时间，其选举花费确实惊人。1976 年，美国总统大选、国会、州和地方的选举总花费是 5.4 亿美元，1980 年估计有 10 亿美元，1996 年接近 30 亿美元。仅 2008 年的总统选举，据 11 月的统计，竞选资金已高达 24 亿美元。所有这些花费，主要由政党和候选人自己来筹集。所以，政党通常要把最主要的精力花费在这上面。

各国政党都建立有各种各样的筹资机构。有的在党内，有的在党外；有的负责日常筹资，有的则为专项筹资而建。在党内，有像美国民主党在全国委员会内设立的"全国财政理事会"、共和党的"支持总统连选连任委员会"这样的隶属于各级党的委员会的机构，也有在议会党团内设立的由议员组成的组织。党外的筹资机构，比较典型的有两种：一种是作为政党后援组织出现的各种民间机构，如日本不同派别的议员后面的"调查会"、"研究会"、

"研究所"等;另一种是党的候选人个人建立的专门筹集竞选费用的机构,它们的工作往往由专业的代理人来推动。

筹资的形式也是多样化的。如西方政党广为采用的政党聚餐会、信函募捐等。2004年小布什谋求连任时,在他的弟弟、佛州州长杰·布什的陪同下参加了募款餐会,仅在这次聚餐会上,他就募得了180万美元经费。近年来,政党筹资还发展出了网上募捐等新的形式。参加2008年大选的民主党候选人奥巴马和共和党候选人麦凯恩都是网络募捐的高手。奥巴马仅在2008年2月份一个月就筹到5 500万美元,打破美国候选人单月募捐纪录,其中有4 500万美元来自网络。有人统计,在这次美国总统大选中,奥巴马有94%的捐款来自互联网上的捐赠。

为了遏制政党经费筹集中的种种不正当行为,法律通常对政党募集经费的活动有明确的规定。在美国,公司或工会不得对政党进行捐赠。1925年联邦选举取缔法禁止公司向竞选活动捐款,第二次世界大战期间又禁止工会向政党捐款。但公司和工会的成员可以为捐款而组织"政治行动委员会"。政治行动委员会的捐款数额不得超过5 000美元。不过,委员会若能证明自己的活动不是专为某个个人而是为整个竞选,这个数目不受限制。这种政治行动委员会在美国政治中起着越来越重要的作用。1974年,这样的政治行动委员会有608个,到1982年年底已经发展到了3371个,到20世纪90年代已超过4万个。在一些国家,法律明令禁止向文职官员募捐,因为这种募捐既可能意味着政党对在职官员的要挟,也可能意味着以金钱换得政党的承诺,带来腐败。

对于捐款数额,法律也通常要作出限制性的规定。在美国,1939年哈奇法案禁止任何个人或团体在一年之内把5 000美元以上捐给候选人。1974年法律规定,对于每次选举,个人捐款限于1 000美元,组织捐款限于5 000美元。一年内个人对所有政治团体的捐款总额不得超过25 000美元。美国还限制接受捐助的总额:总统选举按每个合格选民捐助2美分计算,每个众议员候选人可接受捐款1万美元,参议员候选人可接受2万美元或每一合格选民2美分的捐助。候选人和他们的直系家属对总统候选人的捐款不超过5万美元,对参议员候选人的捐款不超过35 000美元,众议员不超过25 000美元。2002年,美国出台政治捐款法案《麦凯恩—法因戈尔德法》,规定个人向政党捐款不得超过 2 000 美元,但两党竞选委员会中的非党派民间团体提供的政治捐款不在限制之列。在日本,1980 年修改后的《政治资金规正法》对资金数目的限制是:个人捐款每年不超过 2 000 万日元,公司、工会及其他团体的捐款,无论其规模,不得超过 1 亿日元,对政党以外的同一政治团体或同一政治家,每年捐款不超过 150 万日元。① 1993年后向个人捐款被禁止。还有一些国家不限制捐款的数额,但要求大额捐助接受公众舆论的监督。德国 1967 年通过的法律中规定,个人捐款在 2 万马克以上者,或法人捐款在 20 万马克以上者,其姓名、捐款金额及其他情况应公布于众。加拿大《选举开支法》规定,对某一政党捐款超过 100 加元的资助人姓名必须公开,捐款达到 500 加元者可以索要税款存单。美国 1971年联邦选举法也提出了公开捐款者的要求,要求候选人列出清单,详细记录捐款数额在 100 美元以上的人的姓名和地址。

### (三)政党经费的管理

为了加强对政党经费的管理,许多政党内部设有专门的管理机构。有的政党有专门的但名称不一的财政检察机关,如中央财政检查委员会、中央财务监察委员会、中央审计委员会等,对经费的具体管理则由中央执行委员会内设的司库或中央财政办公室来执行。但是,各政党财政的公开程度是不一样的。有的政党并不公开党内财务状况,法律对政党也并无这方面的要求。但有的政党则不同。不少政党规定,在召开党的代表大会时,党的执行委员会要向大会报告财政情况。这些报告要讲清政党活动的各项收入和支出账目,并要公开发表。

虽然有党内的专门机构,但在发达国家,政党经费的管理往往主要还是借助于法律来加以规范。德国政党法规定,党的执行委员会应公布一年来保证该党活动的经费来源,所作的报告应由经济学家审查。该法具体列举了政党经费入账的七个方面:(1)党员的党费;(2)议会党团成员的党费及其他经常性的捐款;(3)劳资财产、党的机构、印刷品出版物的销售收入,和由于政党自身活动的其他收入;(4)捐款;(5)信贷;(6)补偿的选举活动费

---

① 　王振锁:《自民党的兴衰》,天津人民出版社 1996 年版,第 119 页。

用;(7)其他。① 英国甚至在 1974 年用专门的《工会和工党关系法案》来规范工会和工党的关系,其中就有工会定期报告其财产、业务及工作情况,向公证官提供包括收入账目、收支平衡账单等在内的年度财务报告的要求。

　　在西方国家,由于政党之间的竞争,政党的选举开支呈直线上升趋势,颇受公众诟病。为了严格对政党活动费用的管理,有些国家法律作了专门规定,限制政党的费用支出,尤其是竞选费用的支出,以控制政党在金钱方面无休止的攀比和追求。1974 年美国把总统候选人的开支限定为:大选期为 2 000 万美元,预选为 1 000 万美元。参议员候选人在大选中的开支限额为 10 万美元,或按每一合格选民计算为人均 8 美分,两种计算方法均可,并以多者为上限。众议员候选人的预选和大选的开支均为 7 万美元。1976 年美国修改了这项法律,提高了各项费用的数额。按照修改后的规定,每个总统候选人的竞选者在党的全国代表大会以前使用竞选经费的限额为 1 470 万美元,每个政党的全国代表大会费用限为 450 万美元,被全国代表大会提名的总统候选人在下一步大选中的竞选费用不得超过 3 000 万美元。英国 1983 年通过《人民代表法案》,对国会和地方政府选举的竞选开支作了限制:国会选举中每个候选人开支的最高限额,郡选区为 3 240 镑再加上每位登记选民 3.7 便士,城镇选区为 3 240 镑再加上每位登记选民 2.8 便士。有些国家用限制竞选起止期限的办法,限制竞选费用的上涨。如英国规定,只有从议会解散之日起,方可开展竞选活动。还有的明确规定费用的用途,如欧洲联盟为欧洲议会选举提供津贴,但该津贴只能用于与选举有关的召集会议、出版、宣传招贴和旅行等事务。

---

　　① 〔法〕乔治·埃斯蒂厄佛弗纳尔:《德意志联邦共和国政党》,上海人民出版社 1976 年版,第 5 页。

# 第二部分　政党体制

# 第六章　政党体制及其成因

当我们把国家、社会、政党作为三要素放到现代民主政治的框架中进行分析的时候,这里所说的政党具有抽象的意义。就是说,它既非指某种特定类型的政党,也没有明确政党的数目。它指的是政党这种类型的政治组织,是一个类概念。至于在一个政治体制中,到底有多少个这种政治组织在发挥作用,各国则各有自己的不同情况。这种不同情况,使得政治体制内部政党与政党之间、政党与国家权力结构之间、政党与社会之间的关系都各不相同,从而形成了政党政治的不同模式。这种模式,就是我们这里要讲的政党体制。

## 一、政党体制释义

在对政党体制这一概念的理解上,我们和西方有着不太一样的传统。

"政党体制"一词来自英文 party system,我们译作"政党制度"并沿用至今。作为一个约定俗成的用语,这个概念在一般意义上使用问题不大。但当我们要深入研究政党运行的基本原理,试图把它作为分析框架中的一个关键概念使用时,这个概念就显得比较粗糙、比较不严谨了。因为在中文里,"制度"一词在政治学意义上运用时实际上有两种含义:第一,它指的是一种政治统治形式。我们平常所说的资本主义制度、社会主义制度等,均属此含义;第二,它指的是一套成系统的法规或规定,如选举制度、法律制度直至会议制度、学习制度等。用这两种含义去理解"政党制度"都不能揭示它的正确内涵。按照前一种理解,似乎政党制度概念本身就带有强烈的阶级性。例如有的词条称,政党制度"通常指资本主义国家通过议会选举,由几个资产阶级政党轮流执政或联合执政的一种政治统治

制度"。① 如此说来,好像社会主义国家不存在政党制度。这和事实完全
不符。按照后一种理解,可以避免把中国排除在政党制度之外之虞,但又
出现了另一方面的问题,似乎政党制度是国家对政党及其活动的主观设
定。如有的学者把政党制度解释为一个国家关于政党的各项制度的总
和,其中包括国家对政党的政治地位、活动规范和执政参政的法律规定,
以及政党自身的政治纲领、组织原则和组织体系等。这种理解,很难解释
为什么在历史、传统、文化背景都相类似的国家,政党政治的模式却大不
相同。我们认为,使用"政党体制"来代替"政党制度"这个概念,更符合
它的原意。

　　"体制"在中国是近十几年才被大大推广的词。但在国外,这个词却很
早就被运用,而且在系统论的影响下多被理解成"系统"。外文中的"体制"
和"系统"是一个词。"政党体制"也正需要从这个意义上来理解和把握,它
指的就是随着政党的出现而逐渐发展起来的一种政治系统。无论什么政
党,其目的都是为了掌握政权。由此而形成的各政党之间、政党与政权之间
的关系网络或结构,就叫政党体制。讲得通俗些,所谓政党体制就是政党从
政模式。迪韦尔热把政党体制看做政党"共处的形式和模式"②,美国学者
迈克尔·罗斯金认为政党体制"是各政党之间以及各政党与整个政治体系
之间的相互影响",表达的都是这个意思。

　　尽管不同类型的政党体制各有利弊,但一个国家现存的政党体制,却不
是人们主观上任意选择的结果。政党体制的一个根本特点,就是它的客观
性。这种客观性集中体现在:

　　首先,政党体制的形成是客观的。综观世界政党政治的发展,我们不难
看到,各种不同的政党体制都是在政治发展过程中逐渐形成的,并不以人的
主观愿望和主观意志为转移。在美国建国之初,大多数领袖都反对政党这
种形式,并为领袖之间的分歧发展为两个党派之争而感到遗憾。但是,两党
制还是不以人们主观意志为转移地发展起来了。美国学者认为,"这种标

　　① 《简明政治学词典》,吉林人民出版社1985年版,第473页。
　　② 〔法〕莫里斯·迪韦尔热:《现代国家中的政党组织及其活动》,伦敦1954年英文版,
第203页。

志着美国政治生活主要特点的两党制（以及两党制的其他形式）无疑是历史发展、自然倾向以及恰巧如此的综合产物"，这是有道理的。① 不但政党体制的形成不为人们的意志所左右，而且政党体制一旦形成，它也不会被轻易改变。法国的政治经常因为政党太多而纷乱、动荡，不少政治家为此对英美式的稳定的两党制羡慕不已。但是，法国的多党制却无法变成英美的两党制。日本是在成为战败国后被迫走上民主政治道路的，按理说，在美国的占领和直接监督下，完全有可能建立起美国式的两党制。无论是美国的统治者，还是日本的新当权者，都对此颇有用心。但是，日本到头来还是未能复制美国的两党制。此外，对于西方国家每个具体的政党来说，尽管它们都是在多党状态下生存，但这只是各政党实力较量的结果，而不是这些党预先设定的目标。从这个角度讲，过去我们常说的"多党制是资产阶级为维护自己的统治而采用的一种典型的统治形式"，"多党制是资产阶级欺骗人民的一种虚假的民主制度"等说法，都过分强调个人的意志，在认识上是带有一定的片面性的。

我们过去之所以想当然地认为是人们有意设计了政党体制，原因盖在于，参与其中者都带有强烈的主观愿望。如果最后的结果恰巧符合其中一个政党的大体构想，那就必然强化了人们的这种观念。举例说，由于中国共产党比其他政党都更加准确地把握了当时的民意，获得了大多数人的拥护，而其他政党要么因为处在对立面而被排除出政治体制之外，要么只代表其中的一小部分民意而无法和共产党平起平坐，于是形成了共产党一党主导的格局。但是，这种有利于共产党推展自己理想的格局，不过是各种政治力量相互博弈的结果。稍懂历史的人，都不会认为是共产党事先预设了这种格局。俄国的情况也很能说明问题。当年列宁领导的布尔什维克党曾设想实行多党制，最后却由于种种原因形成了一党制，同样体现的是政治力量之间的角力和博弈。

其次，政党体制确实可以通过一定的法律法规加以规范，但这种法律化的政党体制与其说是设计，不如说是对事实上的政党格局的认可。在一种

---

① ［美］M. J. 斯基斯摩、M. C. 特里普：《美国政府简介》，中国经济出版社1998年版，第164页。

政党体制被社会大多数政治力量所接受而稳定下来之后,处于国家治理法制化的需要,这种政党体制往往会以各种各样的形式在法律上体现出来。例如,有的国家在法律中明确规定了政党体制的形式。《中华人民共和国宪法》强调:"中国共产党领导的多党合作和政治协商制度将长期存在和发展。"有的国家在法律中未对政党体制作明确规定,但暗含了对现有政党体制的认可。例如德国基本法有专门的人们可以自由建立政党的条文。美国则把这一内涵包含在"结社自由"的条款中。但是很显然,政党体制在发展过程中形成,法律只是承认了这一现实而已。

　　所以,确切地说,政党体制不是建立的,而是形成的。当然,这并不意味着,政党体制的形成完全排除了主观因素。事实上我们看到,这种主观因素不但存在,而且有时还会起关键性作用,决定着政治体制的运行方向。例如,历史上出现过这样一些政党,它们在取得了政权之后,利用当时的特殊状态和对国家权力的强有力控制,把除了执政党之外的其他所有政党都逐出政治舞台。但是,我们也看到,这种加进了过多人为因素的政党体制由于不能真实地反映社会各个方面的政治诉求,往往潜伏着深刻的危机。

　　认识政党体制的客观性,可以使人们对政党体制的研究有一个更加客观的态度。我们从西方学者对政党政治的研究中可以清楚地看到这一点。例如,在传统的政党研究中,"一党制"往往被和法西斯主义、苏联集权模式等同起来,实际上成了一个贬义词。但是,后来政党政治的实践表明,这种看法是过于简单化的。至少在新成为独立政治主体的国家和由传统政治向现代政治转型的国家,曾经普遍出现了一党政治体制。把这种状况简单地说成是采用苏联模式,恐怕很难服人。如果一种政党体制不是昙花一现的,而是具有持久的影响,那么,在它的背后必定有着深刻的社会政治经济文化基础。所以我们看到,不少学者开始比较客观地看待现有的各种不同类型的政党体制模式,并在此基础上出现了一系列引人注目的研究成果。例如,美国著名政治学者亨廷顿把政党体制与政治发展联系在一起,一反西方政治学者敌视一党制的态度,对一党制作了较高的评价。他在《变革中的政治秩序》一书中指出:"今天,在亚洲、非洲和拉丁美洲的许多国家里,政治体系同时面临着集中权力、分化结构和扩大参与的问题。不足为奇,同时实现这些目标最好的体系似乎便是一党制。"亨廷顿承认,和多党制相比,一党制有一定的优势,特别是对发展中国家来说是如此:"对于现代化之中的国家来说,它极其实用,极有吸引力,因为它在很大程度上是一个既可以促进集中(因此也就能推进革新)也可以推动扩大(因此能够同化团体)的一种制度。"亨廷顿也比较客观地评价了两党制和多党制。他认为,和一党制比较,"更具竞争性的两党制或多党制可能具有相当强的扩大能力和同化团体能力,但其集权和促进改革的能力则较弱。"①

## 二、政党体制的成因

在当今世界,我们可以看到各种类型的政党体制。它们相互区别,各有特色。那么,各不相同、五彩缤纷的政党体制是怎样形成的? 在它们的形成过程中,政治、社会、文化、制度等因素都起着什么样的作用? 这是研究政党体制时一个值得关注的问题。

分析政党体制的成因,首先要消除一种误解,似乎政党体制的形成和政党的形成是两回事。其实,恰恰相反,政党体制的形成,和政党的形成不但同源,而且经常是同时的。政党产生的原因,也正是政党体制产生的基本原因。当然,除了共同原因而外,政党体制的形成还有自己的特殊原因。由于政党产生、发展的原因在前文已有涉及,此处不再赘述。我们对政党体制的成因作一专门的分析。

在影响政党体制形成的诸要素中,最主要的因素是社会分层情况、法律制度和政党取得政权的道路。

### (一)社会分层变化对政党体制的影响

政党是特定阶级、阶层或集团利益的代表,是特定阶级、阶层或集团维护自身利益的工具。因此,社会阶级分层的情况决定着政党体制的情况。

但这并不是说,社会如何分层,政党体制便怎样形成。社会上分成多少个阶级,便会出现多少个政党;阶级规模怎样,便以同样的规模、比例、格局折射到政党体制上。这样的认识是简单化的。决定政党体制的不是社会分

---

① ［美］塞缪尔·P. 亨廷顿:《变革社会中的政治秩序》,三联书店 1989 年版,第 133 页。

层的初始状况,而是在社会分层出现之后社会整合的情况,包括各不同利益的冲突程度、不同政党整合社会的有效度等。

例如,在有的社会,不但阶级分化严重,而且各阶级、阶层之间的利益冲突尖锐化,乃至达到了势不两立的地步。在这种情况下,一个政党无论如何也不可能把这些相互冲突的利益协调起来,整合在一起。于是,就会出现若干个政党。这种现象,往往发生在政党体制形成初期。我们看到,在一个国家里,突然涌出几十个、几百个甚至上千个政党的情况,都是有过的。远如在法国,近如在俄罗斯。在有的社会,虽然阶级分化严重,但这种分化不是向着多元的方向发展,而是朝着两极方向发展。在这种情况下,出现的往往不是多个政党,而是少数几个大党出面整合各种利益。这样,就有可能出现政党之间力量相差悬殊、大小党交错的格局。中国出现共产党和国民党两大政党,中间夹杂着若干民主党派,就属于这种情况。

政党整合社会各阶层的有效程度,也决定着政党体制的形态。例如,在有的社会,阶级分化是明显的,阶级冲突也常有发生,但由于各政党都能有效整合本阶级或阶层的利益,不同利益之间的博弈往往能较好地在政党体制中得到体现,从而形成比较温和的多党政治,例如我们在北欧国家看到的那样。在有的社会,虽然阶级分化不甚严重,但却存在激烈的教派冲突。政党可以有效地把不同阶层的人整合在一起,却难以把同属一个阶级但不属于一个宗教或教派的人群团结起来,这势必造成以宗教对立为基础的党派斗争。在有的社会,政党的意识形态色彩浓厚,相互之间显示了强烈的不兼容性,这会使得政党数目过多,政党体制呈不稳定状态。还有一些社会则相反,某个政党力求整合各种不同的人群,把社会不同阶层都整合到党内,在党内体现各不同阶层的合作,各不同阶层之间的利益也在党内进行协调。在这种情况下,往往会形成一个大党控制政治的局面,其他政党要么发展艰难,要么萎缩,要么退出历史舞台。2000 年以前的墨西哥革命制度党便是如此。

所以,我们看到的实际情况是,并非社会上存在多少阶级,区分为多少种利益,就会形成多少个政党。有时许多个阶级、阶层、集团的利益可以被整合在一个政党中;有时即使同属一个阶级,内部利益也可能无法协调,而分成若干个不同政党。阶级、阶层、集团的多寡固然约束着政党体制的运行,但直接决定着政党体制的,则是社会利益整合的状况。

### (二)法律制度对政党体制的影响

各国的法律制度是对政党体制直接产生影响的第二个重要因素。

这里面,对政党体制影响最大的是选举制度。选举制度不但在政党体制的形成过程中发挥着重要的作用,而且对政党体制的维持也是至关重要的。例如,研究者普遍认为,比例选举制是多党制得以形成和延续的重要原因。这是有道理的。按照比例代表制的原则,一个政党在选举中能够获得的议席数目,和这个政党所获得的选票相对应,小党和大党的机会一律平等。如果这个政党获得了30%的选票,那么它也就可以赢得30%的议席。这种情况,显然有利于小党的生存和发展,新的政党出现的可能性大大增加。与此相反,单名选举制则不利于小党的生存。在这种选举制下,每个议席都被划分到一个选区中,在这个选区中,如果一个政党的候选人获得了超过50%的选票,这个议席就属于他。另外的竞争者即使获得了49%的选票,也会落选。因此,这种选举制度往往有利于大党,而不利于小党,小党往往缺乏发展的足够空间。美国和英国的选举制度体现了上述原则,因而有利于两个历史比较悠久的老党,也即有利于两党制的维持。美国把体现这一原则的制度进一步变成了"胜者得全票"的选举人团制度,即在按人口数确定各州参加总统大选选举人数目的同时,规定在一个州获得相对多数选票的党,即获得该州的全部选举人票。这一制度使小党即使获得了相当数量的选票,也会因为未获相对多数而难以获得选举人票,所以一直是美国两党制的基础和保证。

法律制度还起着总体上控制政党数量的作用。比较典型的是德国的《政党法》。为了减少政党在筹集活动经费中的不正当行为,德国规定由国家向政党提供经费补贴。《政党法》第18条规定:"提名本党候选人参加联邦议院的适当竞选活动的政党的必要经费应给予补贴。"补贴的金额以政党获得的支持票计算。1967年每张选票的补贴为2.5马克,1974年7月起提高为3.5马克,1987年起为5马克。但是,该法同时规定,并非每个参加竞选并获得选票的政党都能得到这笔补贴。按照德国实行的混合选举制度制定的选举规则,选民在同一次选举中要投两票。第一票上排列的是各党推举出的候选人,第二票则只排列政党。也就是说,选民的第一票是投给个人的,第二票是投给政党的。只有那些在第二票选举中获得5%有效选票、或在第一票选举中获得本选区10%以上有效票的政党,才有领取补贴的资格。这个"5%条款"显然对大党有利,因为只有规模较大的政党才有得票超过5%的可能性。事实上,到目前为止,真正能在第一票选举中获得10%选票、在第二票选举中获得5%选票的政党也就是那么3—4个政党。这就有效地抑制了小党的发展,德国的多党制也就成了"有限多党制"的典范。

### (三)政党取得政权的道路对政党体制的影响

不同国家在向现代化转型过程中选择的不同路径,是决定政党体制形态的另一个重要因素。在这方面,东西方国家之间,不发达国家和发达国家之间,有着很大的区别。①

在西方发达国家,政党是在探索建立民主政治的过程中产生的。民主政治需要把民众对公共权力的所有权和执政者对公共权力的使用权连接起来,于是就发明了政党这种工具。所以,政党从一开始出现的那天起,就是被当做民意表达的工具来使用的。既然如此,选择一个政党而不选择另一个政党,或者今天选择这个政党而明天选择那个政党,公众都有完全的自由。多党存在则是满足人们这种自由选择权利的最直观易懂的形式。

在发展中国家,情况完全不同。政党并非为连接民众与公共权力而产生。相反,人们之所以接受政党,是因为他们发现,政党可以使本来散沙一盘的民众变成有组织的力量。这种有组织的力量,对有抱负的政治家达到某种政治目标(如夺取政权、推翻旧制度、建立理想国家等)是非常有用的。这样一来,政党就被赋予了比在西方国家条件下所具有的功能更加丰富的功能。由于政党被赋予了特殊的使命,人们对政党的认同和对政党特殊目标的认同紧密联系在一起,于是,政党所得到的支持就有了一种排他性。由于这种排他性,人们接受一个政党,往往就意味着排斥其他政党;人们认可一个政党的地位,往往就意味着否定其他政党获得这个地位的权利。这是

---

① 笔者在拙著《现代政党执政规律研究》一书中对政党取得政权的途径做过分析。参见该书第二章第2节,上海人民出版社2002年版。

发展中国家最初普遍采用一党制的重要原因。

不过很显然,一党制继续向前发展,必然面临一个重新寻找政治合法性的问题。亨廷顿在《变革社会中的政治秩序》一书中深刻指出了这一点:"一党制的稳定性更多地来自其起源而非来自其特性。它通常是激起广泛动员并形成制度化的民族斗争或革命斗争的产物。但是,一旦斗争获得胜利,在斗争中出现的那个强大政党就会建立起一党制,这个体制随后就会消除掉曾使得自己成功的社会状况。于是该体制的持续稳定性就依赖于它自己的历史遗产。"①事实证明,维持一党条件下的政治稳定,仅靠历史遗产是不够的。探索更加广泛的政治合法性的基础,是这类政党体制普遍面临的一个重大课题。

## 三、政党体制简评

政党本来就是民主政治的产物,是民主政治的工具。但是,政党究竟在多大程度上影响一国民主政治的发展,取决于该国具体的政党体制。政党体制的客观性和它的复杂成因告诉我们,任何政党体制都有它们存在和发展的特殊环境和理由,起着不同的作用。用复杂的眼光和客观的态度看待这一问题,才能对它们作出恰如其分的评价。

### (一)避免对政党体制的简单化认识

由于政党带有强烈的阶级性,以往对政党的研究常常存在一种倾向,即把多党制作为西方发达国家的政党体制类型,把一党制作为社会主义国家的政党体制类型。在这基础上,西方学者对于一党制,社会主义国家的学者对于多党制,通常都采取简单否定的态度。在西方学者看来,一党制缺乏公平竞争,不民主,只有多党制是民主的。在东方学者看来则相反,多党制不稳定、低效率,一党制是有效的。其实,这样的评价对于今天的实践来说,都过于简单化了。

一党制不等于有效。苏联、东欧发生的剧变,已经足以说明这一点。当

---

① [美]塞缪尔·P. 亨廷顿:《变革社会中的政治秩序》,三联书店 1989 年版,第 393 页。

然,并不排除这样的情况:在一个相当长的时期内,一党制在社会治理中能够发挥强有力的作用。问题在于,像苏联这种一党制形式,在取得一定效率的同时,也往往由于沟通机制不灵而积累了大量的弊端,积重难返。经济上不足以取得能说明社会主义制度优越性的发展,政治上则缺乏民主,党群关系对立。这就为20世纪80年代末、90年代初的制度性剧变埋下了伏笔。

　　非洲国家90年代从一党制向多党制的转变说明了同样的问题。在第二次世界大战结束后的一二十年间,正值非洲民族独立运动高潮,也是苏联模式的社会主义处在进攻态势之时。在社会主义模式的影响下,非洲大多数国家走上了一党制的道路,一党制成为当时非洲政治的一股强大洪流。在这股洪流推动下,到1964年,已有大约2/3的非洲国家实行了一党制。一党制被指望在建立民族独立国家过程中起整合作用,例如通过只允许单一政党存在来防止民族分裂和种族冲突,通过单一的政党来协调各社会阶层和社会集团的利益,通过一个党的高度集权来动员和集中全国的资源,建设理想社会,用这个党的意识形态来统一全体人民的意志,等等。但是,一党制发挥的作用并不像人们设想得那样好。和苏联、东欧等国的一党制一样,这些国家的一党制也出现了大量的弊病,政党没有显示出强大的政治功能。典型者如非洲。在这里,一党制实行了30余年,经济却依然极其落后,到目前仍然是世界上经济最困难的地区。在全世界最不发达的41个国家中,非洲就占了29个。握有大权的执政党并未因手中的无限权力而给人民带来福祉,而是低效、腐败,治国无方,民怨日深,人心思变。在一党制难以出现任何改善的情况下,人们最终把目光投到了多党制上。20世纪90年代的非洲多党制浪潮,其中当然有苏联、东欧影响和西方势力推行"和平演变"的原因,但归根结底,还是因为这些国家一党制实验的失败。到1993年,原来的那种一党制模式已经被非洲完全放弃。

　　至于多党制存在的问题,我们同样应当辩证地看待。譬如说,多党制肯定和民主相联系,就是一个过于简单化的结论。从历史上看,一党导致权力过度集中乃至最后导致专制的情况出现过,例如苏联;多党制为独裁统治铺路架桥的情况也并非绝无仅有,德国魏玛共和国时期的政党体制就是一个最好的范例。

　　和德国魏玛共和国的多党竞争体制相比,哪个政党体制带来的消极后果恐怕也无法出其右,因为它甚至威胁到人类的生存。魏玛共和国初期的主要政党大体分为左、中、右三大阵营。站在右翼的是德意志人民党和德意志民族人民党。这两个政党都对共和国持敌视态度,都以反民主、反社会主义著称,并对魏玛宪法投了反对票。属于中间派的是德意志民主党和中央党。民主党支持魏玛政体,在1919年国会选举时曾获得了38.5%的选票。但这个党的衰落却令人吃惊。到1932年,这个党的支持率下降到只有1%。中央党一直是比较强大的党,在1920—1932年的各届国会中始终占有36%的选票,被看做宪法党和稳定魏玛共和国的中坚力量。但这支"中坚力量"的立场却是东倒西歪的:谁对这个党提出的要求作出一些让步,它就可以支持谁。它既支持过社会民主党政府,也是后来纳粹党的追随者。站在左翼的是社会民主党和共产党。但是,同为左翼,它们之间的意识形态论争却始终没有停止过,其烈度甚至胜过左右两翼之间的斗争。在共产国际的影响下,德国共产党在很长一个时期都把社会民主党当做主要敌人,称之为"社会法西斯主义",采取拒不合作的态度。甚至在20世纪30年代的最初几年还和纳粹党联合,反对社会民主党。政党之间的相互倾轧,导致了政府的短命和政局的不稳定。从1919—1928年的9年里,共出现15届政府,平均每届政府的执政时间不到7个月。这样一种政党斗争白热化、政治体制完全处于离心状态的局面,给纳粹党上台造成了可乘之机。纳粹党采取又打又拉、各个击破的方法,先是把右翼政党拉到自己一边,制造事端取缔了共产党和社会民主党,接着宣布除纳粹党以外的所有政党非法,建立了纳粹党的一党专政。至此,魏玛共和国所依托的多党制宣告破产。可以说,正是魏玛共和国的极端化的多党制,为纳粹法西斯的极权统治打开了方便之门。

### (二)政党体制与政治发展的关系

　　上述情况要求我们思考一个更带根本性的问题:政党、政党体制和政治发展是什么关系? 就本质而言,政党是推动民主政治发展的工具。但这并不是说,任何政党和政党体制在任何时候任何条件下都必定推动民主政治的发展。在实践中,影响一个社会的发展进程的,不是"政党"这个抽象的概念,而是具体的政党体制。正是从这个意义上说,政党体制与政治发展有着密切的联系。不同的政党体制,在政治发展中所起的作用各不相同。

概括地说,政党体制对政治发展所起的作用是两方面的:一方面,如果政党体制能够使政党都切实履行自己的功能,它就促进政治发展;另一方面,如果政党体制不足以担负起有关功能,它就可能妨碍政治发展,影响社会稳定。具体的政党体制究竟起哪一方面的作用,则完全要看这种政党体制是否本国国民合意的政治参与工具。美国政治学家塞缪尔·亨廷顿在他的著名著作《变革社会中的政治秩序》一书中,对于不同的政党体制在政治发展中的作用作了细致的考察,充分肯定了政党和政党体制对于政治发展的推动。在他看来,对于一个政治参与水平低的国家来说,未来的稳定在很大程度上取决于该国用以面对现代化和政治参与扩大的政治制度具有什么样的性质。组织政治参与扩大的首要制度保证就是政党及政党体制。所以,"为了尽量减少政治意识和政治参与的扩大酿成政治动荡的可能性,必须在现代化进程的早期就建立现代的政治体制,即政党制"①。与此同时,亨廷顿在《变革中的政治秩序》一书中表达的另一个重要思想是,政治体制和政党体制都要适应所在国家和地区的政治和社会文化,否则就会引起社会不稳定。照搬别国的政治体制和政党体制总是很难获得成功。亨廷顿举了大量的案例来证明自己的论点。在这一点上,他是对的。

发展中国家的政党体制,比之西方国家最初形成的政党体制,在政治发展中所起的作用更为特殊。在西方国家,由于政党和政党体制是随着资产阶级的逐渐强大和资本主义制度的确立而成熟起来的,因此它基本和政治参与的扩大同步。发展中国家则不同。在建立国家的进程中,政党对民众的广泛动员是必不可少的。这种情况,加上西方民主制的示范作用,都使政治参与的要求爆炸性扩张。在这种条件下,对建立相应的政党和政党体制的要求也往往显得十分迫切。只有形成了比较完善的政党体制,或是已有的政党体制迅速作出相应变化,才能适应大规模的政治参与要求,承受住这种参与浪潮的冲击。反过来说,如果不存在政党体制,或者已有的政党和政党体制不能适应这种变化,就可能会出现政治危机。"因为一个没有政党的国家也就没有产生持久变革和化解变革所带来的冲击的制度化手段,其

---

①　[美]塞缪尔·P.亨廷顿:《变革社会中的政治秩序》,三联书店1989年版,第368页。

在推行政治、经济、社会现代化方面的能力也就受到极大的限制"①。

当然,认为有了政党和政党体制,社会稳定和政治发展就有了保证,也是一种简单化的看法。无论是什么样的政党体制,如果运作不科学,都会出现问题。那么,究竟在什么情况下,政党体制有可能出现问题?

首先,当一个在政党体制中起着举足轻重作用的政党,由于种种原因难以履行自己的功能,这个政党体制就有可能发生危机。

如我们上面所说的,政党在政治运作中担负着若干功能。但是,政党不一定必然胜任这些功能。事实上,在许多情况下,政党在履行功能上都是有失误的。例如,当一个政党内部因结构不合理、高度集权而出现寡头倾向,政党决策层与政党追随者或被代表集团的联系与沟通受到阻碍甚至变形时,政党决策就会失误,以致既不能正确地表达、也不能正确地"综合"被代表者的利益。在这种情况下,政党得到的支持率就会下降,从而引起整个政党体制发生变化。又如,政党在使决策机构组织化时,不能随心所欲地按照党的运作和决策方式来改造决策程序,而应当按照决策所固有的规律使之更有效、更科学、更合理。政党更不能凭借自己的地位,把党的决策混同于政府决策,要求政府直接执行党的决策,而剥夺政府的决策功能。政党一旦取政府的决策功能而代之,那么,政党就失去了连接和沟通民众与政府联系的功能,这同样会造成政党体制的扭曲,如出现党政合一、以党代政的现象等。再如,政党履行政治社会化功能,就要动员民众,同时对民众进行政治教育和引导。但这必须首先与政党作为政治信息提供者的身份相适应。因为政党不是临时性的组织,而是有一定稳定性和长期性的组织。要取得民众信任,政党须以较为真诚的态度对待支持者,而不能有欺骗之嫌。否则,政党虽有可能一时得势,却也很容易被民众抛弃。

其次,当政党体制中的各政党由于种种突如其来的原因,力量对比发生剧烈变化时,这个政党体制也有发生危机的可能。

政党之间的博弈通常会形成某种动态平衡的相互关系和相互作用的模式。正因为如此,政党体制才是可认识、可探讨的。然而,实践中出现的许多不可测因素,常常会打破这种模式或相对稳定的形态。一旦出现这种情

---

① [美]塞缪尔·P.亨廷顿:《变革社会中的政治秩序》,三联书店1989年版,第372页。

况,政党体制就不再稳定,其应起的作用就会受到影响。例如,在英国,由于社会自由民主党的出现而打破了两大党的平衡,使政党体制的运作和过去的两党制相比出现许多新问题;在联邦德国,由于绿党的出现,打破了原来在基督教民主党、社会民主党和自由民主党之间保持的力量平衡,使政党体制的运作加进了新的变数;在统一后的德国,由于东部地区的加入,民主社会主义党作为东部地区的大党介入政治体制,也使政党体制出现新的变化;在意大利,大规模政治腐败曝光使天民党、社会党等传统大党横遭灭顶之灾,原来以天民党为基本力量的多党体制发生了剧烈的变动;在日本,自民党从原来对于其他党的绝对优势一下子变成了没有什么优势,政党间的相互关系和相互作用的力显然和过去大不相同。甚至苏联、东欧发生的变化也可以从这个角度来解释:由于原执政党的体制、政策、作风等各方面的原因,在"代表工人阶级和广大劳动人民"的主观目标下,实际运作越来越把大多数人排除在外,党变成了为一小部分人、为官僚阶层服务的特权党,社会基础越来越小。与此同时,民众越来越站在党的对立面。一旦出现反对党,他们就是反对党的天然拥护者。本来,这种基础的变化是渐进的,理论上是可以克服的,但不通畅的信息反馈系统阻碍了微调的可能性,以至于最后积少成多,使危机呈爆发之势。

再次,当政党体制中各政党之间、左右两翼之间的意识形态距离过大、以至于很难调和时,这个政党体制就始终有出现危机的可能性。

无论在什么样的社会中,总会存在持两极观点的个人和团体。因此,相应存在一些极端政党有时是不可避免的。但是,存在这类政党是一回事,这些政党获得较大影响又是另外一回事。这里所探讨的是后一种情况。那些有影响的政党在意识形态上距离过大,既表明社会各阶级、阶层和集团之间矛盾的尖锐化,表明这些集团之间利益的不可调和性,也表明,一旦这些政党掌握权力,其执行的政策和主张将会与别的政党有很大的不同。这种状况带来的直接后果,就是政府政策不稳定,缺乏连续性,实际上任何一种政策也不可能得到比较彻底的执行。政策难以执行,就很难指望国家所面临的经济政治困难能得到解决,这就不可避免地会带来经济恶化、政治动荡。

也往往会有这种情况:不是由一党来执政,而是不得不实行多党联合执政,因为各个政党力量比较均衡,谁也不能在竞争中获得绝对多数。在这种情况下,意识形态距离过大也是政党体制的致命因素。联合执政的特点,就是各政党在本党的政策主张与他党的政策主张之间寻找共同点,或向一个共同点靠拢,即让步与妥协。意识形态的对立往往使政党很难找到这种共同点。例如,一个政党站在否定现存政治体制的立场上,而另一个政党站在维护现存体制的立场上,这两个政党之间就缺乏基本的一致性。德国魏玛共和国的左、中、右三翼在面对纳粹党威胁时,遇到的就是这种情况。不要说左翼和右翼,甚至不要说左或右翼与中间派,就是在左翼中间居然也在意识形态上水火不相容。这样,联合的几率必然极小;而且,在意识形态高度对立的情况下,即使政党之间实现了联合,这种联合也是极其脆弱的,通常是短命的,因为这些政党的共同观点只系于毫发之间。

# 第七章　政党体制的类型

根据政党体制的不同特点,可以把它们分成若干类型。政党体制分类的方法和思路,因研究的切入点不同而异。实际上,如何对政党体制进行分类,和人们对政党体制的评价密切相关,因而也是政治学者们经常关注的一个课题。

## 一、关于政党体制分类的各种观点

对政党体制的分类有一个从比较简单到日渐复杂的过程,体现了人们对政党体制认识的不断深化。

法国著名政治学家 M. 迪韦尔热在他 1951 年发表的《政党》一书中,总结以前政党研究的成果,把政党体制分为一党制、两党制和多党制三种类型。这种按政党数量对政党体制进行分类的方法,为政党体制分析研究提供了基本范畴,在后来很长时期内都被大多数学者当做常识接受下来。当人们说到传统的政党分类方法时, 往往就是指 M. 迪韦尔热概括的这种三分法。

但是,当按照这种类型划分对各不同种类进行定义时,人们发现,对于现实中存在的纷繁复杂、五花八门的政党体制来说,这种分类实际上是不够用的。如克罗蒂所言:"只从主要政党的数目来看,……其所隐匿的事实比其所要说明的还要多。"①我们看到,一方面,这三种类型确实无法把现有的政党体制模式都囊括其中;另一方面,这三种类型中的任何一类,本身就包

---

① 转引自[美]萨尔托里:《政党与政党体制》,剑桥大学出版社 1976 年英文版,第 119页。

含着巨大的差别,无法放在同样的框架中进行分析。我们来考察一下这三种类型所包含的内容。

先看看它们的各自定义。一党制通常被定义为:如果在一个国家中,执政党是唯一合法的政党,其他政党没有合法存在的机会,或虽然存在其他政党,却禁止它们执政,那么,这种政党体制就是一党制。两党制的一般定义是:在一个国家中存在着许多个政党,其中两个居于垄断地位的政党通过定期选举轮流执政。多党制的一般定义是:在一个国家中存在着三个或三个以上势均力敌的政党,其中任何一个政党也不能独立取得多数支持,一些政党便联合起来组成多数执掌政权。

比较这三个定义,可以发现,其中最大的问题,是定义要素的不统一。在一党制定义中,我们看到了法律强制的内容:它只允许一党执政。所以,在一些文献和著述中,一党制干脆被解释为"法西斯主义一党制"或"极权主义一党制"。而不少西方资产阶级学者、社会民主党理论家也都把社会主义国家共产党的一党制和法西斯的一党制相提并论。但是在两党制、多党制定义中,这个要素却变成了有执政实际可能的政党的数量。如果我们把要素统一起来,这些定义的漏洞就会变得十分明显。例如,如果我们把法律强制作为统一要素,那么,两党制、多党制就应该是法律允许两个党轮流执政或两个以上的政党轮流执政的体制。如果我们把实际可能执政的政党数目作为统一要素,那么,一党制就不应定义为只有一党,而是只有一党有执政现实可能,但并不否定有其他政党存在,也不禁止这些政党有执政的主观意图。遗憾的是,前一种统一不符合事实,因为两党制并非只允许两党执政。而后一种统一则把亚洲的、非洲的、发达国家的、不发达国家的、社会主义国家的、民族国家的等一些完全不同的一党执政类型"一锅煮",失去了分类的价值。

由于传统分类法无法比较全面地概括现实中的政党体制,为了弥补这一不足,学者们开始尝试在分类中引入其他标准。其中比较广泛地被采用的是政党的相对规模,即政党在达到一定规模的时候才能被计算在内。例如,A. S. 班克斯和R. B. 泰克斯特按照这一分类标准,把政党体制分成一党制、主从党制、一个半党制、两党制和多党制五种类型。S. 罗坎依据政党规模,把多党制分成了三个亚类型:由三个或更多的同等规模的政党构成的体制;由一个大党与规模大体相等的三四个小党构成的体制;由两个大党和一个极小的党构成的体制。布隆代尔把政党规模进一步量化,把两党制界定为两个居支配地位的政党能够赢得平均90%以上选票的体制,把多党制界定为两个居于支配地位的政党所得选票不足2/3的体制,而介于以上两种情况之间(两党得票不足90%,但超过2/3)的则被界定为两个半党制。这种分类较三分法是一个进步,但存在的问题是,对"规模"的量化,把它具体设定为像前面所说的"90%"、"2/3"等,却缺乏依据。为了解决这个问题,意大利政治学家乔范尼·萨尔托里提出了一个"相关政党"的概念,这可以看做是对按规模进行政党体制分类的进一步补充。当然,萨尔托里是按他自己的思维逻辑来谈论这个问题的。在下面的有关段落中,我们还会对他的观点作进一步的介绍。

从对政党体制分析的需要看,单一的标准往往会顾此失彼,难达周全。所以,学者们越来越倾向于把两个或两个以上的标准综合在一起,以求对政党体制有更准确的概括。例如,美国学者阿兰·维尔同时采用了政党数量和政党相对规模两个标准,在两个标准的交叉点上对各国,特别是西方国家的政党体制进行了定位。按照这样的定位,日本无论是按政党数量,还是按政党相对规模,呈现的都是优势政党制;英国和美国则处在数量上的优势政党制和相对规模上的两党制的交点上;澳大利亚、加拿大、德国等国,均属于数量上的3—5个政党制和规模上的两个半政党制的结合;等等。不过,显而易见,这种分类法尽管细腻,却缺乏提升,与其说是在进行分析,不如说更像在进行客观描述。

类似的多重标准分类法还有一些。例如把各政党的政治倾向和它们之间力量对比关系结合起来,把政党体制分成中右和中左政党占优势的北欧型,中右和左翼政党占优势的南欧型,中右政党占优势、中间派次之、左翼最弱的日本型;M.罗斯金等把政党数量和政党力量对比关系结合起来,划分出一党制,一党独大制,两党制,多党制,两大党制;拉帕隆巴拉和维纳先把政党体制分成竞争性体制和非竞争性体制两大类,然后把政党的执政状态(分为霸权式和轮流式)与意识形态特性(分为意识形态型和实用主义型)两个标准结合在一起,认为政党体制有四种不同类型:霸权—意识形态型,霸权—实用型,轮流—意识形态型,轮流—实用型；等等。①

　　综上所述,迄今为止关于政党体制分类的各种观点都有一定的道理,却又都很难统一成一种方法。看来,究竟按照什么标准来对政党体制进行分类,要依想说明什么样的问题而定。最好的办法是根据自己的研究重点来确定采用的标准,似乎还不存在一个划一的、在任何时候任何条件下都通用的标准。

　　综观西方学者对政党体制的分类,我们看到,一方面,西方学者对政党体制的分析的确是深入了。这种深入,首先是由于实践的深入。西方政党体制绵延发展数百年,对于西方政治制度的巩固有着不可忽视的作用,为西方学者的研究提供了丰富的养料。当然,另一方面,西方学者由于其立场和世界观问题,在研究中存在许多不科学的地方,尤其是往往存在西方中心主义的倾向,这也是显而易见的。

## 二、萨尔托里的政党体制分类法

　　尽管我们很难找出一个被学界完全接受的政党体制分类法,但相对而言,也还是有一些学者的研究成果得到较普遍的认同。这其中,比较突出的是意大利政治学者乔范尼·萨尔托里的政党体制分类理论。该理论对后来政党研究的发展有很大的影响。

　　在他 1976 年出版的《政党与政党体制》这部两卷本著作中,萨尔托里对政党体制的分类进行了系统阐述。② 萨尔托里表明了他将在分类中使用复合标准的观点,并在此基础上对这些具体标准作出了界定。

　　首先,萨尔托里充分肯定了政党数量和规模对于政党体制分类的重要性。他认为,政党的数量非常直观地勾画出了一个政党体制的大体图景,勾画出了政治体制内各政治力量之间的大体关系,因而是政党体制分类的基本标准。所以,需要讨论的不是要不要把政党数量作为标准,而是如何计算

---

　　①　中央党校吴辉博士在他的《政党制度与政治稳定——东南亚经验的研究》一书中,对学者们在政党体制分类上的各种观点作了很好的概括。参见该书第 23—30 页,世界知识出版社 2005 年版。

　　②　参见[美]萨尔托里:《政党与政党体制》,剑桥大学出版社 1976 年英文版,第 5 章。

这个数量,什么样的计算规则才更准确和科学。

在这方面,萨尔托里按照他自己的逻辑进行了尝试。在他看来,坚持政党的数量标准,并不意味着把社会上存在的每个政党都计算在内。他认为,可以被算到政党体制中去的应当是"相关政党"(relevant parties)。所谓"相关政党",是指一个政党的出现或存在,会影响政党竞争的状态,尤其是会改变有执政可能的政党的竞争方向,使其左转或右转,或由向心的竞争变成离心的竞争。这样的政党,便属于"相关政党"。反之,如果一个政党长期处于多余地位,从未被考虑作为合作对象,即是"不相关政党"。

那么,又根据什么来判断一个政党是否对政党竞争产生影响,证明这个政党不"多余"?萨尔托里明确指出,根据的是该政党的"潜能"。所谓"潜能",就是这个政党联合其他党进行讨价还价的能力。这种潜能具体体现在两个方面:一是执政的潜能,有这个政党参加的政党联盟有可能成为多数而执政;二是威慑的潜能,这个政党的存在或与其他政党结盟,会对执政党形成威胁。政党潜能的大小可以通过政党在选举中的得票率和获得的议席来考察。萨尔托里认为,一个政党的得票率达到2%,便具备了"相关性政党"的基本条件。但仅此不够,2%不能作为一个绝对标准,因为有些政党的得票率虽然低于2%,却可能在议会中发挥重要的作用。显然,那些得票率过低、讨价还价能力较低的政党,是不应该被计算到政党体制中去的。可以看出,"相关政党"的界定比简单以政党规模来界定更加明确,但仍存在概念弹性大、词义模糊、实际分析中不易把握的毛病。

其次,萨尔托里突出地把意识形态作为与数量、规模标准相互影响的另一个标准。引入这一标准,是因为萨尔托里看到了这样一种事实:两个不同国家的政党体制,即使在政党数量上没有多大差别,但由于意识形态的原因,运行的特点和效果都会大不相同。内部意识形态斗争激烈的国家,可能出现的是政党之间的不妥协和尖锐冲突;而意识形态斗争不明显的国家,尽管存在许多政党,却不一定导致激烈的政党间的斗争。这里面,意识形态起着非常重要的作用。

意识形态的差异也体现在两个方面:一是意识形态之间的距离(ideological distance)。所谓距离,简单说来,是指不同政党所主张的意识形态之间分歧程度的大小。二是意识形态的强度(ideological intensity)。这里的强度,实际上指的是政党坚持或反对某种意识形态的激烈程度。萨尔托里用"pragmatic"(实用主义的)和"ideological"来表示意识形态强度的两端:前者表示比较灵活、实用地对待意识形态,在意识形态问题上比较有弹性,后者则表示在意识形态问题上比较顽固、不妥协。意识形态距离和意识形态强度之间有着密切的联系。各政党信奉的意识形态之间的分歧越大、距离越远,越容易造成政党之间的强烈对峙和互不妥协;政党越是强硬地坚持自己的意识形态,政党之间的分歧和距离就越大。反过来,如果政党之间的意识形态是不一致的,但政党倾向于寻求相互之间的妥协,那么,政党意识形态之间的距离实际上是被拉近了;如果政党之间意识形态的距离不大,但政党对意识形态问题持不妥协的态度,政党之间的矛盾冲突同样会变得激烈。

在确立了上述两个基本的分类原则之后,萨尔托里接受拉帕隆巴拉和维纳的观点,把政党体制分成竞争体制和非竞争体制两个大类,尔后对政党体制进行了细分。在萨尔托里那里,政党体制共被分成了9—10种类型。其中属于竞争体制的有极化多党制(Polarized pluralism),温和多党制(Moderate pluralism),碎分化的多党制(Segmented pluralism 或 Automatic pluralism),两党制(Two-party systems),优势党制(Predominant-party systems);属于非竞争体制的有一党极权制(One-party totalitarian),一党权威制(One-party authoritarian),实用主义一党制(One-party pragmatic),霸权党制(Hegemonic party)。

萨尔托里对被列入竞争性政党体制的5种类型——优势党制,两党制,温和多党制,极化多党制,碎分化多党制——作了细致、深入的分析。优势党制和两党制的特征非常明显,仅根据政党数量和规模就可作出判断。萨尔托里把优势党制定义为"一个主要政党能够赢得多数选民的持续支持并获得绝对多数席位"的政党体制。① 20世纪曾在一段时间里长期执政的印度国大党和日本自民党,都是优势党制的典型。两党制则以美国、英国为范例,无须作更多解释。当然,萨尔托里对两党制的条件也作了进一步规范:第一,两党都处于竞争绝对多数议席的位置上;第二,两党中有一个党事实上能赢得足够的议会多数;第三,该党愿意单独执政;第四,两党交替或轮流

---

① ［美］萨尔托里:《政党与政党体制》,剑桥大学出版社1976年英文版,第196页。

执政仍是可以预期的前景。①　意识形态标准在区分温和多党制、极化多党制这两种多党制时开始起突出的作用。温和多党制具有温和的特征，首先是因为政党之间在意识形态上的妥协、靠拢，使得政党之间的意识形态距离缩短，进而抑制了政党过多过滥发展，这在客观上限制了政党的数量，使之难以大量增加；极化多党制则往往因为意识形态分裂、各政党在意识形态上互不妥协而产生更多的矛盾和冲突，使意识形态距离拉大，为形形色色各种类型政党的产生提供了广阔的空间，因而往往政党数量众多。至于碎分化多党制，萨尔托里只把它看做政党体制结构化程度比较低的一个特例。②

　　不难看出，萨尔托里在把政党体制理论推向定量化描述方面作出了独特的贡献。通过他的分析，人们对政党体制的认识比过去更加具体、更加全面了。例如，过去人们在认识多党制时，总认为它是一种民主比较充分却会影响社会稳定的两难模式。萨尔托里则通过上述分类说明，人们概括的那种多党制特征，实际上只是极化多党制的特征。而温和多党制既可以体现比较充分的民主，又可以避免由此带来的不稳定。此外，萨尔托里还对极化多党制为什么产生不稳定的问题作出了比较有说服力的解释。

　　被萨尔托里列入非竞争性政党体制的主要有两类：一是单一党制，二是霸权党制。这两类中又分出不同的亚类型。单一党制即在一个国家中只允许一个合法政党存在的体制。根据对社会控制程度的不同，单一党制有三个亚类型，其意识形态依次从强到弱：（1）一党极权制，或叫极权主义一党制，以对社会的全面控制和渗透为特征，如德国纳粹党和意大利法西斯党的统治；（2）一党权威制，或叫权威主义一党制，强调权力集中于一党，但重点在防止对立面的出现，给民众以有限的自由，如第二次世界大战以后的西班牙、葡萄牙的政党政治；（3）实用主义一党制，不允许其他政党存在，但不强调意识形态的排他性，也不靠意识形态来增强党的凝聚力，给民众以相当的自由。

　　霸权党制区别于单一党制的最大不同是，它允许存在多个合法的政党，

────────

①　参见［美］萨尔托里：《政党与政党体制》，剑桥大学出版社1976年英文版，第188页。
②　参见萨尔托里：《政党与政党体制》，剑桥大学出版社1976年英文版，第125—126页。

但明确规定这些政党处在从属地位,不能与执政党平等竞争。以意识形态的强弱程度区分,霸权党制有两个亚类型:(1)意识形态霸权党制。这类政党体制强调执政党的意识形态,并把拥护该意识形态作为其他党存在的前提,如波兰、匈牙利、保加利亚等国在社会主义时期实行的体制。(2)实用主义霸权党制。在这类政党体制中,执政党用一切手段压制其他政党掌权的欲望,但党的意识形态有广泛的包容性,以适应社会各不同阶层和群体的政治表达需求,从组织上容纳它们。

萨尔托里对非竞争性政党体制的基本态度是否定的。但和以前的政治学者们不同的是,他承认非竞争性政党体制的某些合理性,并看到了政党体制发展变化的可能性,尽管他观察问题的出发点无疑是建立在西方式的价值取向上。他的这种观点,为后来许多研究政党政治的学者所接受。例如以研究政治发展问题著称的美国政治学者塞缪尔·亨廷顿,对特定条件下的一党制持肯定态度,认为在走向现代化的国家,一党制往往比多党制更能保证政治稳定,关键在于这个政党要适应现代化发展的要求来不断调整自己。他特别分析了各种不同的政党体制如一党制、优势党制、两党制和多党制等各自对发展中国家政治发展的影响,及它们的利弊得失。应该说,和其他西方学者相比,他的分析还是比较客观的。当然,其中的西方偏见仍然不可避免。

## 三、政党体制的类型

政党体制是政治体制的关键内容,但它和基本的政治制度是有区别的。一方面,从性质上说,不同的政党体制都在不同程度上反映基本政治制度。因此,政党体制都不可避免地带有阶级属性。但是另一方面,政党体制作为政治体制的一部分,是基本政治制度的具体化,属于操作性范畴。从这个方面讲,不同的政党体制,无论是在形式上,还是在内容上,都会有许多共性的东西。所以,对于西方的政党学研究成果,我们完全可以在注意到其根本缺陷并努力避免由此引起的片面性的同时,大胆借鉴,批判地吸收,来完善我们自己的政党学。具体到政党体制分类上,西方学者在方法论方面的某些研究成果,同样可以为我所用。

传统的政党体制分类应当超越。在这方面,学者们的研究成果已经为我们提供了一个很好的基础。尤其是萨尔托里的政党体制分类理论,对划分政党体制的原则和标准都作了比较系统的阐述,在许多方面具有确立学术规范的意义。当然,这并不是说,这种分类已经没有任何问题了。举个例子来说,一开始就把政党体制分成竞争性和非竞争性两大类,就是一个问题。从理论上说,两大类型虽然成立,但在实践中,两者之间的界线却是模糊的。我们甚至可以发现不少居于两种类型之间的类型。例如墨西哥革命制度党在1929年之后的70余年里连续执政,是典型的一党执政类型。但是,我们很难断定它是属于竞争性政党体制还是非竞争性政党体制。如果因为2000年革命制度党在与其他政党的竞争中失去了执政地位,就认为它是竞争性政党体制,那肯定是不对的,因为革命制度党在执政过程中确实曾经利用手中的权力限制其他政党的发展,阻挠其他政党参与竞争。但是,因为存在革命制度党为其他政党争夺权力设置障碍的史实,就认为墨西哥的政党体制属于非竞争性政党体制,同样是过于简单化的。如果执政党为其他政党的发展设置障碍就算非竞争性政党体制,那么,至少西方早期的政党体制会被纳入其中,这肯定会显得过于宽泛。所以,比较恰当的评价恐怕是:它是一种半竞争性的政党体制,而且70年执政的过程也可以看做是一个由完全无竞争的政党体制逐步地、缓慢地向有限竞争发展、最后发展成完全的竞争性政党体制的过程。不过,尽管存在这样或那样的问题,总的看来,已有的研究成果可以为我们确立一个基本分析框架提供有益的启示。

在综合前述政党数量、政党规模、政党的意识形态取向等标准的基础上,我们认为,政党体制可以划分为以下八种类型:

第一,一党极权制。这种类型的一党制只允许存在一个唯一合法的政党,由这个政党实行独裁统治。为了体现对社会生活的全面控制,这个唯一合法的政党在意识形态上也往往高度垄断。其典型是奉行法西斯主义的德国纳粹党、意大利法西斯党和日本“大政翼赞会”统治时期的政党体制。

第二,一党权威制。这种类型的一党制理论上不允许除一个独占政权的政党之外的其他政党的存在,但由于其理论基础已经不为人们所接受,合法政党的执政合法性和对社会的控制力都明显减弱。与此同时,其他类型的、不以政党面貌出现的政治组织开始发展起来,事实上对执政党构成了挑战。第二次世界大战结束以后至 20 世纪 70 年代中期的葡萄牙、西班牙属于这种类型的政党体制。

第三,一党领导制。这种类型的政党体制允许其他政党存在,但法律认可其领导地位的执政党只有一个,其他政党只作为参政党或反对党进行活动,对执政党形成一定的约束。在意识形态方面,这类政党都力图反映尽可能广大的人群的要求。属于这种类型的政党体制有共产党执政时期的波兰、匈牙利、中国等。

第四,一党多元制。这种类型的一党制法律上允许所有政党都平等、独立地存在,但事实上,通过公平竞争,真正有能力掌握政权的党只有一个,其他政党都处在弱小的反对党的地位。这个政党往往在意识形态上具有强大的包容性。1993 年以前的日本,2000 年以前的墨西哥,以及国大党长期执政时期的印度,都属于这种政党体制。有学者想用"优势党制"来概括这种政党体制,但后来发现,"优势"这个概念本身就有相对性。在政党数量比较少(例如两党制)的国家,获得 51% 的支持率并不表示该党优势明显;在政党数量众多的国家,一个得票 30% 的政党可能就已经是很大的优势了。所以,"优势党制"很难作为一种类型。我们认为,"一党多元制"更反映这种类型的原意。

第五,两党制。这种类型的政党体制法律上允许多党存在,但事实上有执政现实可能的政党只有两个,这两个政党通过定期选举,由获得多数者执政,形成两党轮流执政局面。就意识形态而言,两党覆盖了绝大多数选民,也就意味着它们的意识形态为绝大多数选民所接受。因此,两个主要政党的意识形态都必然具有很强的包容性,而且相互接近,易于妥协。属于这种政党体制的有英国、美国、澳大利亚、新西兰等国。

第六,温和多党制。这种类型的多党制法律上允许多党存在,并且事实上存在三个或三个以上有执政可能的政党,但政党之间的意识形态距离相对较小,共识较多,容易妥协,通常会达成几个政党之间的联合,组成多数,共同执政。属于这种多党制的有德国、瑞典、荷兰、丹麦、瑞士、卢森堡等国。

第七,极化多党制。这种类型的多党制法律上允许多党存在,并且事实上存在许多个有执政可能的政党。这些政党相互之间意识形态距离大,分歧严重,导致政党组合和政府交替频繁。而且由于各种意识形态之间的不妥协,不同的意识形态往往成为不同政党的基础,因而政党为数众多,通常在五个以上,多者达十余个。属于这种多党制的国家有法国、意大利等。第四、五共和国时期的法国尤为典型。

第八,碎分化的多党制。这种类型的多党制法律上允许多党存在,事实上也存在许多政党,并且由于民族、宗教、地区、语言等原因,政党的数量比其他类型的多党制要多得多(通常是十个以上)。但是,这些政党的情况却比较复杂,意识形态距离和强度也千差万别。有的温和相处,有的相当对立,不能一概而论。从这个角度看,把碎分化多党制当做政党制度化水平比较低的一个类型,是有道理的。

我们采纳的这个分类方法,同样不是唯一的方法。和其他分类方法一样,这个分类也既有优点,同时有不足。优点是,它几乎能将世界上所有已有的政党体制都纳入其中,覆盖面广,避免了把一些政党体制排除在外、无法比较的情况,也引导我们在分析时持比较客观的态度。至于它的不足,自然也是显而易见的:它淡化了竞争性政党体制和非竞争性政党体制之间的区别,会给研究者带来一些麻烦。此外,每个政党体制都不是静止不动的,而是向前发展的。有时这种发展还表现为一种体制向另一种体制的转化。但是,类似的发展变化很难在这种分类中得到充分体现。所以,在我们具体考察不同的政党体制类型时,仍然需要充分考虑到那些复杂的变数,才不至于在认识上出现大的偏颇。

讲到政党体制的发展变化,这里还要多说几句。之所以一讲政党体制,人们往往会首先把西方模式作为参照,主要是因为西方国家出现政党的时间比其他地方要早,政党体制的发展也经历了一个比较长的过程,直到今天,相对而言已经比较成型。相比之下,在发展中国家和大多数后发展国家,政党是作为"舶来品"从西方引入的,存在的时间较短,而且多因为"水土不服"而出现了反复和曲折。这种情况,至今也没有完全改变。但是,从发展的眼光看,一概地把这些国家的政党体制看做是不成熟、不成型的政党体制,也显然是不对的。我们看到,在有些国家,经过不断探索和试验,已经形成了比较规范的政党体制。我们还看到,在另一些国家,逐渐形成了自己独有的政党体制模式。不能因为这些模式和西方政党体制有很大不同,就断言它们还没有发展成熟,或断言它们是一种特例。毋宁说,或许这些模式正是在充分吸收西方已有经验之上的创新和超越。尽管限于篇幅,本书难以辟出专门的章节来探讨发展中国家的政党体制,但是,认识到这一点,对于我们从全新的角度考察政党体制,是非常重要的。

# 第八章　西方政党体制

当代西方国家普遍采用多党平等竞争的政党体制,这是西方民主政治的一个突出特点。在这个体制中,不同政党扮演着不同的角色,执政党、在野党(或叫反对党)各司其责,共同构成了西方民主政治运行的图画。西方政党体制是政党政治研究的重要内容,对弄清政党体制的源流很有意义,因为世界其他许多地方的政党体制都是在或者模仿和效法、或者否定和批判西方政党体制的基础上产生。

## 一、西方政党体制的形成

西方政党体制的形成经历了一个长期发展的过程。

在西方国家,最早出现的是英国的两党。对此,我们在前面的有关章节已经作了描述。不过,在当时,政党并不被认可为公众参政的工具。甚至两党的名称,也是在两个政治派别互相对骂中产生的。17 世纪 70—80 年代,在围绕"排斥法案"开展的两派斗争中,对立双方都采用各种手法,进行火药味十足的相互攻击。其中一派擅长发动签名运动,组织请愿,于是被对方讥讽为"请愿者"。另一派则认为这是冒犯国王特权的行为,毫不掩饰自己的厌恶态度,于是被对方称为"憎恶者"。不过,或许是因为这两个称呼过于文雅了,两派都很快将它们弃之不用,而代之更具侮辱性的字眼:"托利"和"辉格"。"托利"(tory)一词源于爱尔兰语,本指专门打家劫舍的天主教匪徒,现在被用来作为拥护信天主教的詹姆士二世继承王位的保皇派的外号;"辉格"一词源于苏格兰语,本指苏格兰西南地区残杀天主教教士的长老会派强盗,现在被戴到了反对天主教的这一派头上。

尽管后来两派都索性认可"托利党"和"辉格党"的名称,并且逐渐有了自己的原则、纲领和领导核心,但毕竟通过政党来执政还不名正言顺。两党更多的是人们强加给他们的东西,以致英国著名政治史学者刘易斯·纳米尔坚持认为,当时实际上不存在托利党和辉格党的对立,它们只"存在于潜在的气质与世界观、社会类型和旧的联系与习惯之中,两者之间找不到明确的分界线"①。这种说法虽然言过其实,但确能说明,当时的政治体制还没有正式把政党接纳为政治斗争的工具。与此相应,国王也只是把两党当做两个派别来看待。例如1689年威廉三世登基后,面对两党竞争活跃的状况,同时把两党拉进政府,实行"平衡政策":两个国务大臣职位分别由一名辉格党人和一名托利党人担任;建立财政、海军等事务委员会,每个委员会都由两党成员共同组成。至于一派对另一派的态度,则如同水火般不相容,必欲置对方于死地而后快。

美国也遇到了同样的情况。当两党作为政见对立的派别出现时,美国首任总统华盛顿忧心忡忡。他在1796年卸任总统的《告别辞》中诚挚地告诫政治家们:"一个派别对另一个派别的交替统治,由于党派纷争所产生的天然报复心理而使斗争愈演愈烈。在不同的时代和国家中,这种交替统治犯下了最令人厌恶的罪行,它本身就是一种可怕的专制主义。"他指出:"有人认为,自由国家的政党是检查政府施政的有效手段,它有助于永葆自由的精神。这种意见在一定限度内可能是正确的。但在君主制的政府内,爱国主义也许会以纵容放任的态度来对待政党精神,如果不是用赞许的眼光来看待它的话。但是在得人心的国家,在纯粹由选举产生的政府中,这是一种不应受到鼓励的精神。……火是扑灭不了的;但要求大家都提高警惕,不要让它爆发为熊熊烈火,否则将不加任何警告便把一切都烧光。"②和英国两党相似,这时的美国两党也都不太认可党派的正当性,毫不犹豫地把自己看做是公众利益的正确代表,而把另一个党看做是国家自由和安全的危害者。

所以,尽管两个主要政党都已出现,但形成正式的"两党制"却是后来的事情。1694年,在英国,辉格党在同托利党的斗争中占了上风,5位辉格党领袖组成的"辉格党小集团"控制了政府大权,形成了英国历史上第一届

①　转引自程汉大:《英国政治制度史》,中国社会科学出版社1995年版,第312页。
②　[美]小阿瑟·施莱辛格:《美国民主党史》,上海人民出版社1977年版,第20页。

一党政府。接着又出现了托利党的一党政府。严格说来,这还不是政党政府。因为,一方面,执政的党派并不把对方看做合法平等竞争的对手,而是当做叛逆者,总是伺机予以打击和清除。例如,辉格党人曾利用一起暗杀威廉三世的阴谋,清洗了大批托利党人。另一方面,执政者也只是辉格党的部分贵族人物,并且它们并非由于在选举中获胜而执政。这些人不是党的合法代表和被授权者。简单说,这时的政党还不是一个很完整的概念。因此,到18世纪辉格党人在近半个世纪的时间里占有优势地位的时候,党内又很快出现了"执政的辉格党"(也叫"宫廷辉格党")和"在野的辉格党"(也叫"乡村辉格党")之分。总的说来,党派的观念是时而强烈、时而淡化的。

只是在1832年英国实行议会改革、选举权扩大、选民人数大规模地增加以后,两个政党的注意力从国王转向民众,才使两党的组织迅速完善起来,逐渐形成了政党依靠党组织,通过大选胜利获得组阁权来执政的两党制模式。1841年,作为在野党的保守党通过开展有组织、有计划的竞选活动,击败了执政的自由党,是为英国两党轮流执政之始。在美国,两党执政模式的形成要早些。实际上,从1801年杰斐逊就任美国第三任总统开始,政党轮流执政的模式就已经形成了。因为这时的总统,已经是在两党组成各自选举阵营的基础上,凭各党得票的多寡而产生。

除了英国、美国的两党模式,其他西方国家也都在政党竞争的基础上,在此前后陆陆续续地形成了各种不同类型的政党体制。到19世纪末,通过多党竞争来执政,已经成为西方国家民主政治的普遍形式。

一般地说竞争性体制是西方政党体制和政党执政的典型模式是可以理解的。但如果以为西方国家一以贯之地实行的都是竞争性体制,则是一种简单化的误解,因为它忽略了政党政治发展的复杂性。西方政党执政模式形成之后,不是一成不变地固定下来了。相反,这一模式也在发展中经历了曲折。其中最大的曲折,就是20世纪20—30年代法西斯主义的兴起。

法西斯主义泛滥和法西斯政党崛起的原因非常复杂。如果从政党政治的角度说,法西斯政党是对低效无能的多党制形式的反动。第二次世界大战以前,在德国、意大利、日本等国,政党体制的特点,都是政党纷立而又没有形成少数几个强大的政党,现有的政党无法担起管理国家的重任,议会民主制体现不出优越性,社会对这种政治体制和政党政治感到不满和失望。

法西斯政党就是作为解决这种政治体制和政党体制带来的危机的一种选择出现的。

法西斯主义政党执政模式的特点是,权力高度集中于一个唯一的执政党,执政党的权力又高度集中于党的领袖一人。例如,德国纳粹党上台后,通过一系列手段解散了其他政党,并宣布"民族社会主义德国工人党是德国唯一的政党"。建立一党独裁统治以后,纳粹党实行了党政合一,党和国家机器混合在一起。在最高层,希特勒一人兼数项最高职务。他不但是纳粹党的领袖、国家元首、武装部队最高统帅、政府首脑,而且还是最高法官。在第二层次上,国会议员和绝大部分内阁部长都由纳粹党的重要成员担任,中央政府的某些部门还专门设置了纳粹党的机构,例如凌驾于外交部头上的纳粹党外事局。在地方一级,废除了联邦制,思想实行高度中央集权制,各州州长由中央政府任命,州议会被取消。意大利法西斯党取得政权后,宣布取消集会与结社自由,取消了其他政党的合法地位。墨索里尼本人既作为政府首脑,也兼任了内政、外交、陆军、海军、空军、职团、殖民和公共工程等8个政府部的大臣,占去内阁13个部的近2/3。

法西斯主义的出现是对西方政党政治的一个沉重打击。它暴露了西方政党政治的许多缺陷。因此,第二次世界大战结束以后,总结法西斯主义兴起的教训,西方国家加强了对政党体制的规范和改造,许多国家在宪法和法律中对极端主义政党进行了限制。有的国家则以"政党法"的形式对政党活动作了详细的规定。这些措施,都大大推进了西方政党体制的制度化进程。

## 二、西方政党体制的理论基础

西方政党体制的形成,除了历史、传统、文化等多方面的原因外,一个重要的基础,就是在这些因素之上形成的理论。其中最重要的是关于政党政治的基本理念和关于反对党的理论①。前者体现了在政党政治问题上人们

---

① 我的博士研究生吴克峰的博士毕业论文对西方反对党理论进行了专门研究,是国内第一部有关这个问题的著述。

形成的普遍认识,后者则为除执政党之外其他政党存在的必要性提供了充分理由。

**（一）西方国家关于政党政治的基本理念**

西方国家的政党政治是建立在与市场经济相适应的一系列政治理念之上的。这些理念,产生于西方的政治文化传统,经过长期的实践,不仅在政治精英中,而且在普通民众中也形成了相当的共识,是西方政治制度的基础。在这之中,有三大理念起着至关重要的作用。

一是以个人权利为基础的民主政治的理念。西方民主政治的逻辑起点是人本主义,天生带有把民主落实到每个个人的倾向。按照这套理论,民主最终要体现在个人政治权利的实现上,体现在这方面的可操作性上。实现民主的途径和方式可以多种多样,并可以因民族政治文化的不同而不同,但任何一种方式及在此基础上形成的制度,都必须落实到公民个人的参与权和决定权,而不能与之相背离。

二是政党作为民主参与工具的理念。与民主政治的理念相适应,政党被看做是有助于实现公民民主参与的工具,并且成为民主政治最基本的工具之一（新闻媒介被看做另一个重要工具,此外还有利益集团等）。适应这种要求,政党也努力迎合公众表达利益和参与政治的要求,充当他们的工具。长期的互为需求,形成了两者的稳定关系。例如,在许多国家,公众都从政党提名的候选人中挑选执政者。一旦被证明作为这种工具不称职,政党地位就会下降。

三是由契约引申出的法治的理念。市场经济以契约关系为保障,而法律是对这种契约关系的规范。法律越完善,越得到尊重,市场经济就越完善。在这样的情况下,公民逐渐形成了遵守契约的文化习惯。人人都须依法办事,包括政党也不例外。在这种情况下,政党通常通过两个途径对政治运作施加影响:一是,对立法过程施加影响,使本党的政治主张在法律法规中得到体现;二是,通过执政,按照法律规定行使权力,在行使权力的过程中体现政党的意志。

这三大理念给了政党一个明确的定位:静态地看,政党是民众控制政府的工具,是沟通民众与政府间联系的桥梁,而不是政府的一部分;动态地看,政党作为政治制度的灵魂贯穿在政治运作的背后,控制整个政治运作,而不是直接浮现在政府行为中。西方国家政党政治的基本框架,就构建在这些理念的基础上。

### (二)西方国家的反对党理论

与对自由的尊崇相关,西方人对所有有可能侵犯自由的东西都抱有一种警惕之心。这里面,对国家、政府、权力,等等的防范总是首当其冲。当西方学者们谈论自由时,首先强调的是人相对于国家和政府的自由。在资产阶级政治学说中,这种倾向是十分突出的。它们强调个人的权利独立于国家之外,并先于国家而存在,国家只能对它予以承认。国家的主要任务是保障公民的权利不受外敌的侵犯和不受公民之间的相互侵犯。如果政府不能保障公民的生命、自由和财产权利,人们就有权起来革命,更换政府。为了防止滥用权力和专制现象的出现,国家政治权力应当分为立法权、行政权和司法权,相互制约。洛克强调对政府权力进行限制的观点,明确提出了政府的权力必须受制于明确而特定的目的的主张。孟德斯鸠认为,如果将一个国家的权力集中在某一个机关或个人的手里,那么这些权力就会被滥用,公民的自由权就会受到侵犯。据此,孟德斯鸠继洛克之后正式提出了立法、行政、司法三权分立的理论。他认为,立法权代表国家的一般意志,应该由人民集体享有。立法权含有两个基本权利,即创制权和反对权。创制权也就是人们自己制定法律或修改别人制定的法律的权利,反对权则是指要求取消别人所作决议的权利。孟德斯鸠关于反对权和对权力进行制约的论述,实际上为反对派的存在提供了理论依据。

在英国,这些理论很早就在实践中得到了反映,并且逐步形成了一套系统的论证反对党存在之必要性的理论。反对党理论是西方多党竞争体制得以形成的前提,是西方政党政治的一个重要基石。

如我们所知,人们接受政党本身是很不情愿的事情。在这种情绪影响下,最初人们对反对党的厌恶是不言而喻的。在英国,最早时候的反对党活动被看做是大逆不道的行为。因为按照传统的观念,政府是"国王陛下的政府",反对政府,就等于是反对国王。所以,反对党经常被等同于"叛国者"、"里通外国者"。在辉格党占统治地位时,这些帽子常常成为他们清洗托利党人的基本理由。在美国,情况也很相似。我们看到,18世纪末,处于反对党地位的共和党被看做是国家自由和安全的危害者,在整个美法战争期间都是被迫害、被驱赶、被镇压的对象。与此相应,处于执政地位的联邦党把自己看做是公众利益的代表,并且不承认自己是一个政党。

但是,对权力警惕的本能,很快使人们发现了反对党存在的必要性。在政党越来越被当做民众参与政治的工具来看待、多党的存在难以避免的情况下,人们终于认识到,既然政党代表的是一部分人的利益,那么,许多阶级、阶层、集团的利益由许多个政党来代表,也是在情理之中的事情。既然公民的地位和权利都是平等的和相同的,那么他们的不同政治观念政治主张也应该具有相同的地位。这是西方人在政党政治实践中逐步达成的一个重要共识。

当然,反对党理论的发展有一个客观的过程。为反对党辩护,最初源于在野党为自己反政府活动的辩护。在这方面,论述最系统、贡献最大的,无疑是活跃于18世纪上半期的英国政治家和哲学、历史学家勃林布洛克。勃氏推崇英国传统的平衡宪法,认为英国古代流传下来的由国王、上院、下院组成的平衡宪法是一份宝贵的历史遗产,是国民自由的根本保障。他认为,英国现政府破坏了平衡宪法。它滥用权力,收买议员,操纵议会,使行政权力过度集中,危及国民的自由。因此,一切富有爱国主义和自由精神的人们都应该团结起来,反对政府,重新恢复宪法的平衡。这种行为是一种爱国主义的行为。爱国者们是人民的代言人,政府的监督者,他们不但有权反对政府,而且应该依靠议会多数,去夺取政府的权力。"反对党"的名称也在此时出现,并开始普遍流传。

到19世纪初,反对党存在的合法性和必要性已经被人们所广泛认同。明显一边倒的议论是:一个积极活跃而负责任的反对党是英国宪法的有机组成部分,是保障英国自由传统不受侵蚀的强大堡垒。偶尔的反对行为有益于提醒大臣们牢记自己手中的权力来自议会,不得恣意妄为。有的文章论证:"一个能干的反对党存在的必要……仅次于内阁的存在",它对国家"履行极为重要的政治职责","扮演宪法和法律的保护者和拥护者,大臣行为的检查者,大臣们失职和不端行为的告发者的角色,并作为民族的领导者反对大臣的议案,试图把他们赶出政府。"①就是在这种氛围中,反对党获得了"国王陛下的反对党"的称号,意指忠于国王,但有权反对政府的政策。这个称呼很快成为官方文件和报刊杂志的正式用词。

在美国,论证反对党存在之合理性的学者也不在少数。例如,20 世纪初的美国著名政治学者洛厄尔认为,由于政党基本上是保守的,它们的作用是遏制政治上发生变化莫测的事情,在极端之间保持平衡。因此,把一个议会划分成有组织的若干政党,就能保证议会不易受煽动家的蛊惑性宣传。在他看来,有组织的反对派的存在,是对专制主义的一种抑制。② 还有人从遏制腐败的角度论证除执政党之外其他政党存在的必要性,认为政党轮替可以使政治马厩经常得到清洗。③

在西方国家,合法反对党的作用不但越来越得到充分的肯定,而且许多国家索性用法律的形式把这种作用固定下来。这大大加强了反对党对权力运作的干预和影响。在英国、澳大利亚等国,反对党和执政党相对应地得到国家的财政支持和帮助,主要领导人领取相应的补贴。澳大利亚还规定,在公共电视台,反对党领袖和联邦总理拥有同样的露面机会。在这些国家,反对党的正式作用体现在"影子内阁"的活动中,即反对党按照内阁执政的模式建立一套工作班子,平时监督内阁的运作,一旦时机成熟,便替代执政党上台执政。"影子内阁"的具体组织形式因政党而有所不同,名称也不一。例如,英国工党在野时,其影子内阁叫做"议会委员会",成员为 22 人,其中15 人由议会中的工党议员选出,其余为党的领袖、副领袖、首席督导员、议会党团主席等。保守党影子内阁叫做"协商委员会",其规模、成员及成员的任务等都由党的领袖来确定,这些年来其成员都在 50 名左右。

反对党的合法化,使得多党竞争的格局合法化,以多党存在为基础的竞争性政党体制成为必然。反对党和在野党的存在大大增加了执政党执政的难度,不可避免地带来了执政效率的下降。这一点是毋庸置疑的。但是,另一方面,它也意味着一种对权力进行制约的强有力的体制的形成。反对党

① 阎照祥:《英国政党政治史》,中国社会科学出版社 1993 年版,第 176 页。

② [美]爱·麦·伯恩斯:《当代世界政治理论》,商务印书馆 1983 年版,第 12 页。

③ [美]梅里亚姆:《美国政治思想(1865—1917)》,商务印书馆 1984 年版,第 164 页。

和在野党与生俱来的职责,就是对执政党政府进行监督。应该客观地看到,正是这套体制,使西方国家中出现的任何腐败现象都只是导致执政党的垮台,而不足以导致整个资本主义制度的崩溃。就像美国政治学者利普塞特所概括的:"一种竞争性的政党制度保护其国家不受公民不满引起的破坏:抱怨和攻击针对的是那批仍在其位、仍谋其政的官员,而不是整个制度。"①这一点,或许正是多党竞争体制的基本功用之所在。

## 三、西方政党体制的几种模式

当代西方国家的多党竞争体制有一党多元制、两党制、极化多党制、温和多党制和碎分化的多党制等若干种类型。相比两党制、极化多党制和温和多党制,一党多元制是一个特殊的例外,只在地理上不属于西方的"西方国家"日本出现过。而碎分化的多党制,正如我们前面通过分析已经指出的,很难说是一种单独的类型。所以,在这里,限于篇幅,我们主要介绍两党制、极化多党制和温和多党制这三种比较常见的类型。②

### (一)两党制

两党制是西方国家政党体制中一种基本类型。其主要特征是,在一个国家中同时存在若干个政党,其中两个较大的政党有能力单独获得多数选民的支持而轮流执政。英国、美国、澳大利亚、新西兰等国都属于这一类型。

两党制的主要特点包括:

第一,两党轮流执政。一个党在竞选中获胜,成为执政党,通过政府工作来实现党的纲领和政策;另一个落选的党作为在野党和反对党监督政府的工作,挑剔政府工作的错误,并伺机取代其执政地位。这就使执政党必须在执政过程中既要推行本党的政策,又要照顾多方面的利益,考虑各方面的意见。

---

① ［美］西摩·马丁·利普塞特:《一致与冲突》,上海人民出版社 1995 年版,第 138 页。
② 关于日本的一党多元制,参见本人和姜跃教授合著的《政党执政方式比较研究》一书,上海人民出版社 2002 年版。此外,本书后面部分内容引用了该书的成果。

第二，在两党制情况下，一党在竞选中获胜就能全部掌握行政权，以本党的名义向选民负责。这样，执政党就能在行政机构中比较一致地推行党和政府的政策，使政府明显地体现出执政党的意志。

第三，由于两党体制下是一党单独执政，政府一旦组成便比较稳定，不易出现内部意见不一致而破裂的情况。此外，由于一党独揽执政权，政策成败责任比较分明，政府往往比较负责。

两党制又分为不同的亚类型。其中英、美两国的两党制分别代表两种类型。这种不同表现在：

首先，英、美两国政党组织机构不同，使得政党对政府的影响程度不同。在英国，无论是保守党，还是工党，都是按照比较集中的方式建立的，党内有比较有效的组织和比较严格的纪律。特别是英国保守党，领袖具有寡头权力，对党的政策有决定权，对议会内外本党官员有任命权，而且完全控制着党的经费。在这种情况下，一经执政，就能比较强有力地推行本党的政策。美国两党则完全不同，它们按联邦制原则组成，议会中的议员只向选出他的地区负责，不受党的约束。因此，作为党的领袖的总统，要推行本党的政策就要难一些。本党议员反对总统主张的状况并不鲜见。

其次，两国采用的政府形式不同，使政党对政府的影响也不同。英国实行内阁制，通过大选产生议会，议会的多数党组成内阁，内阁选出作为最高行政首长的首相。内阁向议会负责，议会向选民负责，形成了议会与内阁通常能协调一致的状况，实际上由一党统揽了立法、行政大权。美国不同，它实行的是总统制。行政权与立法权分属于两个不同的选举系统。总统作为最高行政首脑，享有最高行政权力。总统本人不受国会控制，不由国会决定他的当选与否。内阁也由他来直接任命，而无须由国会挑选。所以，执政党对行政权的控制是牢固的。但另一方面，如上所述，总统与国会相互独立，使得总统在控制立法权方面要比英国困难得多。总体看来，两种两党制相比，在对行政权控制强度上，美国强于英国；在对国家权力控制的广泛性上，英国强于美国。

其他国家的两党制，与英、美两党制基本相似。

两党制向来被称为最稳定、最有效率的多党制。这种说法不无道理。从理论上说，两党制为人们提供了用来进行利益表达、利益综合、选举政治领袖、决策、参与政治的手段和渠道。从实践上看,两党制既能体现"民主"、"自由"、"政治多元化"等西方价值观念,又防止了因政党过多而把竞争变成政治纷争,带来政府不稳定、政局动荡。美国独立以来200多年的长期稳定(有个别动荡时期如南北战争等,属于特例),英国300多年的平稳发展,都深得两党制之益。

两党制有助于政党体制的稳定发展。首先,两党制在政党竞争的基础上产生,竞争的两党都各自按照竞争规则诉诸自己的选民,因而利益表达与综合、选择领导人、使决策机构组织化、政治社会化等功能是健全的;其次,两党制并不只存在两党,而是还有许多其他小党存在,这些政党对两大党覆盖不到的选民进行动员,表达他们的利益,从而避免了一党极权制和一党权威制条件下那种潜在的不可知力量带来的威胁;再次,在两党制中,长期轮流执政的两党一般都建有一套既能使对两党都不满的选民表达自己的要求,又能避免因第三党出人意料地突然出现而导致两党均衡被破坏的机制,例如英国的单名多数代表制,美国的政党提名制等,把影响两党制的因素排除在外;最后,两党制中的两党往往极力避免拉开意识形态的差距,避免两党中间发展出强大的第三党势力,并且往往实用主义地对待新出现的、对选民有吸引力的观点和主张,把它吸收在自己的纲领中,这就使出现一个不同于两党的、在政治主张上观点鲜明、立场明确、立论新颖的强大政党成为不可能。

两党制的好处很多,却并不意味着人们对两党制完全满意,更不意味着两党制的地位不可动摇。英国两党制遇到的问题就很能说明这一点。英国的两党制,总的说来是非常稳定的。除了1924年两党的角色出现变化——在此前是保守党和自由党,在此后是保守党和工党,两党制始终如一。但是从20世纪70年代后期开始,情况出现了一些变化。不仅有人对两党的政策都不满意,而且有人对两党制的体制提出了质疑。当时任工党副主席、后来成为英国社会民主党发起人之一的罗伊·詹金斯警告两党制僵化的危险性,倡议成立一个强大的"激进中心"。他批评"现代英国行动迟缓,缺乏创新,抵制主动变革,不仅排斥经济上的改革,也排斥社会和政治上的改革",并认为体制的原因是一个很重要的方面。① 詹金斯主张"冲破英国的政治

---

① 　[英]安东尼·桑普森:《最新英国剖析》,中国社会科学出版社1988年版,第124页。

模式"。1981 年,詹金斯与工党的另外三位重要人物一起离开工党,成立了社会民主党。社会民主党与自由党结盟,1983 年第一次参加选举就获得了25.4%的选票,比工党的 27.6%只落后了 2.2 个百分点。1987 年该联盟再度参选,得票 26.9%,比工党的 30.8%落后 3.9 个百分点。当然,由于选举制度的原因,三者最终获得议会席位的数目存在很大的差距。1988 年,社会民主党和自由党正式合并成为社会自由民主党。尽管这个党的得票数始终不能超过两大党而成鼎立之势,在议会中占有的议席更是无法与两大党匹敌,但毕竟对英国传统的两党制构成了挑战。

### (二)极化多党制

和两党制相比,多党竞争体制的其他模式看上去要复杂得多,可以用千姿百态来形容。有的政党的数量有限,有的则多如牛毛。例如,在两德统一前,联邦德国的政党体制是多党制,但是真正可以算做相关政党的只有德国社会民主党、基督教民主党(一个全国政党和一个地区性政党的紧密联盟)、自由民主党等三四个大党。相反,俄罗斯在 20 世纪 90 年代刚刚从一党制转向多党制时,各种各样的政治组织竟达几千个。这种巨大的差别,反映的是不同多党制之间的差别。决定着这种差别的一个重要因素,就是前面分析中所说的政党意识形态的距离和强度。多党制中政党的规模、数目多寡,与各政党意识形态的距离和强度之间有着某种内在的联系。

政党代表一定的阶级、阶层和集团。这种代表性,往往会反映出意识形态的不同。但是,这还不是最主要的。我们不难发现,即使同样的社会分层,由于各国各民族的政治文化不同,长期形成的政治生态环境不同,使得社会各阶级、阶层和集团之间,无论是在意识形态的分裂程度上,还是在对待意识形态的态度上,都有很大的区别。在有的国家,社会内部的严重分化反映为意识形态的尖锐对立和严重冲突。这就使得整个社会呈现出离心的倾向,意识形态的距离拉大,五花八门的意识形态繁生。这种情况,为各种类型政党的出现提供了肥沃的土壤。相反,在有的国家,社会分化得到了有效的控制,利益冲突被淡化,社会各阶层都设法寻找意识形态的共识和妥协,整个社会呈现出的不是离心的倾向,而是向心的倾向。在这种情况下,意识形态的张扬就受到了相应的限制,即使互有区别的意识形态之间也在许多方面交叉和接近,因而难以再独立出新的意识形态,使产生更多政党缺少了一个重要的条件。上述两种情况,如果都发生在多党制条件下,便会形成两种不同的多党制,即"极化多党制"和"温和多党制"。

法兰西第三、四共和国的政党体制是比较突出的极化多党制类型。法国或许是世界上政治体制形式变换最频繁的国家之一。从1789年法国大革命起到1958年建立第五共和国,在170年的时间里,法国经历了一次君主立宪、两次帝政、两次封建王朝复辟、五次共和国,制定过多达14部宪法。其中法兰西第三共和国(1875—1940)是建立在1875年宪法基础上的。这部宪法所规范的政治体制是典型的议会制共和政体。其主要特征是:议会是国家政治活动的中心,体现"主权在民"的原则,具有极大的权力,总统选举权、组阁批准权、对政府的信任投票权、质询权和倒阁权等,均掌握在议会之手;内阁由议会下院中占多数席位的政党或政党联盟组成,对议会负责,总理在必要时征得参议院同意方能解散众院;作为国家元首的总统由参、众两院选举产生,但不掌握实际权力。事实是,第三共和国虽然体现三权分立原则,但由于议会权力过大,制衡作用无法发挥。

第三共和国的政治制度造就了一个极端化的多党体制。其特征表现为政党林立,数目繁多。在这一时期,先后出现的政党有数百个,每次选举总有20—30个政党参与其间。有人幽默地形容:法国政党的数目和法国奶酪的品牌一样多。同时,这些政党又是易变的,随时都会发生重新分化和组合。右翼政党在这一点上尤其突出。此外,这一时期的政党组织上是涣散的,大多数政党纪律松懈,组织不健全。政党的这些特征,构成了政党体制的动荡特征。在众多的政党中,没有一个党能够超过议会半数,因而只能在几个政党之间达成协议,组成临时多数而执政。政党的众多、易变和涣散,决定了这种联合的易变和不巩固。这种情况,和第三共和国权力体制的特征结合在一起,便产生了严重的消极后果。权力集中在议会手中,议会又被走马灯似的变换着的政党所把持,从而导致了议会的低效、无能。而由议会主宰的政府又只是各政党妥协的产物,极其脆弱而又无权,并且十分动荡,更迭频繁。1875—1940年,法国更换政府达107次之多。政局不稳,政府无能,使经济危机不断发生,国力大减。在这样的状况下,1940年希特勒入侵法国,法国不可能不一败涂地。法国投降后,第三共和国也就随之灭亡了。

1944 年卖国政府倒台，新法国建立了以戴高乐为首的战后第一届政府。在戴高乐看来，不仅卖国政府是应该否定的，而且把这个政府扶上台的政治体制也应当否定。戴高乐在 1943 年一次演说中明确强调了这一点："有些好心的先生在幻想我们的国家流了那么多的鲜血，淌了那么多的眼泪，受了那么多的屈辱以后，到了胜利的时候，再原封不动地重新建立因为军队投降而被推翻了的制度，或者保存建筑在这场浩劫上的压迫和背叛的体制，这些先生的幻想是一定要破灭的。"[1]许多政党和民众也要求改变第三共和国的政治体制。在这样的氛围中，第四共和国对传统的议会制共和政体进行了一些改革。例如，1946 年通过的新宪法恢复了总理解散议会的权力，给予总统以通过部长会议并征得国民议会议长意见的前提下解散国民议会的权力。1954 年的宪法修正案还规定总统任命内阁总理只需取得议会相对多数同意，而无须先获得议会绝对多数通过。同时，新宪法还对议会的倒阁权作了限制，如议会两院中，只有众议院（新宪法把它改名为国民议会）有倒阁权，对内阁信任案的否决票和弹劾动议的赞成票必须获绝对多数才得通过等。但总的看来，第四共和国在体制上并没有克服第三共和国的弊端。议会仍然是权力的中心，并且在第四共和国时期更集中在国民议会手中；国民议会决定政府的任命，包括对总理本人和由总理提出的内阁成员的任命；国民议会仍然拥有倒阁权；等等。尤其是，第四共和国仍然继承了第三共和国的那种多党制，因而政府的不稳定、短命依旧如初。据统计，这一时期内阁的更替比第三共和国还要频繁。在第四共和国存在的 12 年中，一共更换过 18 位总理、26 届政府（包括 1946 年宪法通过前的戴高乐政府）。其中任期最长的政府 16 个月，最短的只有两天，以致经常出现三四十天都不能组织起政府来的内阁危机。

所以，有人评价第四共和国是"出于本能地恢复了第三共和国的传统"，这是正确的。为法国前总统作传的布隆贝热准确地描绘了第四共和国的弊端："议会两院选出总统，但是不允许他治理国家，国民议会任命总

---

① ［法］雅克·夏普萨尔等:《1940 年以来的法国政治生活》，上海译文出版社 1981 年版，第 56 页。

理,但是不让他有权管理国家。内阁会议是个小型议会,每位部长都代表一部分议员,而议会继续不断地向他指出在什么条件下可以留在政府里。在这个小议会里,多数派总是阻止总理采取行动。每一位部长有他自己的政策,只有在他愿意的时候才服从总理的命令。这里的大部分时间是在议会里乞讨信任票,和应付四面八方在电话里提出的要求。"①可以说,这里描绘的是这一类型的多党制的普遍特征。

### (三)温和多党制

从一定意义上说,极化多党制是人们还没有意识到相互之间妥协、达成共识的重要性的体制,是人们还不以为对无限制的自由应该有所限制、以保证整个社会健康、和谐发展有什么必要的体制。因此,它是一种更多地带有原生态性质的多党制。当人们吃足了苦头、终于意识到上述重要性和必要性时,温和多党制便成了多党制的一种自觉取向。

所谓温和多党制,就是在一个国家中存在许多个相互竞争的政党,其中有3个以上政党获得比较稳定的支持,在互相选择的前提下联合执政。萨尔托里为温和多党制划了一条明确的界限:它是介于两党制和极化多党制之间多党制。从实践看,这种类型中的政党,数目大约在3—5个之间。

在有的国家,在几个政党中有一个明显占有优势的党,例如挪威和瑞典。从1945—1973年,挪威工党的得票率一般都在40%—50%之间,第二大党与它的差距都在20个百分点以上。从1948—1973年,瑞典社会民主党通常都在46%—48%左右,第二大党与它的差距也在20个百分点左右。在有的国家,则可能其中两个或三个党势均力敌,例如德国。其特点是基督教民主党和社会民主党此消彼长,外加两个(过去是一个)比它们规模小得多的自由民主党和社会主义党。

温和多党制的共同特点是各政党在意识形态上妥协、靠近、寻求共识。例如,瑞典形成温和多党制,在很大程度上归功于它的"阶级合作"共识。瑞典从1932年起由社会民主党掌权,实行了"普遍的社会福利、阶级合作和民主"的"人民之家"政策,在政党体制中确立了各政党之间的妥协性合作。

---

①　[法]布隆贝热:《蓬皮杜传》,上海人民出版社1973年版,第250—251页。

在1942年形成社会民主党、左翼党、人民党、温和党、中央党五大党控制议会的局面之后,妥协政治更加突出。1966年以前,中左联合、中右联合、左中右大联合的政府都曾出现过。1966年以后,以社会主义政党联盟和非社会主义政党联盟区分的左、右两大政党集团似乎比较明显,但妥协政治、阶级合作政治的实质并没有改变,以致1976—1982年非社会主义政党集团执政时原封不动地沿袭了社会民主党的许多做法,如国有化、重税政策等,被人认为"在某些施政上比社会民主党更要社会主义"。① 1988年绿党进入议会后,意识形态的区分进一步被打乱。虽然组成政府的联合方式未有变化,但在一些重大问题上,却再度出现各翼联合的倾向,甚至还出现过左右联合。

社会民主党在确立这种"阶级合作"的国家观方面起了很大的作用。社会民主党把国家比做家庭,认为好的家庭中不应该有特权和剥削者、被剥削者,而应该讲平等、关心、合作和互助。瑞典要成为这样一个好"家庭",就必须消灭阶级差别,发展社会福利,实行经济平等、经济和社会的民主。社会民主党应该促进平等、福利和阶级合作,建立"人民之家"。建立在这种共识之上的政治,人称"妥协政治"或"阶级合作政治"。妥协政治不是说意识形态的分歧不存在,而是指各个政党对存在的分歧采取务实的态度,尽量寻找共同点,以达成一致或谅解。瑞典的具体做法是著名的"哈普森民主"。所谓"哈普森民主"实际上是一种协商的方式。即内阁定期邀请企业界、工会及各大利益集团领导人召开非正式会议,共商国是。这种协商形式是1955年由埃兰德首相创立的,由于会议地点通常选在他的"哈普森"别墅而得名。这种协商后来在各政党和各利益集团之间进一步得到推广。

历史地看,温和多党制是在第二次世界大战结束后才逐步发展起来的。这使它能够取两党制和其他多党制之长,体现出更多的优点。在政党功能上,温和多党制由于存在多于两个的政党,因而拥有比两党制更多的沟通和信息反馈渠道,至少在形式上比两党制更民主;由于它的政党限定在一定数目之内,因而能够比较有效地避免极化多党制那种因政党纷争造成危机的局面;由于它不以意识形态对立为特点,而以非意识形态化或意识形态的沟

---

① 转引自林勋建等:《西欧多党政治透视》,中共中央党校出版社1994年版,第110页。

通、妥协、谅解为特点,因而使政党竞争呈良性,即"向心的"竞争而不是"离心的"竞争。①

造成温和多党制的原因,当然不只是意识形态一种。其他一些因素也起着不可忽视的作用。例如法律的引导和规范。德国在第二次世界大战后接受法西斯泛滥的教训,在 1949 年制定的联邦德国基本法和 1967 年制定的《政党法》中,对政党的活动作了全面、细致、明确的规定。这些法律对当代德国温和多党制的形成影响深远。首先,法律限制了体制外政党的发展。基本法第 21 条明确规定:"各政党应实现国民的政治意愿,它们的建立是自由的。它们的内部组织必须与民主原则相符合。"据此,该条款确认:"根据各政党的目的或根据其党员的态度判明,如企图破坏民主和自由的根本秩序,推翻这种秩序或阴谋颠覆德意志联邦共和国,都是违反宪法的。联邦宪法法院对违反宪法的行为有权裁决。"至于"民主和自由的根本秩序",宪法法院的解释是:这是一种"表现为宪法上的权力,不得使用任何形式的专横统治,而以人民自决为基础,根据大多数人的意志以及自由、平等的要求"的秩序。根据上述条款,宪法法院在 1952 年和 1956 年分别取缔了极右的社会帝国党和德国共产党。

其次,法律有效地控制了政党数量的增长。为了减少政党在筹集活动经费中的不正当行为,德国实行国家为政党提供活动经费补贴的办法。《政党法》第 18 条规定:"提名本党候选人参加联邦议院的适当竞选活动的政党的必要经费应给予补贴。"补贴的金额以政党获得的支持票计算。1967 年每张选票的补贴为 2.5 马克,1974 年 7 月起提高为 3.5 马克,1987 年起为 5 马克。但是,并非每个组织起来参加竞选并获得选票的政党都能得到这笔补贴。德国实行的是混合选举制度。按照选举规则,选民在同一次选举中要投两票。第一票上排列的是各党推举出的候选人,第二票则只排列政党。也就是说,选民的第一票是投给个人的,第二票是投给政党的。按照《政党法》的规定,只有那些在第二票选举中获得 5% 有效选票、或在第一票选举中获得本选区有效票 10% 以上的政党,才有领取补贴的资格。这

---

① 参阅[美]J. 拉帕隆巴拉和 M. 韦纳:《政党与政治发展》,普林斯顿大学出版社 1966 年英文版,第 5 章第 1 节。

个"5%条款"显然对规模较大的政党有利。因为政党要获得5%的选票是很不容易的。事实上,真正能在第一票选举中获得10%选票、在第二票选举中获得5%选票的政党也就是那么4—5个政党,小党根本无法问津。这就有效地抑制了小党的发展。与此相类似,有些国家为了防止由于政党过多而形成的政治分裂,限制极端性政党进入议会,制定法律来限制分配议席的最低门槛,要求某一政党在任何选区须获得一定数额的席位,或者在全国的得票率须达到某个百分点之上,才能在全国议会分到议席。例如,以色列把选举门槛设在1%,荷兰是7.67%,德国是5%,瑞典和意大利是4%。

　　有时人们容易把温和多党制与两党制搞混。例如,有人把德国统一之前的温和多党制称做"两个半党制"。这容易理解。因为温和多党制在运作上和两党制有很多相像的地方。例如,温和多党制的结构是双极的,各处一极的政党实行轮流交替执政,它们之间的竞争是向心的。但是,温和多党制又与两党制有许多不同。例如,温和多党制是联合政府,没有一个政党能够经常获得绝对多数;温和多党制虽然有政党轮流执政的表象,但却是在联合执政的情况下实行联盟间的交替;温和多党制有双极结构,但处在其两极的不是两个党,而是两个政党联盟,其中有的政党会根据需要变换自己的合作者。这些不同,构成了区分温和多党制和两党制的主要标志。

# 第九章　中国共产党领导的多党合作制

当代中国的政党体制是中国共产党领导的多党合作制,在上述政党体制分类中属于"一党领导制"类型。和其他政党体制一样,这一政党体制也是在中国政治发展过程中逐步形成的,有着自己特殊的历史渊源。坚持和完善中国共产党领导的多党合作制,是发展中国社会主义民主政治的重要内容。

## 一、中国当代政党体制的形成

对中国人来说,"政党"不仅是一个外来的概念,而且是一个感情上不太容易接受的概念。"党争"历来被看做不正派的行为,故有"君子不党"之说。但是,时代潮流不可阻挡。在世界民主政治波涛汹涌地向前发展的背景下,中国政治也必不可免地走上政党政治的道路。

在我国,以党命名的政治组织的大批出现,是在民国成立前后。由于这一时期中国新兴阶级和阶层开始产生和发展,西方国家各种社会政治学说传入中国并得到相当规模的传播,政党有了一个较大的发展。不但速度是空前的,而且有较浓的结社自由、合法反对、公平竞争色彩,其外在形式在一定程度上接近于西方式的竞争性政党政治模式。尤其1911年辛亥革命胜利以后,人民获得了结社组党、参与政治的权利,民主空气空前高涨,出现了"集会结社,犹如疯狂,而政党之名,如春草怒生,为数几至近百"的局面。遗憾的是,这种对政党的热情来得快,去得也快,短暂得令人惊讶。成立政党的浪潮不到两年便偃旗息鼓、戛然而止,此后"政党之名,报章论坛,绝鲜有人称述",确实称得上是昙花一现。造成这种现象的原因,说到底,还是由于直接把西方政党政治搬到中国并不适合中国的国情,故而只能以失败告终。

后来中国政党政治的发展,沿着两条线进行。这两条线时而交错,时而分离,相互影响。中国政党体制的形成和变化,都和这一影响直接有关。

一条线是中国国民党。1894 年 11 月,孙中山在美国檀香山发起,建立了兴中会。1905 年 8 月,他又在日本把兴中会和华兴会、光复会联合在一起,成立了中国同盟会。这是中国的第一个资产阶级政党。同盟会提出"驱除鞑虏,恢复中华,创立民国,平均地权"作为自己的纲领,并指导各地革命党人举行了一系列反清武装起义,最终在 1911 年 10 月成功发动了辛亥革命,推翻了封建统治,建立了中华民国。按照孙中山等人的设想,中华民国应当按照西方国家模式,实行多党制。但是,革命胜利的果实很快被北洋军阀所篡夺,多党民主政治的幻想在现实中破灭了。此后,孙中山把中国同盟会发展为国民党,又把国民党发展为中华革命党,再把中华革命党发展为中国国民党,并先后领导了"二次革命"、护国运动和两次护法运动,但这些行动均告失败,说明孙中山带领的国民党没有找到中国民主政治的出路。直到中国共产党出现后,情况才发生了根本变化。

另一条线是中国共产党。1921 年 7 月,在共产国际的帮助下,中国共产党诞生了。中国共产党以共产主义为自己的最终目标,坚信中国革命应当"走俄国的路"。中国社会半殖民地半封建的性质,决定了这条路分两步走:"第一步,改变这个殖民地、半殖民地、半封建的社会形态,使之变成一个独立的民主主义的社会。第二步,使革命向前发展,建立一个社会主义社会。"①而民主主义这一步也不同于孙中山的旧民主主义,即一般的民主主义,而是中国式的、特殊的、新式的民主主义,是新民主主义。新旧民主主义的区别在于:这个新民主主义属于世界无产阶级社会主义革命的一部分,所以应当由无产阶级及其政党来领导。正如毛泽东所高度概括的,"这种革命,已经不是旧的、被资产阶级领导的、以建立资本主义的社会和资产阶级专政的国家为目的的革命,而是新的、被无产阶级领导的、以在第一阶段上建立新民主主义的社会和建立各个革命阶级联合专政的国家为目的的革

---

① 《毛泽东选集》第二卷,第 666 页。

命"。① 可以看出,上述关于中国革命道路的设想,和后来形成的共产党领导的多党合作制在逻辑上有着密切的关联。

按照这一思路,共产党必然寻求与包括国民党在内的其他革命政党的联合。而正处在摸索中的国民党也迫切希望得到有中国工人阶级和农民做后盾的共产党的支持,共同对付控制着全国政权的北洋军阀。这种相互需求促成了第一次国共合作的实现。中共向孙中山提出了按民主原则改组国民党的建议。1922 年 8 月,中共中央决定共产党员以个人名义加入中国国民党,帮助、促进、推动孙中山领导的国民革命运动。1923 年 6 月,中共三大决定全体共产党员以个人名义加入国民党,以建立各民主阶级的统一战线。这些行动成为改组国民党的实际步骤。1924 年 1 月,国民党召开一大,通过的宣言接受了共产党提出的反帝反封建主张。国民党一大不但表明国民党的改组基本完成,也标志着以国共合作为基础的民族民主革命统一战线的正式建立,它有力地推动了国民革命运动的发展。

然而,孙中山的逝世使得形势出现了变化。国民党内部左、中、右三派之间的矛盾暴露出来,并直接体现在对国共合作的态度上。这种矛盾斗争最终演化为蒋介石、汪精卫于 1927 年 4 月和 7 月发起的两次反革命政变。政变把枪口指向共产党人,不但宣告了国共第一次合作的破裂,而且导致了正在轰轰烈烈进行着的大革命的失败。从此中国政治舞台上形成了三大不同类型的政治力量的角力:一是代表帝国主义和大地主、大资产阶级利益的国民党;二是代表工人阶级、农民阶级和广大劳动人民利益的共产党;三是夹在国共两党之间的代表民族资产阶级、城市小资产阶级和知识分子等中间势力的其他党派。国民党歪曲、背叛孙中山的思想,一意孤行地实行独裁统治,共产党则走上了武装反抗国民党统治的道路。中间势力摇摆于两者之间,一方面不满国民党独裁,另一方面又对共产党领导的工农革命心怀恐惧。

三种力量的较量,随着国内外形势的变化而变化。当国民党的独裁统治成为影响中国社会发展的主要障碍时,共产党与愿意合作的阶级、政党结成统一战线共同反对独裁就有了可能。当中国面临日本帝国主义的全面侵

---

① 《毛泽东选集》第二卷,第668页。

略和空前严重的民族危机时,各种政治力量之间的分化和组合加剧了。1935 年 8 月,中国共产党适时提出了全国人民团结起来,停止内战,一致抗日,组织国防政府和抗日联军的主张,得到其他进步政治力量的积极响应。如国民党左派成立的中国国民党临时行动委员会(1935 年 11 月改称中华民族解放行动委员会),海外美国华侨成立的中国致公党,宋庆龄、沈钧儒、邹韬奋等发起成立的全国各界救国联合会(后改名中国人民救国会)等。1937 年 7 月 7 日抗日战争的爆发,使得全民族团结抗战成为绝大多数中国人的共识,也成为对仍然不肯放弃反共内战政策的国民党统治集团的强大压力。迫于这种压力,国民党最终承认了共产党的合法地位,标志着抗日民族统一战线的形成和第二次国共合作的开始。

第二次国共合作促进了全民族团结抗战,也促进了政治民主的发展。根据各方要求,包括国共两党在内的各党派和无党派代表人士共同组成了国民参议会,这成为各种政治力量活动的平台。国民党顽固派坚持一党专政和消灭异己的政策,反倒促进了在这个平台上共产党与其他党派的合作。1939 年 11 月,一些知名人士以"调解国共纠纷"为宗旨,发起成立统一建国同志会,呼吁团结抗日、实行宪政。统一建国同志会成为后来成立的中国民主政团同盟的基础,1944 年 9 月,该同盟改名为中国民主同盟。国民党和共产党在抗战中的不同表现,使各民主党派和各界爱国人士一方面对国民党失望,另一方面和共产党的合作关系得到发展和加强。与此同时,中国共产党在陕甘宁边区也对与党外人士民主合作进行了积极探索,并在党领导的抗日根据地建立了"三三制"的政权组织形式。所谓"三三制"是指,在参议会和政府中,共产党员、进步分子和中间势力的代表各占三分之一,团结合作,推进抗战和根据地建设。实践表明,这是一种非常成功的形式。它既把大多数抗日力量团结在了一起,充分体现了抗日民族统一战线的特点和要求,又保证了由共产党和其他进步力量联合而形成的优势,对共产党执政后的多党合作制的确立具有直接的启示作用。

抗战胜利后,共产党和各民主党派提出了结束国民党一党专政,实现国内和平,成立民主联合政府,建设独立、自由、民主的新中国的主张,国民党统治集团则拒绝这一主张,企图继续推行反共独裁的政策。这就又使民主还是独裁的选择成为各政治势力较量的焦点。实际上,这也是随后进行的国共谈判的本质内容。民主党派作为"第三方面",积极呼应共产党的主张,开展了各种活动,在对国民党形成压力的同时,也发展了自己的组织。在这期间,除了已经存在的中国民主同盟、中国致公党而外,后来作为多党合作制主体的其他几个民主党派也都先后建立,如 1945 年建立的民主建国会、中国民主促进会,1946 年建立的九三学社,1947 年建立的由中华民族解放委员会改名的中国农工民主党、台籍人士组成的台湾民主自治同盟,1948年建立的中国国民党革命委员会等。蒋介石国民党发动内战后,这些民主党派纷纷丢掉了对国民党统治集团的幻想,逐步放弃了"中间路线",倒向了共产党一边,从另一条战线开展了反对国民党反动派的斗争,从而形成了共产党领导、民主党派与共产党亲密合作的基本格局。解放前夕,这些民主党派参加了中国共产党发起的新政治协商会议筹备会和中国人民政治协商会议,人民政协成了共产党和民主党派共商国是的重要场所。所以,人民政协的成立,标志着共产党领导的多党合作和政治协商制度的正式形成。

## 二、共产党领导的多党合作制的特点

中国共产党领导的多党合作制是在中国民族独立和解放的进程中形成的一种独特的政党体制,有着和其他政党体制不一样的特点。其显著特征是"共产党领导、多党派合作,共产党执政、多党派参政"。概括起来,共产党领导的多党合作制的特点主要体现在以下三个方面。

### (一)中国共产党是多党合作的领导者

多党合作制中的各党,不是西方政党体制中那种各自为政的政党,而是共产党在其中起领导作用、其他党派自觉接受共产党的领导。共产党和民主党派在法律地位上是平等的,但政治上不是平起平坐的,而是领导和被领导的关系。共产党拥有独享性的执政权。

中国共产党的这种领导权,首先来源于我们国家的社会主义性质。中国共产党取得政权后,建立了工人阶级领导的国家,在我国确立了社会主义制度。我国走上社会主义道路,是顺应时代潮流作出的选择,体现了历史发展客观规律的要求。社会主义方向要靠共产党来把握和引领。所以,坚持共产党的领导,是坚持走社会主义道路的基本前提和政治基础,也是我国多党合作制的基本前提和政治基础。

其次,中国共产党在多党合作中的领导权,也是由党的性质决定的。中国共产党是工人阶级的先锋队,同时是中国人民和中华民族的先锋队,这是中国共产党和民主党派的不同点。突出体现在:一方面,共产党代表着中国最广大人民根本利益。只有共产党制定的理论、路线、方针和政策,才具有高度集中而普遍的代表性,其他政党无法做到这一点。另一方面,中国共产党由中国工人阶级和广大人民中最先进、最有觉悟、最有战斗力的分子所组成。共产党的成员来自年满 18 周岁以上的工人、农民、军人、知识分子和其他社会阶层的先进分子,民主党派则基本不在工人、农民、军人中发展党员。共产党作为来自大多数人、反映大多数人利益的代表,顺理成章地成为整个社会的领导者和多党合作的领导者。

再次,中国共产党在多党合作中的领导权,已经由历史所反复证明。为了摆脱贫穷、落后、挨打的局面,中国近现代史上有不少仁人志士苦苦寻求救国救民的途径,也有不少政党献身其中。但是,这些政党和政治精英都未能找到问题的答案。只有在中国共产党出现后,中国革命的面貌才为之一新。中国共产党能在各种政治力量的较量中脱颖而出,不是靠强力,也不是靠一时的强大,而是靠自己主张的正确和赢得人民的信任和支持。中国共产党把马克思主义的普遍真理与中国革命的具体实际相结合,找到了中国革命胜利的道路;中国共产党把马克思主义与中国建设的具体实际相结合,找到了建设中国特色社会主义的道路。各民主党派、特别是其中的老一代成员亲历了中国共产党从小到大、由弱变强的发展过程,切身体会了没有中国共产党就没有新中国,就没有中国特色社会主义事业的发展,就没有中华民族的伟大复兴的道理,因而高度自觉地接受中国共产党的领导。

### (二)民主党派是友党和参政党

在共产党领导的多党合作制中,民主党派作为政党参与其中。但是,和西方的多党体制不同,民主党派既非执政党联盟意义上的一个成员,也非在野党或反对党。它们是参政党。多党合作制中的民主党派有以下几个特点:

首先,参政党行使参政权。参政党不同于执政党。执政党掌握着国家各级政权的领导权,在国家政治生活中发挥领导作用;参政党主要通过与执政党进行政治协商,通过履行参政议政、民主监督职能,通过部分党员参加国家政权在国家政治生活中发挥作用。例如,在政府中安排民主党派人士担任职务,是民主党派参政的一个重要体现。在许多县级以上地方政府机关,都有参政党成员担任领导职务,直接参与国家和地方事务的管理。在国务院有关部委,有参政党成员出任领导班子成员;在涉及行政执法监督、与群众利益密切相关、紧密联系知识分子、专业技术性较强的各级政府工作部门,有参政党成员担任领导职务;各级法院、检察院,也已经配备了有些参政党成员担任领导职务。据统计,到2005年3月,担任各级政府和司法部门县处级以上职务的党外人士有3.2万人,其中绝大多数是参政党成员。但民主党派的参政权是一种从属性、辅助性的权力。既不是参与执政,更不是联合执政。

其次,各民主党派与共产党在政治目标和根本利益上具有一致性,并且经历了长期革命和建设实践的考验。民主党派的活动不是以取得执政权为目的,而是围绕维护共产党的执政地位、帮助共产党加强和改善党的领导。所以,各民主党派既不谋求执政地位,也不谋求在各级人大和政府中占有多数席位,而是参加国家政权,参与国家大政方针和国家领导人选的协商,参与国家事务管理,参与国家方针、政策、法律、法规的制定执行,积极发挥参政议政和民主监督作用。

再次,参政党在政治上接受中国共产党领导,遵循中国共产党提出的社会主义初级阶段基本理论、基本路线、基本纲领,同时代表和反映各自成员所联系的群众的具体利益和要求。民主党派具有自己的特色,在国家政治生活中起着执政党不可替代的作用。突出体现在两个方面:一是在人员组成上,其成员在社会阶层和群体中的分布具有广泛性,是执政党无法全部包括的。例如,民革的成员主要是同原中国国民党有关系、同民革有历史和社会联系、同台湾各界有联系的人士;民盟成员主要是从事文化教育工作的高中级知识分子;民建成员主要来自经济界;民进成员主要来自文化、教育和出版界;农工民主党成员主要是医药卫生界的中、高级知识分子,致公党成员主要是归侨和侨眷;九三学社以中、高级科技工作者为主;台盟成员均是在大陆的台湾省籍人士。二是在思想政治方面,参政党有比执政党更广泛的包容性。参政党成员不一定完全接受执政党的理想和指导思想,但在拥护社会主义、维护祖国统一等基本基本立场上与执政党一致。参政党可以把这些人接纳到共产党领导的爱国统一战线中。多党合作之所以必要,就是因为民主党派具有这种进步性和广泛性相统一的特点。

### (三)共产党和民主党派之间是合作和协商关系

在多党合作制中,共产党和民主党派之间不是相互竞争的关系,而是合作和协商的关系。这种合作关系强调以合作、协商代替冲突,体现合作、参与、协商、包容精神,是在长期革命和建设的实践中形成的。

在西方式的多党制中,每个政党都代表着一些特定群体的利益。这些利益之间的矛盾体现为各政党之间的斗争。所以,各政党免不了要明争暗斗、相互攻击。在我国,民主党派的情况则不同。建国之初,民主党派是小资产阶级和城市资产阶级性质的政党。说它们是小资产阶级政党,是因为它们往往以小资产阶级知识分子为主要成分。如中国民主同盟、中国民主促进会、中国农工民主党、九三学社等。而属于资产阶级政党的有中国国民党革命委员会、中国民主建国会等,它们的主要成分是资产阶级知识分子和民族中产阶级工商业者。但随着后来社会主义建设事业的推进,社会阶层构成发生深刻变化,建国初期的民族资产阶级经社会主义改造已不复存在,知识分子也成了中国工人阶级的一部分。在这样的情况下,民主党派的性质也发生了根本改变。正如邓小平指出的,我国各民主党派"都已经成为各自所联系的一部分社会主义劳动者和一部分拥护社会主义的爱国者的政治联盟,都是在中国共产党领导下的为社会主义服务的政治力量"[1]。由此,民主党派的性质也发生了重大的变化,已经成了社会主义性质的、致力于中国特色社会主义建设事业的政党。因此,民主党派与中国共产党无论是在根本利益上,还是在政治目标上,都是一致的。这就决定了中国共产党和民主党派之间的关系是合作、共事的关系,而不是政治竞争的关系。

共产党和民主党派互相监督,是这一政党体制的重要内容。当然,这种

---

[1] 《邓小平文选》第二卷,第186页。

监督不是一般的民主监督。它是民主党派在团结合作的政党关系基础上,通过民主的方式对共产党实行的一种政治监督,是一种非国家权力性质的监督,是以帮助共产党更好地执政为目的的监督。有学者对民主党派民主监督的主要方面作了概括:在政治协商中,就党和国家重大决策和重要方针政策制定过程中的有关问题提出意见、建议和批评;在高层次、小范围的谈心会上,民主党派主要领导人就重大问题向中共中央和地方党委主要负责人提出意见、建议和批评;在政协会议上,以党派名义就各方面的问题提出意见、建议和批评;民主党派的政协委员在政协各种会议上发言,并通过视察、调查和提交议案来实行监督;在调查研究的基础上就国家和地方政治、经济、社会生活中的重大问题提出意见、建议和批评;参加政府有关会议和活动、参与有关法律的制定,提出意见、建议和批评;民主党派成员应邀担任司法机关和政府有关部门的特约人员,发挥监督作用;等等。①

## 三、坚持和完善中国共产党领导的多党合作制

　　中国共产党与民主党派在共同的革命斗争中建立的密切合作关系,为共产党执政后实现政党体制创新提供了良好条件和前提。遗憾的是,和整个国家的发展一样,我国政党体制的发展也出现了大的曲折。从 20 世纪50 年代后期开始,受"左"的思想的影响,政党体制走进了歧途。民主党派成了被批判和改造的对象,在国家政治社会中的作用受到严重限制。特别是"文化大革命"时期,民主党派更是完全从政治生活中消失。直到进入改革开放时期,民主党派的活动才重新得到恢复和发展。

　　在改革开放的 30 年里,共产党领导的多党合作制得到了长足的发展。民主党派恢复了活动,执政党加强了对多党合作的指导。1989 年 12 月颁发的《中共中央关于坚持和完善中国共产党领导的多党合作和政治协商制度的意见》,是指导我国多党合作事业的第一个纲领性文件。2005 年 2 月,又出台了《中共中央关于进一步加强中国共产党领导的多党合作和政治协

---

　　① 李金河、郑宪主编:《民主党派和无党派人士关注的 20 个理论问题》,中央编译出版社 2006 年版,第 20 页。

商制度建设的意见》,强调和突出了制度化、规范化和程序化的要求。总体看来,中国共产党领导的多党合作制得到不断发展和完善,民主党派在我国政治生活中的作用日益重要,成为我国社会主义民主政治发展的重要内容。

与此同时,随着中国特色社会主义继续向前探索,多党合作的实践也遇到了一些新问题,需要继续研究、思考和进一步完善。中国共产党领导的多党合作的政党体制具有巨大的包容性,有进一步发展的巨大空间。要把这些空间充分利用起来,就必须重视存在的问题,针对这些问题,加大理论探索和实践创新的力度。概括起来,这些问题包括:

第一,民主党派的独立性尚未得到充分体现。共产党与民主党派的领导和被领导关系,使得民主党派对执政党的路线方针政策高度认同,处处体现与执政党的一致性。这对于巩固执政党的地位、维护执政党的权威无疑是有利的。但带来的另一方面的消极后果,就是民主党派自己的政治面貌不清晰。公众看不清民主党派的特色,自然会对民主党派的作用产生怀疑,进而也会在对共产党领导的多党合作制的认同上打折扣。此外,民主党派的代表性也不明显。改革开放以来,随着市场经济的发展,我国社会结构发生深刻变化,这给民主党派的发展提供了机遇。但在民主党派队伍得到发展的同时,民主党派的代表性也在淡化,不如过去明显了,在民主党派之间,甚至民主党派和执政党之间,都出现了大量的相互交错和重叠。保持自己特色,才显出民主党派存在的必要。没有了特色,等于失去了存在的价值。如何坚持特色、发挥优势,在本领域、本行业的发展变革献计献策,是一个需要继续深入研究的问题。

第二,民主党派对执政党的认同基础正在发生变化。过去民主党派接受共产党的领导,主要靠的是历史合法性的延伸,且有一批在与共产党的真诚合作中对共产党自觉认同的老一代成员。这是多党合作的宝贵遗产。但是,随着时代变化和前进,这些遗产已经不够用了。成员结构的变化,给多党合作制本身带来了新的挑战和问题。年轻知识分子的比例大大增加,思想状况出现许多新的特点。中青年成员思想活跃,有现代知识结构,有开拓精神,对于更好地发挥民主党派在发展社会主义民主政治中的作用会有很大的促进作用。但和民主党派的老一辈成员相比,新一代对民主党派与中国共产党通力合作、共同奋斗的历史和传统了解不深,缺乏同中国共产党长期合作、患难与共的经历和体验,对民主党派在国家政治生活中的地位和作用把握不准确。还有个别人对多党合作制的必然性、合理性和优越性缺乏深刻认识,甚至持怀疑态度。这种情况,一方面说明,需要加强理论学习和教育,特别是对民主党派年轻一代的教育;另一方面也说明,执政党需要在坚持共产党领导的多党合作制方面探索和构建新的合法性基础。这是一项艰巨的但又迫切需要去解决的重要任务。

第三,多党合作方面的民主有待进一步完善。民主党派参政议政,是发展中国特色社会主义民主政治的重要方面。在这方面,民主党派大有可为。现在,民主党派参政议政的原则都很明确,在具体做法上也积累了不少成果和经验。但在实践中,也有不少问题需要进一步解决。例如,要扩大参政党的实质性参与,就应当让它们有更多的知情权。而在参政议政过程中,民主党派反映,最大的问题就是知情权不够。民主党派成员往往在获得执政党的党委和各级政府活动的有关信息方面受到种种限制,结果往往由于知情权不畅而使得参政议政流于形式。在各级政府和一些领域,建立有民主党派特约监督员制度。但由于得不到足够的信息,这种监督就成了一种“虚监”。这就说明,非常需要相应建立能够使各级政府与民主党派对话、政府有机会向民主党派通报有关工作情况和提供必要材料的制度,给知情权以制度保证。

第四,对民主党派参政尚需从民主政治规律的高度进行研究。西方多党制有其难以克服的弊端。因此,我们完全没有必要照搬照抄。但是,这不等于我们可以忽视其运行中体现的一些民主政治的机理。西方一些人不认可我国的政党体制,敌对势力也攻击中国民主党派是“花瓶”和摆设,固然有其根深蒂固的政治偏见和图谋,但也说明我们的体制确实有需要进一步改善的地方。例如,西方体制中在野党、反对党的存在,一项很基本的功能就是对执政党使用公共权力的行为进行监督。由于有取代执政党执政地位的预期,在野党的监督力度非常之大,有效降低了滥用权力现象发生的几率。在我国制度条件下,我们当然不能把民主党派摆在可以取代共产党执政的位置上。但问题在于,我们用什么来弥补由此带来的监督力度不够的问题?我们虽然不断强调加强民主党派对执政党的民主监督,在实践中也想了很多措施和办法,但实事求是地说,监督力度不够的问题依然没有得到解决。

　　第五,执政党在发挥民主党派作用问题上的政治意识需要进一步加强。中国共产党是多党合作的倡导者和领导者,也是多党合作发展的主导者。中国共产党在多党合作问题上的认识达到什么样的程度,对多党合作重视到什么样的程度,多党合作的水平就能上升到什么样的程度。在这方面,同样存在一些问题。在执政党内,既有一些干部对多党合作制的意义和多党合作的必要性缺乏认识、重视不够的现象,也有党的部门对民主党派的组织事务干预过多、包办过多的现象。追根寻源,这些现象之所以存在,主要还是对多党合作的认识有偏差、不到位,上升不到发展社会主义民主政治的高度,上升不到共产党科学执政、民主执政、依法执政的高度。一个党执政能力再强,也不可能包揽一个国家的全部事务。因此,发展民主是社会利益多元化趋势下的一条根本路径。从这个角度讲,在共产党领导下,使民主党派能够独立自主地行使宪法和法律允许范围内的各种权利,既是共产党领导和支持人民当家做主的一个重要方面,也是中国特色社会主义民主政治建设的一个重要方面。执政党应当为发挥民主党派作用提供更大的空间,给民主党派一定的自由发挥的余地,而不应对民主党派的事务包办代替,切实使共产党的领导体现为政治领导,即政治原则、政治发现和重大方针政策的领导。

# 第三部分　政治体制中的政党

# 第十章　政党与国家权力

政党的生存和发展,始终是和国家权力联系在一起的。政党首先以对国家权力的运行施加影响为目标,并且一直是现代民主政治背后的主要推动力量。反过来,政党为人们所诟病,也多半是由于政党越过了自己的位置,影响了国家和政府的健康运转,使国家权力的运行发生变形。所以,政党如何处理与国家权力的关系,向来是政党政治研究中人们高度关注的一个课题。

## 一、政党与国家权力的基本关系

在学者的文章和著述中,政党与国家权力的关系,因侧重面的不同,有若干种不同的表达方式,如政党与国家,政党与公共权力,政党与政府,等等。在把国家、公共权力、政府这几个概念和政党联系起来使用时,我们往往强调的是这些概念中和权力有关的内容,如法律、立法司法系统、行政管理机构等。而就每个概念本身而言,它们还有除此之外的其他含义。例如国家往往强调一个物质的政治系统及其控制的疆域,公共权力往往强调它应具备的公共性及由此带来的道义上的正当性。至于政府这个概念,人们往往在广义(包括立法、行政、司法、监督等系统)和狭义(只指行政)的层面上交替使用,因而经常会带来一些误解,以为在说到"政党和政府"时,指的只是政党和行政权力的关系。所以,为了避免这种不必要的混乱,本书采用"政党与国家权力"这个更加一目了然的概念。

政党因国家权力而存在。政党的第一目标就是掌握国家权力,或者对国家权力的运行过程施加影响。政党与国家权力的关系始终围绕这一主题而展开。

根据政党对现存国家和政治体制的态度和认识不同,政党取得国家权力的路径不同,政党与国家权力的关系可以分成三种不同的类型。我们分别称之为"政党—国家对抗型"、"政党—国家对立型"和"政党—国家互动型"。

第一,政党—国家对抗型。在这种类型中,政党不认同当前国家权力的合法性,不承认现有的基本政治制度,其目的不只是要获得执政地位,而且希望改变国家的性质。与此相应,国家也不认可该政党的合法性,通常会对该政党危害和颠覆国家权力的行为进行强制和制裁。因此,这类政党往往处于非法地位。政党和国家权力处在一种对抗的状态,是这一类型的显著特点。

这种对抗呈现两种形式:一是暴力对抗。因为这样的政党为统治阶级所不容,往往会受到统治者的武力镇压,因此,政党的执政地位往往需要通过暴力和革命手段才能获得。共产党领导下的革命斗争,如中国共产党领导的民族民主革命,俄国布尔什维克党领导的十月革命等,都属于这种类型。共产党所要追求的不只是掌权,而是要改造社会。要建立的是和已有的资本主义制度、封建制度、殖民地制度都不相同的社会主义社会。二是非暴力斗争。政党不采用暴力手段,而是使用和平的手段,来实现改变国家性质的目标。典型者如印度国民大会党。该党把摆脱英国殖民统治、实现民族独立、建立民族国家作为奋斗目标,基本途径是"非暴力、不合作",强调"非暴力民族主义"与"理智的和平主义"的价值观。

第二,政党—国家对立型。在这种类型中,政党反对当前的国家制度或政治体制,把改变当前国家制度作为党的重要目标。但同时强调利用合法手段来实现这一目的,其活动在国家宪法法律规定的范围内进行。作为回应,国家允许这类政党合法存在。这种政党,通常被称为"反体制政党"。"反体制政党"和前面类型中的非法政党都是体制外政党,不同之处在于,反体制政党在合法政党之列。

比较典型的反体制政党是西方国家的共产党和极右翼政党。例如20世纪后半期以"欧洲共产主义"著称的西欧共产党。欧共坚持反对资本主义、建设社会主义的立场,但认为可以通过在民主进程范围内的不断斗争,和平、民主地走向社会主义。这种进程通过和平的而非暴力的途径来实现,基本方法是把议会内斗争与议会外群众斗争相结合。在一系列有关阐述中,意大利共产党领袖陶里亚蒂的"结构改革说"反映了一种得到广泛认同的思路,即:通过议会斗争和群众斗争相结合的合法途径,争取群众大多数的支持,逐步改变国家内部的均势和结构,使工人阶级及其同盟者取得对国家政治经济生活的领导,以和平民主的方式对全国的政治经济结构进行逐步改革,在宪法规定的范围内向社会主义过渡。

极右翼政党是另一类反体制政党,近年来有所发展。这类政党和战前的法西斯主义在思想上有一定的渊源,所以有时被称为新法西斯政党。但是它们以不再公开支持暴力为前提获得合法存在,这是和传统法西斯政党的不同点。极右翼政党的立场可以通过它们的主张看出来。例如,法国勒庞领导的国民阵线鼓吹民族主义和种族主义,强调"种族是不平等的",要求遣返移民,提出"法国和法国人优先"。奥地利海德尔领导的自由党以推动公投为工具,以鼓吹右翼平民主义和民粹主义诉求为手段,公开宣传国家社会主义政体,甚至有公开为纳粹德国辩护的言论。

第三,政党—国家互动型。在这种类型中,政党在现有政治体制内活动,作为民主参与的工具发挥作用。国家权力在得到民众认可的前提下被委托给一个或一些政党,另一些政党则依法对执政党及国家权力的运行进行监督。这些在现有政治体制中活动的政党,通常被统称为"体制内政党"。政党—国家互动类型是我们要着重研究的内容。

需要指出的是,政党和国家权力关系的类型不同,往往会对后来格局发生变化的政治体制产生很大的影响。对政党—国家对抗这种类型来说,尤其如此。处在对抗地位的政党一旦执政,政党与国家权力的关系就发生了由抵抗型向互动型的转变。与此同时,这类政党所在的国家,又往往是现代民主政治和现代政党体制未能建立、或未完全建立的国家。这两个因素放在一起,就会出现和民主政治已经较成熟的国家很不相同的情况。由此产生的政党和国家的逻辑关系是:先有政党,再设立目标,再建立政治体制,再发展经济,最后发展民主政治。当然,从理论上说,政党和国家是互动的:政党控制国家的运作,国家也影响着政党的活动。但是,在先有政党、后有政府的情况下,两者的地位不同。政党是第一位的,政府是第二位的。这就使执政党在民主政治尚未建立的很长一段时间里,具有强大的支配权力的力

量和可能性。执政党几乎可以决定一切事情：不但操纵政府的运作,而且对
整个政治体制的构建起着决定作用。就是说,事实上存在着党处于支配地
位,而政府处于从属地位的状况。此外,由于旧有的政治体制被完全摧毁,
旧有的利益格局被打乱,执政党必须担负起重新安排这种格局的任务。和
继承原有体制的情况不同,新格局的建立,往往要经过各社会阶级、阶层、集
团和群体之间的重新较量、讨价还价才能完成,其中不乏激烈的阶级冲突和
其他矛盾冲突。在这种情况下,执政党有时不得不利用手中的权力,强制性
地解决这种冲突,以避免造成新的社会动乱。这进一步强化了执政党对于
国家(政府)的优势和支配地位。我国的政党—国家权力关系就经过了这
样的历程。由这些变数带来的新情况新问题,需要研究者格外注意。

在对政党与国家权力关系的基本内容有了一个比较全面的把握之后,
我们在后面的章节中不再继续讨论体制外的政党或反体制政党以及它们和
国家权力的关系,而把探讨的关注点放在体制内政党与国家权力的关系上,
其中又以执政党与国家权力的关系为要。

## 二、政党与国家权力的形成

在政党政治条件下,政党与国家权力的关系体现在国家权力运行的全
过程中,包括权力的形成,决策,执行,以及对国家权力运行的监督。我们先
来看国家权力形成过程中政党与国家权力的关系。

国家权力形成的关键环节是授权。政党要通过对授权环节的控制,完
成向国家权力机关输送精英的过程,为政党控制整个国家权力的运行奠定
基础。在民主政治中,这种授权的主要形式是选举。因此,控制选举成为政
党影响国家权力形成的主要途径。

### (一)参加选举是政党的最主要活动

选举对于政党、特别是执政党有着重要的意义：它能够强化公共权力的
合法性；它为公民参与政治提供了一个重要平台；它是强化人们对政治体制
认同的一次巨大的政治动员；它是各参选政党的治国战略不断完善的过程；
等等。正因为如此,政党通常都把参加选举当做党的活动最重要的内容之

一。特别是在西方国家,在选举年,不但党的常设机构要充分动员起来,而且许多政党都成立专门的选举指导机构,制定和实施本党的选举战略和策略。每当选举期到来,政党便大张旗鼓地宣传、造势,争取在选举中取得好的成绩。党内外的各种会议频频召开,党的积极分子活动频繁,党的候选人四处游说、笼络选民。政党正是通过这些活动,来控制、操纵选举,以保证为议会和政府输送忠于本党利益的人选。

西方政党围绕选举开展活动的特点比任何其他国家的政党都更为突出。例如,在美国,两党的组织完全是根据选举的需要而设置的。组织形式完全服从"一切为了竞选"的原则。两党的组织机构,用美国学者的话说,"体现了全力进行——甚至是着迷于——竞选的政党之组织上的需要"。[①]党的基层组织建立在投票区之上,主要针对选区选民开展活动。投票区又叫基层选区,是美国各类选举的最低一级区划,人数在200—600人之间,每区设有一个投票站。党的基层选区委员会一般设男女委员各一人,男为领导。他们的任务,就是拉拢选民,为选民做事,提供各种服务。委员或是由高一级的党机关任命,或是地方党的核心会议或通过预选选举产生。基层选区委员会的上一级是区域委员会,其中很大一部分同样是按选区划分的,如众议员选区、州议员选区、上诉法院选区、地方法院选区的委员会等。另一部分按行政区划分的委员会,主要任务也是组织竞选:协调、指导和监督竞选活动,并在本地选举中提出候选人名单及其纲领。有的委员会的竞选机构还配备有几十名专事游说、拉选票活动的委员。州一级委员会的主要职责也无一不与选举有关,如筹集竞选经费,提出本州州长、州议员的候选人,主持本党在该州的竞选等。四年召开一次的两党全国代表大会同时也是总统候选人的提名大会。它在总统选举年大选之前召开,主要任务是提出本党的总统、副总统候选人。候选人一经确定,便成为本党的领袖。由各州代表团推选产生的全国委员会是两党的全国最高级机构,实际上由各州派代表产生,其职责是部署和指挥全国的竞选活动,筹募竞选基金,筹备和召开党的全国代表大会。但其主席由总统候选人推荐,再由全国委员会作形式上的批准,这就更加保证了其活动不偏离组织竞选这个中心。为了

---

① 王长江:《世界政党比较研究》,中共中央党校出版社1996年版,第233页。

组织竞选,全国委员会设有各种各样的研究和工作机构。所以,全国委员会与其说是一个党务机构,不如说是政党的竞选办公室。甚至在国会两院两党都设有竞选委员会。委员会的组成有法定的形式,如众议院竞选委员会一般由每州推选一两名本党议员组成,而参议院竞选委员会则由党团领袖指派,由 5 人(民主党)或 7 人(共和党)组成。竞选委员会的主要任务是为两院的本党议员竞选连任提供经济援助。

　　西方其他政党的情况看上去有所不同。对社会民主党来说,参加竞选只是党的活动的重要内容之一,但不是全部。党的组织也不是完全按选举的需要建立。基督教民主党在这方面也有区别。例如,从理论上说,基督教民主党的议会党团都不是党的最高领导机构。意大利天民党党章规定,只有全国代表大会才是党的最高机构,议会党团和全国委员会、执行局、书记处一样,是党的一个工作组织。德国基民盟规定,党代表大会是党的最高机关,它的决定对议会党团和基民盟领导的各级政府都有约束力。不过在实际运行中,竞选在这些政党的活动中占据的重要地位还是显而易见的。在大选中产生的议会党团往往占有比党的其他机构更为重要的位置。例如意大利天民党规定,当政府发生危机时,执行局要负责制定出党对危机想要采取的立场,但这必须经两院议会党团领导人的同意,然后才是全国委员会确认议会党团和执行局作出的决定。这实际上赋予了议会党团和执行局同等的地位。天民党还规定,当需要天民党执政时,由议会党团决定谁能出任政府总理。德国基民盟也早在 20 世纪 70 年代就进行了一次重要的力图把议会党团变成党的决策中心的改革。①

### (二)选举制度对政党的规范

　　政党通过介入选举影响国家权力的形成,反过来,选举也把政党作为不可替代的主体。在选举制度中,通常给政党留有重要的位置。我们看到,在选举制度比较成熟的国家,不管选举方式本身有何差别,但都以政党的参与为依托,政党参与选举被制度化了。

　　法律对政党参与选举的规定,有成文法和惯例两种形式。美国和英国

---

① 〔英〕罗纳德·欧文:《西欧基督教民主党》,上海译文出版社 1987 年版,第 247 页。

是典型的以惯例来规范政党参与选举的国家。虽然宪法和选举法没有直接规定政党的地位,没有对政党参加选举的系统要求,但是许多规则显然是以政党活动为前提的。政党的活动不是时有时无,不是变得无关紧要,而是渗透到选举的各个环节。例如,美国实行初选,而初选的基本主体就是政党。预选首先是两个主要政党的行为,是两党各自在内部酝酿总统或议员候选人的过程。各州的预选,通常根据两党提出的要求来举行。州的选举委员会,也通常由两党共同组成,其3名负责人中,议会多数党2人,少数党1人。所以,选举实际上是美国公众在看两党为他们挑选掌权者:先在两党内部进行竞争,然后在两党之间进行较量。只是在两党的激烈竞争宣告结束、大局已定,法定的大选才开始。安排在11月份的美国大选,与其说是要决定谁是美国总统,不如说是要美国大众给两党经过角逐选出的总统提名人一张执掌权力的许可证。又如,按照规则,总统由各州派出的选举人团选出。选举人团名单通常按"胜者得全票"的原则,由获胜的政党确定。选举人通常要按政党的集体意志投票。在选票中,通常要标明候选人的党派归属。在英国,每个政党都积极支持本党党员参加各选区的议员竞选。然后,按照惯例,在议会下院中获得多数席位的政党成为执政党,其领袖由国王任命为内阁首相,再由首相提名上、下院中的本党议员出任内阁大臣。未获胜的在野党则成为法定的反对党,组织和内阁相对应的"影子内阁",监督执政党的活动。

和英、美不同,德国以成文法的形式把政党的地位明确地规定下来。按照有关法律,德国选民拥有"第一轮选举"和"第二轮选举"的双重选举权。第一轮选举体现选民的"直接委任",由选民在本选区直接投票选举一名议员,得到相对多数票的人即可当选。这种直接选出的议员占联邦议院议员总数的一半。在第二轮选举中,选民按州把票投给参加竞选的政党,而不是个人。计算票数后,各政党根据所得选票在德国境内全部有效选票中所占的百分比,按比例分配直接选举后剩余的一半议席。实际上,这两轮选举都离不开政党。第二轮投票投给政党,自然完全由政党控制,这无须解释。第一轮选举看似与政党无关,但根据德国选举法规定,直接委任的候选人由选区的党员或由党员选举出的代表指定。这就表明,政党也是第一轮选举的操控者。

政党参与选举需要金钱。但政党和金钱联系在一起,就难免要出现各种丑闻和腐败现象。所以,对政党筹集经费和使用这些资金的方式加以限制,构成了选举制度要规范的另一项重要内容。例如在美国,法律针对不同的选举,规定了相应的原则、程序和操作办法。联邦宪法规定,在联邦选举中每人每次捐款最多不能超过 1 000 美元。德国政党法规定,个人捐款在 2 万马克以上,或法人捐款在 20 万马克以上者,应将捐款人的姓名捐款数额及其他有关情况公布于众。

越来越多的国家都开始采用从国库中支付经费来支持政党竞选活动的办法。理由是:政党是表达民意的工具,是民主的不可缺少的成分,负有唤醒人们的民主觉悟和责任感的任务,因而应当予以资金支持,而且这样做可以有效地减少完全由政党自筹资金引起的一系列不良后果。

关于国家对政党活动实行补贴的法律,通常都规定有详细的可操作性很强的内容。除了我们前面介绍过的德国《政党法》中关于政党补贴的条款外,其他国家也各有自己的举措。例如,美国在 1974 年联邦竞选法修正案中提出的公费资助选举的措施是:总统候选人如果在 20 个州分别募集到 5 000 美元以上的捐款,并且每笔不超过 250 美元,就有资格得到相当于他在党的代表大会以前的竞选费用一半的联邦资助;每份达到 250 美元的捐款都可以再从国库领到相等的资助,但对于每份超过 250 美元的大额捐款也只提供 250 美元。已被党的代表大会提名的总统候选人在大选中允许花费的 3 000 万美元全部由联邦政府补助。但在领取了联邦提供的全部经费后,候选人便不得再接受私人捐款。规模较小的政党必须在上届或本届选举中获得选票总数的 5% ,方有资格领取提供的经费,其数额按该党所得票数的比例计算。

瑞典自 1965 年起引进对政党进行全面补贴的制度。该项制度规定,在议会内至少有一个议席,并在上一次下院选举中至少获得投票总数 2% 选票的政党,有资格得到按每年每个议席 6 万克朗来计算的补助金。1972 年通过《面向政党的国库补助法》对政党补贴作了更为详细的规定。在这项法律中,对政党的国库补助被分为政党补助和事务局补助两种,把政党补助作为议员补助,平均每年每个议席 85 000 克朗(1981 年增加到 173 000 克朗),以最近的普选结果为基数,决定补助金额。对达不到标准的政党,例如在上次选举中未获得议席、但这次得到总票数 2.5% 选票的政党,实行临时性补助,其金额也为每个议席 85 000 克朗。事务局补助分为两类:一是给在上次选举中得票 4% 以上的政党以每年 150 万克朗(1981 年增加到 3 025 000 克朗)的基础补助,二是根据政党现有议席数量给予追加补助。补助金额为:执政党每议席 3 500 克朗(1981 年增加到 8 450 克朗),在野党每议席 5 250 克朗(1981 年增加到 12 650 克朗)。对于在一次议会选举中得票 4%,但在以后的选举中倒退、达不到 4% 选票的政党,在以后的三年中给予达不到标准的基础补助金。

### (三)用好选举这个工具

和其他实行民主政治的国家一样,选举制度也是我国政治体制的重要组成部分。我国宪法规定了选举权和被选举权作为公民的基本权利,强调国家和地方各级最高权力机关和人民代表由选举产生。特别是改革开放以来,我们大力推进社会主义民主政治的进程,在把公民的选举权和被选举权落到实处方面做了大量工作,制定了《中华人民共和国选举法》及一系列相关法律,村委会直选、差额选举等得到普遍推广。这些都值得充分肯定。

但是,也应该看到,在政党介入选举方面,仍然存在不少问题。由于中国共产党的执政权最初不是由选举获得,而是通过武装推翻国民党统治而获得,这种特殊性,一方面使我们党具有并不仅仅依赖于选举、西方政党也无法与之攀比的巨大政治合法性,另一方面,也造成了我们对选举的重要性认识不足。这种认识不足的情况,很长一个时期里在党内普遍存在。即使在选举已经成为经常性活动的今天,这方面的问题也仍然不时显现。具体表现为:党组织或其负责人强行确定应由选举产生的人选,使选举形式化;不尊重民意,随意改变选举结果;对该由通过选举来授受的权力实行任命制;对基层在落实选举实践中所做的尝试动辄叫停;等等。

在广大民众的民主意识日益强烈、民主政治成为潮流、发展社会主义民主政治成为我们党我们国家始终不渝地要坚持的目标的情况下,这些违背民主政治规律的现象正在极大地损害执政党的权威。毫无疑问,中国人民历史选择赋予我们党的合法性,是党不可多得的宝贵财富。但是,它并不能一劳永逸地为党执政提供保证。实行社会主义民主政治,要求执政党按民主政治的要求来执政。这就意味着,在权力获得这个环节,执政党也必须按照民主政治的逻辑,通过参与选举,得到民众的授权来行使国家权力。民主政治条件下党执政的合法性,首先来源于此。选举这一关过得好不好,直接决定着政党的执政合法性的强弱。

从历史上看,社会主义国家普遍存在这方面的问题。例如,在苏联,无论是苏联宪法,还是苏共的历届党章,形式上也都把群众的选举权放在重要的地位。然而在实践中,这项权利的落实是打了很大折扣的。苏共长期实行干部委任制,党内外群众的选举权实际上成了使委任制合法化的一种形式。苏共为推广选举做了一些工作,但这些工作和民主选举的要求相距甚远。到 20 世纪 70 年代,苏联才开始在某些生产企业中实行工长、总工长、工段长的直接选举制,在有关机关和团体中实行科技干部竞选招聘制。到 1986 年苏共二十七大,才提出要普遍实行生产作业队长的直接选举制,并逐步推广到企业工长、班长、工段长、车间主任、国营农场的分场主管人员。这种情况,和党对社会主义民主的大张旗鼓的宣传相比,实在反差太大。这个问题之所以长期没有解决,说到底,是因为把党的领导和人民当家做主长期对立起来,人民当家做主在实践中被扭曲成了党代替人民当家做主,党独揽大权代替了人民授权。

在这方面,我们需要认真地研究、把握、学习、借鉴民主政治的已有成果。西方国家肯把那么多的时间花在选举上,根本的原因,就是因为在民主政治获得共识的情况下,选举通常是获得合法性的最为有效的途径。选举是民主的主要实现形式之一,是对政党掌权合法性的认可,是给执政党发放权力委托书的仪式。所以,在西方国家,当选的议员和官员,把大量精力花在连任上,政党的各级党部,主要工作和活动也是组织选举。这些都被认为理所当然。

由于选举被摆到重要的地位,于是,怎样真正保证选民按自己的愿望投票,保持选民对选举的信任,也就随之成为非常重要的问题。应当承认,西方国家有解决这个问题的丰富经验。它们的基本思路是依靠法律、制度,建立具体的、可操作的程序、规范。这种精密的选举制度从一个重要的侧面反映了西方国家民主较高程度的制度化。

让人民群众选择自己的代表者,并不意味着政党放弃责任,放任自流。

政党作为以掌握政权为首要目的的政治组织,不可能不控制这种选择的整个过程,否则其存在就失去了一个重要理由。在西方的政党政治实践中也同样可以明显地观察到这种控制。问题的要害不在该不该控制,而在于怎样控制才科学、合乎规律规则。科学的、明智的控制应当是党顺应民意、反映民意,而不是用政党的控制取代民众的选择权。在这方面,迫切需要我们改变过去不科学的做法,坚持不懈地进行制度探索和创新。

## 三、政党与公共决策

选举本身不是国家权力的行使,而只是决定由谁行使国家权力。而且,把党的精英送进国家权力机关本身不是目的,通过行使国家权力达到某种特定的目标(包括实现某种理想和价值,获得某种利益等)才是目的。因此,政党对政治运作的控制不会只停留在选举上,还要进一步体现在政府的决策及其执行上。政党通过控制决策机构、决策过程、决策人员,影响公共决策,来实现自己特定的目标。

### (一)对决策机构的控制

执政党对政府决策机构的控制,因政治体制不同而呈现不同的特点。

在实行内阁制的国家,政党对政府的控制是非常牢靠的。例如英国执政党对内阁的控制表现在:其一,党的领袖担任内阁首相,一身兼二任,体现了党政的统一。其二,执政党有决定首相和内阁成员及其去留命运之权。举保守党为例,该党每两年进行一次党的领袖改选。如果该党是下议院的多数党,那么,党的领袖就是当然的内阁首相。但一旦在党内落选,便辞去首相而由新任领袖取代。同样,内阁成员也是执政党在议员中提名而经议会通过确定的。在这种情况下,首相及政府的任何决策与政策措施,都不能违背执政党的利益和意志,执政党整体起着决定性作用。

在美国,在执政党掌握的行政权力和立法权力之间也存在着密切的关系。美国总统掌握着重要的政府职位的任命权。但是,虽然总统和议员的权力来源不同,总统在使用任命权时,仍然不能随心所欲,而应当经常与国会两院议员、各州党的主席和党的主要骨干分子进行磋商。在整个过程中,参议院的两党领袖往往能发挥极其特别影响。

美国总统对决策机构的控制,更多地表现出的是个人化,而不是政党化。掌握行政权的政党领袖直接由民众选出,而不是从党组织(如议会党团)里产生,所以,政党执政通过总统个人来体现,总统自然成了党的代表和党执政的象征。政党对政府的控制,通常都体现为政党领袖个人对政府和政府过程的控制。总统当选后,必须任命一个赞同并有能力实施党的纲领的内阁,必须挑选一个能够执行他的纲领的白宫班子,必须任命一批忠于他、忠于他的内阁官员的行政官。在美国的政府(行政部门)内部,实际上没有党的组织。总统领导政府,依靠的不是政府成员对党的忠诚,而是对他个人的忠诚。总统在政策上也不对政党的组织负责。当然,根据规定,总统任命内阁和其他高级政府官员必须经参议院批准。但是,总统通常都任命其党内同志担任这些职务,而参议院也一般会予以通过。可见,美国的政党领袖对内阁的控制较英国要有效。

从大概念上讲,美国的决策机构不只是总统及其内阁,还包括国会。但总统对国会议员中的党员和党组织的控制,却是无法和欧洲国家相比拟的。由于授权来源不同,美国总统对国会议会党团基本上没有约束力,也难以通过党的组织控制在职的候选人,政党领袖对立法机关中党员的控制力较之英国要小得多。

在美国,总统具有遴选联邦法官的权力,反映出执政党对司法机关也可产生一定的影响。把法官职位作为一种政治回报,是人们普遍认可的方式。总统通常都是提名本党党员作为候选人,在征得参议院同意后任命。不过,由于美国实行司法独立原则,法院享有独立地位,并且设计了许多措施来保障司法机关的这种独立地位,总的说来,与对立法机关和行政机关的控制相比,对司法机关的控制要显得更难些。

### (二)对决策过程的控制

政党对决策过程的控制,大体上有三个基本途径:一是党的领袖直接进行领导和控制决策;二是在立法活动中更多地体现政党的意图;三是党组织和广大党员参与决策过程。

执政党领袖在决策中的地位,在很大程度上取决于政治体制本身。在一些国家,政党的控制更多地体现为领袖个人的行为;而在另一些国家,领袖的行为则更多地代表政党的立场。美国属于前一种类型,大多数欧洲国家则属于后一种类型。

美国执掌政权的党对政府决策的控制或影响,既主要体现在总统的行为上,也体现在议会的行为上。但由于这两者不属一个权力系统,因而很难使人获得执政党的整体形象。一个政党的总统候选人当选后,便自称是全民的总统,总统的政治领导作用从直接控制其政党转向间接取悦于公众。作为政府首脑,在组织政府、制定政策、实施政纲时,总统直接依靠他的幕僚和内阁,而不是依靠党的组织,因此,在政府决策中,政党的影响是非常有限的。但是,总统又不是完全离开政党、与政党不相干的。总统作为本党的领袖,在广大选民心目中是执政党的象征,党的形象主要取决于总统的名望。因此,总统个人影响大小,反映的实际上是执政党影响的大小。

总统也通过党的体系来控制和干预立法。除了前面所说的总统利用权力间接影响国会议员的选举、阻止自己不中意的候选人入选外,总统作为党的实际领袖,还能通过国会两院的本党领袖和议会党团,影响国会的立法程序、表决过程和结果。在立法过程中,总统往往运用其政党身份和影响选举结果的能力来要求议员支持他的政策。总统还掌握着对党的全国委员会主席的提名。这样,总统就可以通过党的全国委员会主席控制全国委员会和党的其他组织,间接操纵政党的议员候选人提名、竞选经费的使用和分配,从而影响国会选举和国会议员的态度。

但是,总的说来,美国的"执政党"缺乏控制立法机关的正式渠道。由于美国总统不是由国会选举产生,也不向国会负责,因此,国会里的多数党与少数党并不能构成执政党与反对党的关系,总统的党在国会两院可能是多数党,也可能是少数党,或者在其中一个院是多数,在另一院是少数。此外,总统作为本党的领袖,虽然可以对议员施加一定影响,却不能强制性地要求他们按照总统的意愿投票。因而即使总统的党在国会两院都占了多数,在表决立法时他也未必就能得到满意的结果。这种情况,和欧洲各国议员与本党明确的隶属关系是很不相同的。

和美国不同,在欧洲许多实行内阁制的国家,执政党的领袖、内阁和立法议员同在一个权力系统,是执政党通过同一条途径选入议会的,他们之间的相互联系密切,往往体现出执政党通过控制立法决策,并把立法决策与行政决策相统一来推动政府运作的特点,展示了执政党作为整体对政治运作有较强的控制作用。这一特点,尤其反映在议会党团与领袖的关系上。执政党可以通过议会党团对首相和内阁的决策起控制或指导的作用。首相及内阁提出的议案,须经议会审议通过才能生效。由于掌握议会多数议席的执政党议会党团在议案审议活动中是关键的力量,就使首相和内阁不能不在做决策之前广泛征询本党议会党团的意见,遵循执政党的利益和意见行事。这也就显示了"内阁是执政党的内阁",执政党对内阁确实起了领导的作用。

当然,不能夸大执政党议会党团对内阁的制约作用。内阁并非消极地听命于议会党团。在大多数情况下,内阁、特别是党的领袖反过来对议会党团有巨大的左右能力。在本党的议会党团与首相及内阁意见比较协调、一致时,政府议案在议会中无疑容易通过;而当两者发生矛盾时,首相虽不能否决于己不利的议会决议,议会党团却不能不考虑对抗的后果。因为党毕竟在执政,阁员又都由首相从议会党团成员中挑选,这对许多议员来说是梦寐以求的事情;况且首相必要时可提请国王解散议会,提前大选,对持对立态度的议员个人来说,这可能意味着在选举中会失去本党的支持。这就使得议会党团的议员相对说来更有求于首相。这样,矛盾的解决办法往往就是议员为消弭矛盾而与内阁妥协,这也就减弱了议会党团对内阁的制约力度。

政党对决策过程的控制,除了通过进入权力机关的领袖及进入立法机关的议会党团的直接决策外,还有一个重要的途径是党组织的直接参与。这里的党组织参与,指的是组织到各级党组织中的广大普通党员的参与。它是政党动员党员、激发他们投身党的活动的积极性的重要手段。不能把执政党的作用和执政党议会外党组织的作用混同起来。议会外党组织对议会中党员(包括党的领袖)的控制,主要是通过选举来实现的。至于说对它们决策过程的控制,则有一定的难度。西方国家执政党整体对政府的领导是一种间接的模式,并受到诸多因素的制约,因而作用也是比较有限的。执政党组织不具体介入政府的行政运作。执政党中央各机构都不直接向政府各部门发出指令或决定,更不越过政府去包办本属于行政的事务。首相和阁员都以行政首长或官员的身份活动,出面制定政府的政策或议案,独立自主地施政,而不听命于来自政府之外的任何直接指挥。因此,我们说到执政党(议会外的部分)对政府的控制时,指的主要是党员的参与。

近年来,各国还出现了一种新的情况:党的领袖的决策越来越不依赖于党的机构,而依赖正在蓬勃兴起的专业技术机构,如各种各样的咨询公司、独立的研究所等,显示出作为整体的政党对国家权力影响的削弱。参与到这些机构中的人,通常是经验丰富、享有权威的专家,他们有自己的独立见解,这些见解与党派立场无关。而且从实践看,摆脱党组织和行政部门的影响,建立一套专业化的快速协调咨询机制的做法,正越来越受到各执政党领袖的青睐。例如,当今主要发达国家制定宏观经济政策时无一例外地采取了一套规则化、制度化的所谓"合理超脱、公平反映、综合平衡、客观建议、及时决策"的机制。美国的总统经济委员会,经济顾问委员会,国家安全委员会,总统贸易代表办公室,法国总统的40人委员会,德国总统的7人委员会等,都属于这种类型。这些机构的信息,绝大部分不是来自行政部门,而是来自独立的研究机构。在美国,布鲁金斯研究院、传统基金会、兰德公司、国际问题战略研究所以及美国总商会、制造商协会、服务贸易联盟等上千个行业协会和商会,都是这类信息的来源地。这种机制的好处在于,它能够比较客观地得到信息,而提供决策咨询者又是独立进行研究的专家,很少受总统主观偏向的左右,因而能最大限度地减少决策的失误。这种情况,客观上给政党活动带来了新的挑战,是当代政党政治研究者们经常谈论的热门话题之一。

### (三)执政党和政府决策关系的处理

执政党控制政府的一个重要目的,就是通过政府活动实现本党的目标。但是,与此同时,执政党自己也作为独立的组织存在并活动着。这些活动中自然包含了决策行为。因此,政府决策和执政党决策的关系也需要认真处理。这里涉及的是处在政府之外的党组织和进入政府的党的精英之间的关系。

在美国,这一关系的处理比较简单。因为,在把本党的候选人送入政府后,作为全国上下统一的党组织就进入了"蛰伏期"。当然,各自为阵的各级党组织仍在活动(过去我们以为所有党组织都不再活动,这种看法不全面),但这种活动并不产生全党性的决策。党的实际领袖就是总统,全国委员会主席听命于总统。因此,这个党的决策就体现在总统的决策中。唯一需要做的,就是如何使总统的决策正确、有效。如果总统是政党的一个强有力的领袖,他将利用掌握的权力以推行他所选定的党的纲领。他会提出国情咨文,明确指出他需要国会优先考虑的事情。他会根据各个行政部门提出的概算,拟定年度预算咨文,说明他贯彻执行自己各项政策的计划。他的经济顾问的报告中包含有立法方面的建议。总统还直接决定对外政策。总统的决策机构是十分庞大的,而且通常是专家在其中发挥重要的智囊作用。党的执政,就靠总统的这些活动来体现。

总统具有把政府首脑和党领袖集于一身的特点。作为党的领袖,总统总是作出对他自己的形象有利并反映他的党的立场的选择。在调动各种力量来实施他的目标时,总统首先考虑他的政党的组织和力量。当然,为了做到这一点,总统会利用自己的特殊地位和优势,为本党谋取利益。例如,他会利用自己的威望协助本党的其他公职候选人筹措竞选经费和参加竞选,利用审批政府采购及承包合同的权力来满足本党在联邦、州和地方的政治利益,加强本党的选民基础。在与国会的关系上,总统会通过发动本党议员,来获得支持。自然,总统为了实现自己的目标,除了同本党的国会领袖和议员合作外,还会尽可能地同反对党的领导人物一道工作。但归根结底,本党的支持始终是他赖以活动的基础。

在欧洲各国,情况则有很大不同。欧洲各国的政党,往往都有比较规范的政党活动形式,和政府中的党员活动相对应,一年一度或两年一度的党代表大会及其执行委员会是议会外的决策机构。所以,对这些执政党来说,政府决策和政党决策的关系就是经常需要妥善处理的问题。

从各国党的实践看,为了避免两种决策的冲突,一般的做法是:执政党决定大政方针,给进入政府的党员留下充分的余地。很显然,既然执政党通过把党员送进政府来体现对政府的控制,而这些党员又以政府官员的身份来活动,那么,政党对党员的要求越具体,就越容易使这两者之间产生矛盾。为了避免这种矛盾,执政党就不能对这些党员的活动过多干预,以免产生干政之嫌。所以,西方国家的执政党通常只制定基本的政策主张,对于当政党员的具体行为,则给予相当的自主权。除非特殊情况,执政党在执政期间一般不会通过政府外党的决策机构重新制定政策,改变纲领,来要求在政府机关工作的党的官员执行。

## 四、政党执政的控制机制

执政党要靠进入政府的本党官员的活动,在政府的决策和实施过程中体现本党的意图。因此,需要对在政府活动过程中活动的党员进行控制。这种控制,具体体现在对公共权力机关中的党组织内部的控制、公共权力机关中不同党组织之间关系的协调和政府内外党组织之间的协调上。

### (一)政府中的党内控制

关于公共权力机关中的党组织的设置,存在着很不相同的类型。在共产党执政的国家,不但在立法机关中要建立党组织,而且在行政、司法机关及其他各类权力机关中都有党组织。在我国,在各权力机关和政府各部门中,都设有相应的党组织。党章第九章专门对党组织及其活动做了规定:"党组织发挥领导核心作用。党组织的任务,主要是负责贯彻执行党的路线、方针、政策;讨论和决定本单位的重大问题;做好干部管理工作;团结党外干部和群众,完成党和国家交给的任务;指导机关和直属单位党组织的工作。"党组织由上级党委批准成立,必须服从其领导。此外,在各机关、部门,还建立有机关党组织,负责本机关党员的组织管理。

与此不同,在西方多党制模式中,只有议会党团可以算做是在公共权力机关中设立的党组织。因此,一般意义上的所谓"政府中的"党内控制,指的实际上就是议会党团内部的控制。

政党进入议会后,通常都要组成议会党团。议会党团的活动渗透在议会活动的每一个环节中:在提案提交议会前,党内要事先审议和审查,尽可能取得共识;为了通过提案或阻止其通过,政党要在会下与其他政党和政治力量进行协商,达成谅解和妥协;要把本党的议员安排到专门委员会中,以便对具体议案施加本党的影响;等等。与此相应,议会议长、各委员会主席和委员会的席位,也是按政党的力量强弱来分配的。甚至在议会和委员会中的发言和质询时间,原则上也是以政党为单位进行分配。政党是作为议会活动的驱动力存在的。为了保证政党充分发挥作用,德国还在《政党法》中对议会党团作了若干明确的规定。其中一条,就是不允许两个独立的政党组成联合党团。

为了显示政党的整体力量,议会党团内部都有严格的纪律。1903 年英国工党在党章中明确规定,工党议员"在议会中组织或加入有自己领袖的、对于劳工问题有自己政策的独立团体,严格避免与任何自由党或保守党派采取一致行动,或增进它们的利益,同时又不得反对本委员会所承认的任何其他候选人。所有这样的候选人应保证接受本党章,遵守党团为贯彻本党党章而作出的决定(否则即应引退),并只得以工党候选人的名义出现在本区选民之前"①。这项规定被称为"誓约"。虽然这项誓约在 1911 年被废止,但议会党团有自己的党内纪律,却是各政党都认可的。

为保证议会党团整体行动一致,不少党团实行督导员制度。英国保守党的督导员由党的领袖任免,其职责是执行领袖的指示,监督本党议员的活动,督促他们按党的要求开展工作。1995 年以前,工党的总督导员由工党议会党团选举产生,其职责是:协助工党领袖了解党内情况,督促本党议员遵守党的纪律,用强制的办法使该党议员按党所规定的方针在议会中发言和投票,对不听从命令的议员采取惩戒措施,直至建议领袖把他开除出议会党团。为了加强对议员的控制,工党在 1995 年重新恢复为督导员由领袖任命。

在许多政党中,都规定有和督导员项类似的职责,只不过不一定都由督导员来实施而已。例如,德国党议会党团内部设有干事长一职,其重要职责,就是督促议员出席会议,在议会中争取多数,保证议员按照党的要求投票。从这个角度看,议会党团的干事长得像英、美政党议会党团中执行纪律的督导员。奥地利由于议会规模小的原因,党的议会党团虽然没有设干事长或督导员,但相类似的职责由议会党团副主席来行使。

当然,议会党团内部有严格的纪律,并不等于说,在任何情况下议员都要绝对服从,而不能有自己的不同观点。在一般情况下,由于议员要顾及所

① 中央编译局编:《国际共运史研究资料》第 9 辑,第 147 页。

在选区选民的意向,西方各政党常常对本党个别议员与党的立场不一致的行为采取容忍的态度。但是,为维持党的统一形象和执政地位,一方面,议员通常都能服从党的立场;另一方面,各国党也制定了一些具体的处理方法。有些政党把有可能出现的不同意见纳入制度化的轨道。如英国保守党规定,议员完全可以在符合规定的范围内自由地表达自己的观点并开展相应活动。奥地利社会民主党规定,如果议员决定坚持不同于本党的立场,可以预先向议会党团说明。坚持而不说明,才以违反纪律论处。

议会党团的作用大小,因政治体制和选举制度的不同而有区别。例如,和欧洲政党相比,美国政党的党内控制是相当弱的。美国两党议会党团也都有督导员的设置,但却没有出现过议会党团把党员开除出党的情况。在美国联邦制的背景下,美国国会中从各地方选上来的议员往往强调向选民负责,优先考虑选民的需求,这时对党的忠诚就有可能要让位于维护本选区利益的立场。

### (二)执政党领袖与议会党团的关系

按照前面的说法,在西方模式中,只有议会中才有执政党的组织,因而不存在政府中的党组织之间协调的问题。但是,实践中往往存在这样的情况:作为行政首脑的执政党领袖和议会党团由于授权来源不一,相互之间存在矛盾。这个矛盾解决不好,同样会影响执政党整体对政府的控制。

在这方面,美国两党是最有代表性的。美国总统有非常大的权力。单从这一点而言,一个政党一旦执政,就能比较充分地贯彻本党的意图。然而,这个优势,恰恰被总统党和国会党的两元模式抵消了。美国总统很容易控制整个行政系统,也比较容易控制政府外党组织系统。例如总统可以把组阁作为对党进行控制的一种手段。他可以把党内的各种成分、广泛分布的利益甚至人种因素都考虑在内。但是,美国总统要很有效地约束国会中的本党议员却是困难的。在许多情况下,总统的党在国会的成员可以公然对抗总统的指示而不受到相应的惩罚。总统一般必须运用说服的力量而不是运用党的纪律来赢得他在国会的本党伙伴的投票。甚至个别情况下总统在国会中要获得本党议员的支持比获得对立党派的支持还要难。此外,美国总统也没有直接控制竞选基金的权力。

　　相比美国的情况,实行内阁制的国家的政党要好得多。这类国家中执政党的领袖和议会党团之间也会发生矛盾,但由于授权来源基本一致,这种矛盾更多地不是体制性的矛盾。例如20世纪70—80年代,英国工党内部曾经闹得不可开交,党的领袖和议会党团矛盾重重,议会党团中经常传出反对党的领袖的声音。有的是嫌领袖提出的主张不合胃口,有的是因为个人和工会有很多瓜葛而不同意党疏远工会的倾向,有的则是因为党内不同派别对党的领导提出挑战。其中没有一项来自制度。1981年,工党领袖由过去议会党团选举产生改为议会党团、工会、选区工党共同产生,并且在1993年进一步缩小了议会党团所占的份额,按理说会增加领袖与议会党团摩擦的可能性。但工党与此同时增强了领袖的权力和地位,赋予了领袖以更多的决策权。还规定只有获得20%工党议员支持的人才有权竞争领袖职位,等于增加了向党的领袖挑战的难度。英国工党在1993年建立的新的决策体制中,不但像过去一样明确规定党的大会的最高决策机构地位,规定了议会外的全国执行委员会以及该委员会和内阁以相等人数组成的联合政策委员会具有决策作用,而且规定这两个委员会都由党的领袖来领导。这些措施,加强了工党内部的权力集中和领袖对整个党,特别是议会党团的控制。德国等其他国家社会民主党的情况也在许多方面相类似。

### (三)政府内外政党组织之间的关系

　　从执政党整体上讲,执政党对政治权力的控制不仅体现在进入政府的个人和议会党团上,还体现在议会外党组织所起的作用上。实际上,任何一个党的党外组织对政府中活动的组织和个人都有一定的影响,只是在影响的程度上有很大不同罢了。概括起来有两种情况:一是政府外党组织以把自己的精英输送到政府中为主要目的,这个目的一旦达到,党的主要活动就表现为这些精英运用权力的行为,政府外党组织自动退居次要、服从的地位;二是政府外党组织依然作为常在的力量保持对政府的影响力,甚至依然作为党内最高权力机关发挥作用。

　　在前一种情况下,政府外党组织的作用受到较大的限制,但政府内外党组织之间不会发生太大的矛盾,执政党的整体性体现得比较好。政党把本党的代表送进政府,就等于建立了实现本党目标的主要手段。从这时开始,党的政策和主张就要通过这些党员个人来实现了。尽管向政府输送官员这个过程是靠了政党组织的力量,但政府一旦组织完毕,无论在什么情况下,这些政党都不能再以组织的名义对政府发号施令,这被看做是保证政府维持其全体公民代表形象的基本前提。进入政府的党员受党的约束,主要体现在他们对党的忠诚和日后继续当选的需要而产生的对党的依赖上。除非个别特殊情况,否则,失去了党、特别是党的领袖信任的党员很难继续在政坛立足。

这种控制方式的有效性,取决于政府外党组织控制公职候选人的遴选程序和大选本身的能力。在英国这种类型的国家,政党政府的特征比较明显,政党对大选的控制比较有力,并且能够对拒绝接受本党政策的公职人员给予处罚(例如使他不能连任),政府外党组织的作用就大。对候选人遴选程序的控制权,各国党不尽相同,有的在中央,而有的是在地区、州或地方,或者是上述各级组织联合的党务组织。在英国,政府外的中央党务组织有权开除议员出党,并且可以阻止选区党部指定他为本党的国会议员候选人;选区党组织也可以拒绝指定一位国会议院连任候选人。这样一来,议员在作出违背中央或选区党组织的政策选择时,就会十分慎重。除非万不得已,议员还是会服从议会外党组织的要求和主张。官员对本党纲领、主张的采纳程度,他们在党内威信的增减,都靠这个机制来体现。党的领袖经常使用政府外党组织的控制力来对本党的成员进行有效的控制。

如果政府外党组织缺乏这种控制力,执政党作为一个整体的力量就要差得多。美国属于这种类型。美国总统选举的党派色彩很浓,但国会议员的选举则更多体现的是地方选民的利益。不能说他们的当选不靠政党,但他们在很大程度上还要靠当地的选民以及建立在此基础上的"政党机器"。因此,被选上的议员相对于党组织,特别是相对于党的领袖和党的中央组织往往有很大的独立性。反映在立法机关中,就是议会党团独立于议会外党组织。国会中的政党领袖甚至经常可以不理会全国性政党的纲领所持立场的约束。常常出现的情况是:政府外的党组织(如党的代表大会和全国委员会)同总统站在一起,而议会党团则唱自己的调,并不和总统保持一致,也不和党的中央组织保持一致。这就使执政党很难作为一个整体来行动。

在议会外党组织保持经常性活动的情况下,政府外党组织的作用要比前一种情况大一些,不过政府内外党组织之间也往往因此会发生一定的矛盾。政府外党组织通常是合法的权力机关,但议会党团往往会凭借其特殊地位提出自己的要求。克服这种矛盾,各政党有不同的做法。不少政党明确把政府内的党组织置于政府外党组织领导之下。采用这种形式的,除了各国共产党,还有社会民主党。社会民主党原则上都把决策机构和领导机构设在议会之外,党的代表大会或年会通常是最高决策机构和最终决策机构,议会党团对其决议和制定的纲领有服从的义务。这里面,最典型的可能是澳大利亚工党,因为澳大利亚工党对党的骨干的约束,相比其他社会民主党性质的党要严格得多。工党的议会候选人必须是地方工党支部的成员,其候选人资格必须经党的州级和全国的权力机构认可,并在党的纲领的基础上开展竞选活动。当选者必须以党纲为准绳讨论和决定各种问题,并根据多数票原则确定各自的职位。议员对此类决定必须无条件服从。而且候选人还必须按照要求在一份誓言上签字:"我在此郑重宣誓:不反对澳工党新南威尔士支部的任何被提名或被批准的候选人。我同时自我保证,假如我重返议会,将在所有场合和情况下尽自己最大的努力确保工党纲领中所体现的各项原则的执行,并且在所有相关问题特别是涉及政府命运的问题上,按照工党核心会议上多数派的决定而投票。"①

　　其他类型的政党也有采用这种机制的,尽管程度上可能有所不同。例如意大利天民党规定:党的全国代表大会选举产生党的全国委员会,作为党的主要决策机构。全国委员会选举产生执行局。执行局是按全国委员会的指示制定政策的领导机构。领导机构经两院议会党团领导人同意,负责制定天民党就解决重大问题而拟采取的立场。此外,党的全国性组织,党的出版和报刊局、地方管理组织和计划局等机构的领导人和几名书记共同组成书记处,负责党的日常工作。书记处的权力很大。如果天民党正在执政,政治书记甚至可以指定或撤换总理。党章明文规定,政治书记"代表党,关注领导机构所作的决策,同政府、议会两院党团和其他政治社会运动保持接

---

　　① 〔美〕詹姆斯·麦格雷戈·伯恩斯:《领袖论》,中国社会科学出版社1996年版,第388页。

触,并促进和协调党的政策和组织活动。"①据说天民党的这套机制是模仿意共的结果。

无论如何,对不少政党来说,处理政府内外党组织之间的关系都是有相当难度的。几乎所有类似政党遇到的都是同样的难题:一方面,有政府外党组织存在,就构成了对政府内党组织的外在压力,有助于促进政府内政党组织及全党的团结,加强党派意识。但是另一方面,如果政府外政党组织与政府内政党组织意见不同时,反而会破坏政府内党组织的团结,削弱政党的整体力量。有的政党内部就出现过这样的情况:一些议员把政府外党组织的主张作为自己的支持力量,与议会党团中的其他多数议员甚至与党的领袖相抗衡。反过来,如果政府外党组织过于弱小,则政党政治本身又有弱化的可能。美国之所以会经常出现"政党的危机"、"政党的衰落"的说法,除了反映当今时代政党政治面临的共同问题外,另一个重要的原因,恐怕就在于此。

当然,还存在着这两种情况之外的第三种情况,即政府外的党组织强大到支配一切,甚至整个政府,直接包办政府事务(主要在一党领导的条件下出现)。在这种情况下,政党和政府的职能彼此不分,党包揽了政府事务,此处不作赘述。

<hr>

① [英]罗纳德·欧文:《西欧基督教民主党》,上海译文出版社1987年版,第130页。

# 第十一章　政党与公民社会

在国家—社会—政党的分析框架中,人们越来越经常地使用"公民社会"的概念来指代"社会"。这不难理解。因为这里使用的"社会"一词,本来就不是一种泛指,而是特指民主政治和政党政治状态下的社会。这种社会在市场经济的条件下产生和发育,和人们民主意识、自主意识的不断增长相关联。公民社会的发展是现代政党政治的背景和基本前提。

## 一、市场经济的发展与公民社会的形成

什么是公民社会? 这个词组的英文表达是 civil society,过去也常常被译作"市民社会"。公民社会有两种含义。从古典的意义上讲,公民社会是指建立了政府的文明社会,相对于还没有建立政府的社会而言。这种含义的公民社会,已经不多用了。现在为人们所普遍使用的,是公民社会的近现代含义。按照西方自由主义的观点,全部社会生活严格地分为公与私两个部分。国家(或叫政治社会)属于公共部分,私人部分则叫做公民社会,用来指国家控制之外的社会经济生活。显然,这种含义的公民社会,是作为国家概念的对应面出现的。公民社会是个人根据自己和彼此的物质需要自愿结成的社会经济联合。它以个人活动和个人交往为内容,既包括经济关系,也包括言论、结社、迁徙和安全等社会行为关系。公民社会的成员可以参与国家生活,国家却不可以侵犯公民社会领域。

公民社会的立足点是人的自由权利。毫无疑问,公民社会理论的提出,反映了当时正以不可遏制之势发展起来的资产阶级等新的社会阶层对专制制度的否定和对自由发展的要求。公民社会是市场经济发展的必然。

关于公民社会的思想,是自由主义对政治学的一个重要贡献。但是,作

为反抗封建专制制度武器的自由主义,往往把国家放在公民社会的对立面,千方百计地限制国家的作用,这就在相当程度上导致了理论的偏颇。例如,古典自由主义把国家看做仅仅是一个"守夜人"的角色,崇拜市场的自发调节,对市场经济采取自由放任的态度。这种观念付诸实践,使得市场出现无序状态,到后来引发了一次比一次严重的生产过剩和经济危机,为马克思主义向资本主义制度发难提供了最强有力的事实依据。所以到后来,即使是非常坚定的自由主义者,也都在这个问题上逐渐转变了立场。

不过,这种状况,没有影响公民社会理论本身的发展。毕竟,人的自由权利带来民主意识的觉醒、进而带来公民的政治参与,这是人类社会不可逆转的走向。正如马克思恩格斯所说,真正的公民社会是随着资产阶级发展起来的。① 与此相应,随着公民社会的不断发展,公民社会的理论也不断完善。

学者对公民社会有过许多种解释。综合各种不同类型的关于公民社会的定义,我们认为,公民社会的含义包括广义和狭义两个方面。广义而言,可以把以公民为元素形成的、除国家以外的各种共同体都归入公民社会的范畴。《布莱克维尔政治学百科全书》正是从这个意义上强调的。它认为公民社会"不仅指单个国家,而且也指业已发达到出现城市的文明政治共同体的生活状况","表示国家控制之外的社会和经济安排、规则、制度"。②狭义而言,不少学者用它专指公民自愿结合而成的、有别于国家权力机构的组织。如美国学者戈登·怀特认为,"从公民社会这一术语的大多数用法来看,其主要思想是,公民社会是处于国家和家庭之间的大众组织,它独立于国家,享有对于国家的自主性,它由众多旨在保护和促进自身利益或价值的社会成员自愿结合而成。"③很显然,这里的"社会"(society)一词,就其着眼点而言,更确切地应翻译为"组织"、"团体"。本书采用较为广义的内涵。我们认为,组成"社会"的要素应该既包括各种民间组织,也包括各个并未参加任何组织的公民个体。这样可以把大量正在由传统向现代市场经济的

---

① 《马克思恩格斯全集》第 3 卷,人民出版社 1960 年版,第 70 页。
② 《布莱克维尔政治学百科全书》,中国政法大学出版社 1992 年版,第 125 页。
③ 转引自俞可平等:《中国公民社会的兴起与治理的变迁》,社会科学文献出版社 2002年版,第 189 页。

社会都纳入视野。在许多这样的社会里,公民的独立意识不断增强,但民间组织却处在成长的过程中。

政党和公民社会有着密切的联系。

首先,从历史上看,政党是公民社会发展的必然产物。正是公众有了利益表达的诉求,才有了公众对政党这种利益表达工具的诉求。公民社会区别于传统社会的一系列重要特点,决定和影响着政党政治的建构和基本运作方式,并促使政党根据实践的发展对自身的观念、结构、体制及活动方式等作出调整。对于那些处在从传统向现代社会发展进程之中的政党来说,这种客观要求尤其明显。这些特点包括:

(1)政府的目的是维护公民社会及其成员的权利。公民社会是公共权力产生的基础,国家和政府靠公民授予的权力进行统治和管理,其目的是维护公民社会的健康运转,保护人的生命、自由和财产权。因此,政府本身不是目的,而是公民实现自己权利的工具。政党作为以控制公共权力为目标的组织,其作用和能力大小,要以在多大程度上实现国家和政府的职能来衡量。

(2)公民社会具有利益多元化的特点。所以,公民社会的发展以及整个社会的发展,是在各社会阶级、阶层、集体、群体的博弈中实现的。国家和政府通过协调、调和各方利益,保持社会的健康运行。与此相应,政党的功能也必须围绕如何更好地、更准确地表达和综合公民多元化的利益、愿望和要求,如何协调和整合这些利益、愿望和要求来展开。

(3)公民社会要求限制政府的权力。公民社会发展的一个重要结果,就是多元化的利益诉求外化成为社会组织的多元化。多元化社会组织的发育和壮大,不但对政府权力形成强有力的制约,而且提高了社会组织自身的管理和参与能力,一些权力从国家权力中分离出来,变成公民社会自主自治的一部分。公民社会不再只是公共权力服务的对象,也越来越成为行使公共权力的主体之一。

(4)公民社会必然带来法治的要求。无论是权力的授受关系,还是公民在社会中的地位和活动,或是公民利益的协调、博弈,特别是对权力的约束,都须按照大家认可的规则来进行,才能保持社会不至于因为冲突而难以维持。这样,作为这种规则的体现的法律,就成为控制社会的最为有效的工具。法律解决不同利益之间的冲突,反映的是对各种不同利益的调和,因而获得了至高无上的地位。社会各个个体和组织的活动,包括政党的活动,都要服从法律的规范。

(5)公民社会孕育宽容精神。利益多元化带来的各种矛盾和冲突,不可能通过满足一种或几种利益而压制其他利益的方式来解决。压制和强制只能导致革命和战争。公民意识的突出体现,就是在主张自身自由自主权利的同时,也承认别人有同样的权利。国家对公民权利的保护,是对所有公民的权利的保护,也即对公民社会多元性的保护。这就需要人们对他人的利益、行为、观点持容忍态度。这种宽容显然会反映在不同群体、不同政党、不同观点的关系中。

其次,公民社会发育程度的高低,制约着政党活动的水平和范围。发达的公民社会为政党政治提供了广阔的空间。相反,在一个公民社会不发达的国度里,政党政治往往存在变形的危险。综观历史,我们可以看到政党自然产生的逻辑顺序:先有逐步发展起来的市场经济,催生出强烈的公民民主意识和政治参与的要求,进而形成公民社会。有了公民社会,才出现了政党。但是历史同时告诉我们,事实上只有西方的政党政治是按照这个路径来发展的,在发展中国家则不是这样。在那里,由于市场经济尚未发展起来,公民社会并未形成。然而,在世界政党政治发展的时代潮流的巨大影响下,人们发现,恰恰是政党这种现代的政治组织形式,不但可以被狭义地用来作为民主参与的工具,而且可以被广义地用来作为建国和民族独立的工具。这就出现了和西方国家有很大不同的情况:在这些国家,政党产生了,并且率领民众取得了政权,但市场经济却要等这以后才能逐步建立。我们知道,严格地说,公民社会只有在发展市场经济的条件下才能产生。这样一来,摆在公众面前的,实际上往往是一个不健全的政治体制:一方面,作为要素的民众、政党和公共权力都是存在的,因而形式上是齐全的;另一方面,政党已经建立,国家也已形成,公民社会却是弱小的,甚至是缺位的。公民社会的弱小使得公民的政治经济利益诉求处于弱势,助长了政党越俎代庖的行为,于是,以党代政、党包揽一切、政党国家化行政化、权力失去监督、执政党政府不负责任的现象普遍发生。这或许是几乎所有不发达国家的政党政治都出现问题的最根本的原因。

由此可见,一个在市场经济不发达的条件下执政而又把建设民主政治作为重要价值目标的党,应当自觉地把促进和引导公民社会的发展作为自己的根本职责。这是现代政党在面对公民社会迅速发展的现实时所应树立的正确观念。当然,公民社会也会给政党带来挑战和困惑。应对这些挑战和困惑,同样是政党需要深入研究的课题。

## 二、政党与阶级

任何社会都有分层。所谓社会分层,是"根据获得有价值物的方式来决定人们在社会位置中的群体等级或类属的一种持久模式"。① 根据不同人们的相似社会生活特点确定他们的社会位置,是社会学研究和发现人类社会活动规律性的一个重要前提。个人的大部分生活以社会等级为基础,因而社会等级也是识别个人在社会中的地位的基本依据,在很大程度上决定着人们的价值取向和行为方式。当然,以什么标准进行这种划分,对于正确理解社会现象是非常重要的。社会学鼻祖马克斯·韦伯提出了经济地位(财富和收入)、政治地位(权力)和社会地位(声望)作为社会分层的三个主要维度。这也成为当今学者普遍使用的维度。

阶级分化是社会分层的一个最突出的表现。如前所述,政党代表"部分"。这个"部分",首先是阶级。阶级是政治学和社会学的一个重要范畴。弄清政党和社会的关系,首先要弄清政党和阶级的关系。可以说,这是我们认识政党和社会之间关系的一把钥匙。

什么是阶级? 在马克思之前,研究者已经发现了阶级的存在。但是,马克思主义者和其他研究者最大的不同,就是他们把生产资料占有的情况作为划分阶级的根本依据和标准。这一点,在列宁给阶级下的定义中得到了充分体现。列宁指出:"所谓阶级,就是这样一些大的集团,这些集团在历史上一定社会生产体系中所处的地位不同,对生产资料的关系(这种关系大部分是在法律上明文规定了的)不同,在社会劳动组织中所起的作用不同,因而领得自己所支配的那份社会财富的方式和多寡也不同。所谓阶级,

---

① [美]戴维·波普诺:《社会学》,中国人民大学出版社1999年版,第239页。

就是这样一些集团,由于它们在一定社会经济结构中所处的地位不同,其中一个集团能够占有另一个集团的劳动。"我们知道,之所以会出现这种不同,是因为社会发展到一定历史阶段,有了一定的可供占有的剩余产品,同时生产力又没有达到物质财富极大涌流的程度,只能使少数人成为占有者,从而社会划分成了剥削阶级和被剥削阶级。因此,阶级是生产力发展到一定历史阶段的产物。如马克思所说,"阶级的存在仅仅同生产发展的一定历史阶段相联系"。①

阶级分化为政党产生和发展提供了肥沃的土壤。特别是当着资产阶级为了维护自身的利益、有了组织起来的需求之后,政党便应运而生。所以,从马克思主义的观点看,政党实质上就是阶级斗争的工具。关于这一点,我们在前面关于政党产生条件的章节中已经作了论述。马克思主义告诉了我们一条真理:在思考政党问题的时候,一定要看到政党与阶级的密切关联,才能把握住政党的本质,不会被种种现象所迷惑。这是我们分析政党政治所必须牢记的。

政党本质上都是有阶级性的。政党的阶级性,阶级对政党的归属感,甚至在美国这样的国家也体现得十分明显。例如,尽管美国主要两党的意识形态和政策主张都十分接近,但是,支持民主党的选民,来自中下层的总是比来自上层的人数要多,而且研究表明,每当人们的职业地位或收入下降时,支持民主党的比例就急剧增加。相反,对共和党来说,来自富有者的支持总是明显多于民主党。在1958年的一项盖洛普民意测验中,"典型的民主党人"被描绘成中产阶级、普通人、爱帮助别人的人、平常人、为挣工资而工作的处于一般水平的人、为大家着想的人,而"典型的共和党人"的形象则是:经济较富裕的阶级、富有的大工商业者、有钱的选民、经济上处境良好的、富有财产的、地位较高的阶级。

但是,需要指出的是,政党和阶级之间的联系不像人们想象得那么简单。对这一点,应当有清醒的认识。这种状况,是由政党和公共权力各自不同的特性决定的。政党代表一定的阶级。但政党以取得公共权力为首要目标,而公共权力具有为全体公民服务的公共属性。这样,政党和公共权力的

---

① 《马克思恩格斯选集》第4卷,第332页。

各自角色就存在一个矛盾:政党代表部分,而公共权力至少在名义上要求代表全体。如何把两者统一起来,使作为社会一部分人代表的政党,也能得到大众的认可,来掌握属于全体公民的公共权力? 这是政党所面临的普遍难题。实践表明,为了调和这一矛盾,公共权力会迫使政党体现多数人的意志。于是,在现实中,我们在政党和公共权力活动中看到了两种趋势:就政党而言,它们往往会努力淡化自己的阶级属性,力图把自己塑造成全体公民或至少是大多数公民的代表者;就公共权力而言,它一方面要在形式上表现为一种超越各个阶级之上、照顾各方利益的公允的力量,另一方面又实际上偏向于执政党所代表的那个或那些阶级、阶层和集团。这两种趋势,同时也是两种力量角力的结果。至于合力的指针偏向哪一边,则要依阶级力量对比而定。历史上往往出现这样的情况:当民意表达由于种种原因(例如力量弱小、渠道不通等)而显得不足时,政党政府的施政通常会明显地偏向统治阶级的利益而损害其他阶级的利益,导致阶级关系紧张;当民意表达强劲时,政党政府的施政则常常必须反映和照顾其他阶级和群体的利益,表现出更多的国民政府的特征。看不到政党和阶级之间关系的这种复杂性,不但有碍于我们对政党政治的深入思考,而且会使我们在实践中作出片面的、绝对化的判断。在这方面,我们有过深刻的教训。

如果说,政党和阶级的关系本来就不简单,那么,当代社会阶层结构的深刻变化,使得两者的关系变得更为复杂。这是认识政党与阶级的关系不能不注意到的又一个重要方面。

第二次世界大战以后,在科技革命和经济全球化浪潮的推动下,社会阶层结构变化呈现出不同以往的新特点。社会不再简单地分成资产阶级和无产阶级两大阶级,而是变得日益复杂化了。传统的资本家和工人阶级的数量都逐渐减少,中间阶层的队伍不断发展、壮大。具体说来,这种扩展有几个途径。一是,社会现代化和新技术革命的发展,使社会对各种专业人员及管理人员的需求迅速增长,大大促进了中间阶层的扩大。在美国,进入 20世纪 50 年代后,蓝领工人的数目首次被其他工人超过。到 20 世纪 60—70年代,西方大多数国家中间阶层的人数已经超过了传统的工人阶级,整个社会的结构明显呈中间趋大、两头趋小的走势。二是,国家和政府管理职能的增强,促进了中间阶层力量的增长。从 20 世纪 30 年代开始,西方国家为了克服资本主义社会的固有矛盾,大大加强了政府指导、参与和干预经济及社会活动的职能。这使得国家机关各级职能部门大大扩展,行政管理人员的数量急剧上升。与上述趋势相反,传统工人的数量不断减少,且速度惊人。直到今天,西方国家的传统工人只占人口的不到5%,取而代之的是数量越来越多、规模越来越小、形式越来越分散化的社会群体。社会结构的变化还使得人们的身份日益复杂,越来越多的人处于几种身份兼而有之的状态。

所谓"中间阶层",按西方学者的定义,一般指那些从事比较高级的职业(如管理、技术、医疗、教育等)、有充分的经济保证过富足(但非奢侈)生活的人们。文官官员、企业管理人员、教会牧师、律师、医生、专业工程师、农场主、零售商、教师及各种白领工人均属此阶层。中间阶层可以归入劳动者之列。但算不算"工人阶级",却是一个很难回答的问题。有一点可以肯定,即就他们的经济地位而言,很难被看做是"无产阶级"。此外,和传统的工人阶级不同,中间阶层具有显而易见的非政治化倾向。他们对政治缺乏兴趣,因而对选择政党的兴趣也在明显下降。值得指出的是,在西方社会,人们对中间阶层的认同还是相当高的。一项民意调查表明,在德国西部地区,50%的工人和80%的职员自认为属于"中间阶级"。

社会分层多元化的状况,在政治上导致的一个结果,就是社会职业和政治观点之间、利益和价值观之间的联系日益疏远。过去那种工人拥护社民党、资本家拥护右翼政党的大分野已经变得模糊。界限不分明,人们也就对政治逐渐失去了兴趣。此外,中间阶层由于其所处政治地位和经济地位,往往比较注重实际、有意疏远政治、希望稳定而惧怕激烈变革,是妥协政治的拥护者。上述因素综合起来,导致了政治冷淡主义情绪的蔓延。

公民的政治冷淡情绪是令政党头痛的问题。西方选民的政治冷淡主义情绪由来已久。冷战的结束和政党政治中的腐败现象,进一步加剧了这种情绪的增长。选民间对立情绪的缓解,政党之间的相互靠拢,意识形态因素的淡化,以及政党政策的灵活性增强,都有利于缓和社会矛盾,保持社会稳定,但与此同时,政党政治对公民的吸引力也大大下降。在一些国家,这种现象非常突出。这对政党作用的发挥是不利的。有资料表明,在西欧,大约有3/4的人表示对政党政治不感兴趣。西方各国的政党都承认,政党的党员人数在下降,党的固定选民的人数也日益减少。那种按照政党具体主张和政绩(往往和人们得到的福利直接有关)、而不是纲领来选择投票取向的"流动选民",不断增加。例如,德国社民党的党员数量在过去 20 年里减少了近 25 万,平均每年减少 1.2 万多人,减少幅度为原来党员总数的 1/4。

与政治冷淡主义直接联系着的是公民党派意识的淡漠。在美国,人们对党派的信念和忠诚逐渐淡化,对政党的依赖性大大减少。例如,选民对党派的认同感逐年下降:1964 年,有 75% 的人只支持一个政党;到 1976 年,这个数字下降到 67%;到 1980 年,60% 的选民投与自己所属党派不同的候选人的票。大约 1/3 的投票者自称是无党派选民,跨党投票的选民人数不断增加。例如,据密执安大学政治研究中心的一项调查,1958 年,自认是独立人士的选民为选民总数的 19%,20 年后,这个数字翻了一番,已占到 38%。1996 年的一项民意测验甚至显示,有 79% 的人认为应该有新的形式来代替两党政治。

实践的发展,迫使政党作出应对,也使政党与阶级的关系出现了一些新的特点。尽管许多政党仍然是按照阶级来划分的,带有明显的阶级党的痕迹,但是,也有一些新出现的政党并不按阶级来确定自己的支持者,而是把在某个重大问题上的共识作为凝聚力量的基础,而不管他们来自哪个阶级、阶层或集团。最典型的是绿党。绿党的显著特点之一,就是谁也无法确定它属于哪个阶级。哪个阶级中也有反对绿党的人,同样哪个阶级中也有人投身绿党的事业。除了绿党,一些国家还出现了其他类型的以稀奇古怪的共识为基础的政党,如俄罗斯的"啤酒党"。不仅如此,甚至一些过去以阶级为基础建立的政党,也极力淡化自己的性质,把自己说成是全民党。社会民主党就属于这类政党。本来就非常靠近的美国两党,也早已不再泾渭分明。

由此可见,政党和阶级的关系已经远非我们过去想象的那个样子了。我们越来越难以把某个政党和某一个阶级简单地并列齐观。这就是今天我们所面对的政党政治的现实。

## 三、政党与利益集团

如果说,阶级的存在是社会分层的基本标志,那么,利益集团的存在,则突出体现了社会分化多元性和复杂性的特点,同时也反映了社会组织化程度提高的现实。政党与公民社会的抽象关系,因利益集团的出现而变得具体、清晰。政党与利益集团的关系是政党政治实际运行中最为重要的关系之一。

所谓利益集团,是指有某种共同利益、共同愿望和共同要求的人们形成的集合体。英文中的利益集团(interest group)一词,实际上包括有两层含义。狭义的利益集团指人们为维护自己利益而组成的团体,而广义的利益集团则往往也包括客观上按各自的共同利益而划分的群体,他们有为共同利益而组织起来、采取行动的可能。前一种含义,在中文里用“利益集团”来表示是比较合适的。而后一种含义,比较准确的中文概念应是“利益群体”。

人们分属不同的群体,归根结底是因为利益不同。这和阶级有相像之处。从某种程度上可以说,阶级是最大的利益群体。但是,利益群体又和阶级有很大不同。如果从利益的角度看阶级,那么,阶级涉及的往往是根本利益,而利益群体的利益往往比较切身、比较具体,划分起来更加细微。因此,阶级的划分和利益群体的划分往往既相互交叉,又相互包容。例如,消费者群体中既有农民,也有工人,还有企业主;劳动阶级中,则有工人、农民、白领、蓝领等群体之分;同为企业经营者,仍然会因行业不同而形成房地产开发商、承包商、汽车制造商等不同的利益群体。

为了维护自身利益,利益群体中的一些人开始联合起来,进行有组织的活动,于是形成了利益集团。利益集团的出现,是社会分层复杂化的表现。它的目的,就在于最大限度地维护和发展自己的利益,保护自己的利益免遭他人特别是国家的侵害。所以,当人们的政治意识增强、生产方式和人们的政治、经济地位发生重大变化时,利益集团便活跃起来。大量利益团体的存在,是发达社会的一个重要特征。

从世界各国情况看,20世纪是利益集团取得长足发展的时期。特别是第二次世界大战结束以后,利益集团的发展出现了一个高潮。由新技术革命引起的生产力、生产关系的变化,使人们的利益意识不断增强,给了利益集团以发展的机会。当今世界上新的组织、团体不断涌现,已经充分印证了这一点。

利益集团的发展不只是西方国家的现象。美国政治学者 V.O. 基认为,利益集团是庞大的现代工业化社会的政府的一个组成部分。小的、农村型的不发达国家的人民可以通过地理区域代表性来反映他们的要求。但是,对于一个庞大的现代化工业国来说,仅仅依靠地域代表性不足以反映各不相同的、涉及范围广泛的各种利益。这就促使了利益集团的产生。这种说法是有道理的。可以说,利益集团的产生有它的客观必然性。归结起来,当代利益集团的发展,至少与下面两个原因直接有关:一是,生产方式的改变产生了许多新的利益,人们对这种新的利益的认识逐步加深;二是,权力的分散化和共同参与民主制的发展,使人们易于组织起来直接表达自己的利益要求。随着利益集团在社会政治生活中日益重要的作用,"利益集团政治"也越来越多地进入了人们的视野。

政党与利益集团的关系,是所有政党都回避不开的重大课题。利益集团有利益表达的功能。它们不但有能力表达经济要求,也有能力表达政治要求。因此,毫无疑问,利益集团的存在和发展,客观上会挤占政党的一部分空间,对政党活动形成强有力的挑战。政党如何面对利益集团的发展?是应当利用掌握国家权力的有利位置,限制和约束利益集团,还是在这一发展面前放任自流、无所作为? 实践表明,采取积极的态度,处理好和利益集团的关系,是现代政党的一门基本功。

具体说来,可以从三个方面来认识和把握政党与利益集团的关系。

首先,利益集团的存在和发展,是不以任何个人和政党的主观意志为转移的客观趋势。

对于一个健全的公民社会来说,利益群体的形成不可避免,利益集团的出现同样不可避免。随着人们维护自身利益意识的不断增强,社会对利益表达渠道的需求也迅速增长。在这种情况下,如果一个社会中,有组织的表达渠道只有政党,那么,这种渠道就会体现出单一性、单向性,就会体现表达渠道"供给不足"。因为,政党固然可以在一定程度上代表某个或若干个利益集团,但社会中的每一个人都是多角色的人,他的所有诉求不可能都被一个政党包揽无遗。比如,一个人的政治理想是社会主义,他可以参加社会主义政党;但是他同时又是一个消费者,作为消费者有自己的利益,社会主义政党不可能同时只代表消费者的利益。尤其是,政党对民众诉求的表达再准确,民众也只是被代表者、被关心者,在社会活动中处于被动的地位。利益团体则不同。由于其强烈的自治性,利益集团成为民众表达诉求的直接载体。它拓宽了社会表达的渠道,使社会沟通具有了双向性、多样性,从而大大提高了社会健康运转的可能性,能有效降低因表达渠道不畅导致社会不稳定的风险。

　　实事求是地说,我们过去对利益群体和利益集团的认识是不够的。受过去计划经济时期形成的观念的影响,我们往往把利益表达看做和社会主义方向不协调、相背离的行为,因而不但不从利益表达的角度认识问题,而且不允许从这个角度认识问题。在我国,虽然建有工会、妇联、工商联等群众组织,但在很长一个时期,它们并无表达不同利益的功能。建国之初,有人提出,工会和企业领导管理人员的立场和态度应有相同的地方,也有不同的地方,基本立场一致,具体立场又有所不同,工会应当担负"代表工人的利益"、"工会工人群众日常自身利益"的基本任务,而不能成为厂方的"附属机关"。① 这个非常合理的观点,却被定性为"严重错误"。我们看到,在实行计划经济的社会主义国家,后来几乎无一例外地都在这一认识上出了问题。所有社会团体都变成了不能表达不同社会群体利益的摆设,变成了国家权力的应声虫和附庸。在波兰,在导致东欧社会主义模式倾覆的剧变中,独立的团结工会之所以能够风行一时,无疑和官方工会不起任何作用、工人长期缺乏自己利益的表达渠道有密切的关联。这里面的教训,值得认真汲取。

　　其次,政党和利益集团的良性互动,可以推动社会整合和民主政治的发展。

　　政党的一部分功能为利益集团所代替,并不意味着利益团体可以取代政党。政党是政治组织,它的目标总是和国家权力相联系。政党和利益集团的最大不同就在于,虽然政党本质上也代表部分人的利益,但为了掌握公共权力,政党必须尽可能广泛地反映公众的要求。这是政党所独有的、其他社会组织所无法代替的特点。

　　利益集团能起到政党所不能起的作用。一般说来,在维护和增进利益

---

① 《长江日报》1950 年 7 月 30 日。

的层面上,利益团体较之政党可能更体现出强势;但体现公民对公共权力的诉求,政党的作用则是利益集团所无法企及的。

此外,众多的利益团体可以在更加微观的层次上相互之间进行影响和沟通,客观上能大大丰富社会协调的内容。例如,美国学者艾伦·D.赫茨克认为,游说团体和国会环境之间有一种互动作用。他发现,宗教游说团体的游说并不仅仅是在宣传他们的主张,最重要的是这些主张能影响决策。因此,他们也必须调整策略,来适应国会多元化的压力体系和讨价还价的游说规则,这就使得宗教立场温和化了。如他所说,"华盛顿的环境不外是一个公共场所,在这里基于不同的宗教、不同的种族、不同的神学、不同的意识形态的各种团体密切接触。在这里领袖们出谋划策、各团体互相结盟、议题先后提出、同路人不断加入、党派互相协调、基层群众则得到动员"。[①] 可见,在政党政治中,利益集团经常是进行社会整合的帮手,而不是政党的对手。

事实上,政党和利益集团在利益表达上经常是既互为对手又相互补充。既应当看到它们和政党相竞争的一面,也要看到它们相互补充的一面。政党是传统的可供选择的利益表达渠道。但是,在利益分散化、多元化的条件下,政党要把相当数量的民众聚集在一起,实际上是非常困难的。在许多国家,政党组织的规模不断缩小,和这一点不无关系。从这个角度看,利益集团形成的过程,等于把民众一部分、一部分地整合在一起的过程。通过适当的形式,政党不是去整合一个一个的个人,而是用利益先把分散的民众个人集聚起来,再建立政党与利益集团的密切联系,会大大降低政党活动的成本,收到事半功倍的效果。而且,组织一旦形成,自身就会产生一定的约束力,这又会提高整合的质量。

所以,政党要研究的一个很重要的课题,就是如何减少利益集团作为对手的一面,增强两者之间相互补充的一面。把利益集团作为潜在对手加以限制甚至压制的政党是不明智的。只有既能充分利用自己的优势吸引公众,又能借助利益集团的工具,把公众整合成为自己的牢固基础的政党,才

---

① ［美］艾伦·D.赫茨克:《在华盛顿代表上帝——宗教游说在美国政体中的作用》,上海世纪出版集团 2003 年版,第 2 页。

是有高超领导水平的党。政党应当充分利用利益集团这种形式,作为公众利益表达的重要渠道,为公众的利益表达提供更多的选择。

再次,政党有责任对利益集团及其倾向进行引导和指导,化解利益冲突。

利益集团的发展是利益分化和民众利益诉求在组织上的体现和自然结果。但是,这种发展本身并不必然带来民主和公正。相反,利益集团的发展也会出现一些新的问题。利益群体是一种客观存在。但能不能在利益群体的基础上形成利益集团,则受其他条件的制约。实际情况往往是,那些和执政集团关系比较密切的、有强大经济基础的、掌握着现代传播工具的利益群体,较容易形成利益集团;而那些在政治、经济各个方面处于弱势地位的群体,往往散沙一盘,无力组织起来。在这种情况下,后者往往会在政治博弈中乏力乃至缺位,导致政治经济资源分配的不均衡。例如,在美国,利益的表达经常表现为利益集团在国会中进行游说活动。游说的效果,在很大程度上要看利益集团的影响、规模,以及它们提供的活动资金。因此,在游说中得利的总是那些大的集团。正如一个美国学者所指出的:"即使公民团体有所增长,但游说组织在总体上偏向于企业、劳工和专业界,而以穷人、少数民族及松散而难以组织起来的选民为代价……因此,政党的衰落及利益集团的激增均对在政治过程中已得到充分代表的那些人有利。"[1]正如美国政治学者所指出的那样,"能够进入国会听证会的利益集团多半是那些享有接近政府过程途径的集团,而处于底层的集团通常缺乏这样的途径"。[2]这对于民主的发展显然是不利的。

因此,毋庸讳言,利益集团的发展也有它消极的一面。仅有利益集团的竞争并不能说明体制本身的民主性。一个健康的社会,应当是各种合理利益都能得到充分表达的社会。我们认为,政党应当在这方面担起责任,即主动引导利益集团的发展。执政党应当通过引导和推动利益集团的发展来促进社会整合。事实证明,利益集团越发展,就越能弥补利益集团自身的某些

---

① 转引自[美]艾伦·D. 赫茨克:《在华盛顿代表上帝——宗教游说在美国政体中的作用》,上海世纪出版集团2003年版,第9页。

② [美]迈克尔·罗斯金等:《政治科学》,华夏出版社2001年版,第211页。

缺陷。再举利益集团比较发达的美国为例。一些学者通过研究发现,宗教团体在作为游说团体进行活动时,往往能起到独特的作用。由于进教堂的人中,较低阶层的人占主导地位,虽然他们并非为了政治目的而进入教堂,但共同的宗教生活往往会使他们形成一定的共识。这种共识会在宗教游说团体进行游说活动时被表达出来,这就使美国政治体系中可以或多或少地听到非精英阶层的声音,提高了美国政体的代表性。而这一点是通过教会来做到的。所以美国学者从中概括道:"宗教游说的集体作用就是要扩大美国政体中分散和非精英利益的发言权。"①

## 四、政党与民间组织

现代公民社会的一个突出特点是民众的日益有组织化。民间组织是公民社会的典型组织形式。无论是社会中的阶级、阶层、利益集团,还是因某种共同的价值目标追求而形成的群体,都越来越普遍地以民间组织的形式出现。政党与它们的关系,在很大程度上会具体体现在政党与民间组织的关系上。

民间组织,在西方学界通称为非政府组织(non-official organization,简称 NGO)。非政府组织有狭义和广义两种含义。狭义地讲,非政府组织通常被用来指那些从事社会公益事业的组织,所以往往和非营利性组织(non-profit organization)是一个概念,如红十字会、希望工程、残疾人联合会、志愿者组织及各种基金会等。广义的非政府组织概念涉及面则要宽得多。根据社会学理论,现代社会可以区分为三大部分:一是政府,是照顾大众利益的公共治理部门;二是企业,是运用社会资源创造经济价值的部门;三是其他所有不属于前两部分的团体和组织。这些组织独立于政府、企业之外,根据自愿的原则组织起来,可以统称为非政府组织。

有些学者使用公民社会组织(civil society organization)的概念来指代这些组织,并概括了它们的四个特点:一是非官方性,即这些组织是以民间的

---

① 〔美〕艾伦·D. 赫茨克:《在华盛顿代表上帝——宗教游说在美国政体中的作用》,上海世纪出版集团 2003 年版,第 17 页。

形式出现的,不代表政府或国家的立场;二是非营利性,即不把获取利润当做生存的主要目的,而通常把提供公益和公共服务当做主要目标;三是相对独立性,即它们拥有自己的组织机制和管理机制,有独立的经济来源,无论是在政治上、管理上,还是在财政上,它们都在相当程度上独立于政府;四是自愿性,参加公民社会组织的成员都不是强迫的,而完全是自愿的,因此这些组织也叫公民的志愿性组织。① 这里指明的,实际上也就是所有非政府组织的一般特点。

本书使用的"民间组织"一词,和广义的非政府组织、公民社会组织概念通用。公民社会是现代民主制度的一极。这一极的组织化,体现在各种独立于政府之外的组织的发展上。无论这种组织采用什么样的形式,只要意在表达某种群体性的利益、愿望和要求,就应当被看做是对公众与政府进行沟通的渠道的强化。非政府组织、民间组织、公民社会组织这三种提法,反映的都是这一共性。

在发达国家,非政府组织的发达与否被视为一个社会民主和健康程度的重要指标。有学者认为,非政府组织同政府、企业共同构成了现代社会结构的三大支柱。一个发达的现代社会需要发达的非政府组织,因为非政府组织是政府有效的"减压阀"和"稳定器"。非政府组织培养基层民众的合作精神,教育人们行使公民权利和义务的技能,提供一个表达他们内心想法的框架。从某种意义上说,非政府组织不仅能够提供市场经济社会所缺乏的无功利、利他的志愿者精神,而且还是文化精神创新之源。所以,西方国家对非政府组织的发展是积极鼓励的。甚至早在19世纪,美国就有了大量的志愿者协会。它们的活动是如此吸引人,以至于成了托克维尔研究美国民主的一个重要课题。② 据有关资料显示,20世纪80年代中期,即使不把工会和各种社会运动计算在内,美国也有各种团体约2万个,日本有约1.2万个,英国约7 600个,加拿大约8 300个。这里面实际上仍有大量的利益集团被排除在外。③ 专门研究美国社会团体的学者罗伯特·伍斯诺统计,

---

　　① 俞可平等:《中国公民社会的兴起与治理的变迁》,社会科学文献出版社2002年版,第190页。

　　② 参见[法]托克维尔:《论美国的民主》有关部分。

　　③ [日]计中丰:《利益集团》,经济日报出版社1989年版,第17页。

有 40% 的美国人至少参加了一个定期集会的团体。另一个学者彼得·霍尔指出,在英国,1991 年共有 16 万个注册的慈善团体。平均每年有将近 20% 的人口参与到某种形式的志愿性工作中,且有大约 10% 的人是每周都从事一定的志愿性工作。而且他发现,现在的年轻人参与志愿性工作的积极性丝毫不亚于前几代人。这一点,也为我国四川汶川抗震救灾和奥运会期间的志愿者服务所证实。

在我国,随着社会主义市场经济和民主政治的发展,非政府组织也在逐步发展起来。有专家认为,从它们的产生看,我国非政府组织实际上有两种类型。一种是自上而下、由政府组织起来,包括青联、妇联、工商联、科协、行业协会、基金会等在内的人民团体和社会团体。它们一般由政府出面建立,具有较长历史和半官方特色。另一种是自下而上自发地组织起来,通常被人们称为草根非政府组织。这些组织多由民间人士自己发起成立,大多为 1995 年后受世妇会非政府组织论坛的影响而陆续出现,其活动集中在环保、扶贫、女权等领域。与前者相比,这类组织有很强的独立性和自主性。它们的组织形式又可大致分为四类:一是凭借个人关系等"有幸"在民政部门作为公益性社会团体注册的,数量极少;二是作为官方组织分支机构存在的,如著名的环保组织"自然之友"、"打工妹之家"等,数量也很少;三是在工商部门作为企业注册的,占了目前有一定知名度的草根非政府组织的绝大部分,如打工青年艺术团;四是没有在任何部门注册的,是草根非政府组织"金字塔"的底座,数量最大且无法统计,如南京的"抓小偷志愿者协会",等等。非政府组织的出现反映了市场经济催生下民间高涨的结社热情。有人统计,全国稍有知名度的民间自发公益性组织约为 300 个。

国际性非政府组织在中国开展活动,给中国非政府组织的发展带来重大的影响。早在 20 世纪 80 年代初,一些国际性的慈善组织,如世界宣明会、乐施会、救世军、英国救助儿童会等,就已经进入中国的边远省份。20 世纪 90 年代初,一些国际环保组织,如绿色和平组织、美国环保基金会、绿色地球网络等,以及一些从事卫生保健、儿童救助活动的国际组织,如儿童救助会、美国妈妈联谊会等进入中国。20 世纪 90 年代后期,一些关心中国民主进程的组织,如卡特基金会等,也开始对一些项目进行资助。

和利益集团对政党活动提出挑战一样,非政府组织和政党发生竞争也是不可避免的。有个美国学者作了一个形象的比喻：如果冰淇淋只有一种味道，烤面包机只有一种，很明显，一大堆人会作出同样的选择。如果花样多了，人们的选择权增加，那么，不同的个人和团体就会作出不同的选择。[①]利益表达渠道的增加，也是同样的道理。在政党是主要沟通渠道的情况下，大多数人都会选择政党。而在有了更多的沟通渠道以后，政党就必须面临被放弃的可能性。

因此，政党和政府如何对待非政府组织，是当今时代政党政治的一个重大课题。利用各种社会组织形式进行力量整合，是几乎所有政党过去都使用、现在也仍然在使用的办法。在这方面，国外一些执政党对非政府组织的利用，可以为我们提供一些启示。

在西方国家，大多数政党都建有越来越多的外围组织。有的政党甚至在活动经费上还要仰仗它们的支持。例如，社会民主党与工会组织有着天然的联系。每个社会民主党后面都有一两个强大的工会组织做后盾：英国工党背后是英国职工代表大会；奥地利社会党背后是奥地利工会联合会；德国社会民主党背后是德国工人联合会等。类似这样的站在社会党后面的工会还可以列出一大排：法国劳工民主联合会，挪威总工会，瑞典总工会，意大利总工会，丹麦总工会，比利时劳动总联合会，等等。政党与它的外围组织、兄弟组织和联系组织之间的联系方式是多样性的。有的在组织上是一种代表和被代表的关系。例如，欧洲不少社会党和工会之间是这种关系。基督教民主党在很大程度上也效法社会党。意大利天民党支配着各种根据"社会基督教原则"进行活动的组织，像信天主教的意大利劳工联合会，农民组织（直接耕种者组织），"天主教行动会"及其分支组织，意大利天主教劳动会，工业家联合会，等等。这些组织有权接受天民党全国委员会的咨询。德国基督教民主联盟把各种类型的协会，如青年联盟、妇女联合会、中产阶级协会等，都纳入自己的组织系统，建立了和基民盟一致的结构和组织形式，各协会领导人的任命须经基民盟秘书长的同意。在绿党方面，绿党和各种和平运动，生态运动，反核运动，人权运动，女权运动等，都有着密切的联系。

---

① ［美］凯斯·桑斯坦：《网络共和国：网络社会中的民主问题》，上海世纪出版集团2003年版，第38页。

在新加坡,人民行动党建立了不少半官方的社团组织。例如人民协会,其职责是组织和促进群众积极参与社会、文化、教育、体育活动,把党的理念和主张转化为民众的行动。该协会还主管一个庞大的社区中心网络。管理委员会的成员由人民协会任命,成为执政党的得力帮手。也有的非政府组织保持组织上的独立性,而根据具体事务的需要与政党进行沟通。总之,充分利用非政府组织,是现代政党活动的一个突出特色。

在我国,面对民间组织的发展,改变对它们简单限制的办法,不笼统地把它们放到自己的对立面,而是充分利用民间组织的形式,让这些组织按照自身的规律性,自主地发挥作用,为执政党推动社会整合、巩固和扩大自己的执政基础服务,是十分必要的。有的学者称之为"从控制型管理转向培育服务型管理"。一位研究非政府组织的专家预言,中国将迎来非政府组织进入的高峰。受此影响,中国自己也将进入非政府组织发展的新阶段。许多专家、学者为我们党在非政府组织问题上的对策提出了很好的建议。一些学者指出,我国当务之急是要引导、支持、发展我国自己的非政府组织体系,鼓励非政府组织在疏通政府与公众的关系上发挥积极作用。国家每年可拨出一部分资金,用于支持公益性的、非营利的民间社团的发展,允许它们在一定范围内有公开募集善款的权利。同时要尽快制定法律和政策,规范非政府组织的活动。特别是,有些地方已经在进行这方面的尝试,如青岛市试行社区民间组织备案制,鞍山市试行工商行业联合会作为行业协会的业务主管单位等。[1] 这些尝试,值得充分肯定。毫无疑问,越按照非政府组织发展的规律办事,政党对公民社会的控制和引导就越有效。在这方面,有大量问题需要我们进一步探讨。

## 五、政党与社会整合

在政党政治的实践中,现代政党的利益表达和利益综合功能,往往融合在一起,表现为社会整合的功能。面对上述社会结构和社会分层的深刻变化,政党的社会整合功能也变得日益重要。

---

[1]　参见《半月谈内部版》2004 年第 4 期。

什么叫整合? 所谓整合,就是通过一定的方式和手段,使各不同部分在保持各自性质特点的前提下,共同集合成一个有机的、完整的整体。社会整合,就是通过多种方式,在协调和保证各群体利益的基础上,使社会各个部分组合起来,构成一个社会利益共同体。

美国西摩·马丁·李普塞特在他的名著《一致与冲突》一书中,把政党称做"冲突的力量和整合的工具"。① 就一般意义而言,这是正确的。它表明,政党作为政治参与的工具,有两个基本特征。第一,由于政党是作为"部分"来行动的,它要维护所代表阶层和群体的利益,并为了这种利益而和其他政党斗争、讨价还价。由此而论,政党是社会中一部分人与另一部分人进行利益博弈的代表。正是政党,组织和领导了社会各种不同力量之间的抵抗和冲突。但是,第二,政党又是起联合作用的力量。为了完成某个特定的目标,政党会想方设法把各种有用的力量都动员和利用起来。李普塞特特别对政党的这种作用作了描述。他认为,在竞争性的政党制度中,"一方面,每个政党都建立了跨地区的沟通网络,并通过这种方式促进了民族的融合;另一方面,正是它的竞争性帮助建立了超越融合小团体和帮派之上的全国性政府体系。"②在这里,政党体现的就是它作为整合工具的作用。在发展中国家,李普塞特指出的上述整合作用或许更明显。例如,许多发展中国家中的政党为了取得国家独立,把各种力量联合在一起同殖民统治进行斗争。结果,这些政党都因以民族主义政党的面目出现而获得了成功。

政党作为冲突工具的功能和作为整合工具的功能,都源自政党的本性。政党既有可能缓和社会冲突,也有可能加深社会分裂。"政党究竟何时应该团结人民,何时应该分裂人民,是政党领袖们的一个重要的策略、战略和道义问题。"③但是,把政党的作用进一步量化,我们会发现,对政治体制中地位不同的政党来说,作为冲突的力量和作为整合的工具,侧重面是不太相同的。作为在野党、反对党,特别是作为体制外政党和反体制政党,其目的就是为了利用社会矛盾来造成对执政党不利的局面,以便取而代之。因此,

---

① [美]西摩·马丁·李普塞特:《一致与冲突》,上海人民出版社1995年版,第136页。
② [美]西摩·马丁·李普塞特:《一致与冲突》,上海人民出版社1995年版,第137页。
③ [美]詹姆斯·M.伯恩斯等:《美国式民主》,中国社会科学出版社1993年版,第354页。

它们往往比较突出地体现为"冲突的力量"。当然,这不是说,不执政的政党不履行整合职能。我们看到,有时在野党或反对党为了取得相对于执政党的优势,也千方百计地联合起来,把各种各样的力量聚集在一起。从这个意义上说,这也是在起整合的作用。但是,这种整合,归根结底是为取代执政党服务的,或者说,是为冲突并在冲突中获得最大利益服务的。例如马克思主义政党,在领导人民革命、推翻旧政权的时期,政党的功能非常简单、明了,就是要动员各种政治力量与敌对阶级进行对抗,以期取得政权。从这个角度讲,把在野党、反对党、体制外政党和反体制政党叫做"冲突取向型"的党,可能更加准确些。

　　与此相反,执政党则往往更体现为"整合的工具",履行整合功能,可以叫做"整合取向型"的党。原因很简单:执政党所掌握的权力是公共权力,属社会各个阶层、群体和个人所共有,承担着维持社会稳定和推动社会发展的责任。社会各不同阶级、阶层、集团和群体之间因利益不同,会经常产生矛盾和冲突。国家作为表面超越社会各种利益之上的力量,其职责是想方设法协调、整合这些利益。因此,尽管我们说,具体的统治阶级实际上总是设法从中捞取和维护自己的利益,会在其中"拉偏架",但整合的功能却是不能没有的。政党一旦执了政,掌握了政权,就意味着民众把维护社会稳定、推动社会发展的重任委托给了它。它的一项根本任务,就是把社会各方面的积极力量都集合起来,共同推进经济发展和社会进步。由此而论,作为执政党,总要想方设法减少社会矛盾,协调各阶级(除了该消灭的阶级之外)、阶层、集团的利益,以便造成一个和谐的局面,求得国家的稳定和发展。不执政时,政党只要得到它所代表的那个群体的认可就行了;执政党则需要得到社会多数的认可。

　　两种不同的导向,造就出的政党在类型上有区别。对政党到底是"冲突取向型"的,还是"整合取向型"的,民众往往有比较明确的认知。一般说来,政党可以不断变换自己的角色,有时展示自己是整合工具,有时表明自己是冲突力量。但是,政党一旦被长期定位在"冲突力量"上,就会在取得执政地位的过程中处于不利位置。例如,在战后英国,为了阻止工党上台,保守党经常使用的理由是:工党不能领导全国,是因为它只关注一个阶级的利益;而保守党在关注工人阶级利益的同时,也考虑其他阶级的利益,因而它的政策能团结全国。在法国,我们也可以看到相似的情况:人们在把法国共产党作为反对党来看待时,都投票支持它,以示对现状的不满;但当人们要选择执政党时,又都会把票投给其他政党,而使法共与执政无缘。其原因之一,大概在于人们已经习惯性地把法共看做"冲突的力量",是对现政权实施抗议和进行有效制约的力量。这种形象,反过来又被法共带有浓厚传统色彩的理论所强化。在今天的俄罗斯,我们看到了几乎相同的情况。在那里,人们希望俄共成为现政权的一支不可忽视的制约力量。但是,当俄共真的要争取执政时,它得到的支持却不多,而且越来越少。很重要的原因,就是人们始终把俄共当成"造反派"。至于讲到它执政的前景,人们更容易把它和苏共时期联系在一起。

观察当今世界,我们可以发现一种引人深思的现象,那就是:不仅执政党非常注意从利益整合的角度去认识问题,而且其他政党也越来越具有这种偏向。这种现象不奇怪。一方面,在竞争体制中,执政党和非执政党的区分本来就是相对的:今天是执政党,明天可能成了在野党;今天的非执政党,明天可能摇身一变而成执政党。另一方面,随着民主政治的日趋兴盛,人们已经普遍认识到,给一种政治体制及其运作挑毛病并不难,难的是找到解决问题的办法。苏联的民主派作为反对党时攻势凌厉,使苏共难以招架,乃至最后失去执政地位;但等到它们成了执政党,人们看到,其实这些党也缺乏治国能力,令人失望。这种情况在许多国家都存在,显示了一定的普遍性和规律性。纯粹作为"冲突力量"活动的政党往往会在这种情况下逐渐失去市场,而"建设性的党"则得到人们的青睐。

许多政党的实践都表明,强大的社会整合功能,往往能使政党保持对社会政治生活的强大影响,源源不断地获得执政支持。

美国的两党有很强的社会整合功能。这不仅是指这两个党把大部分在如此庞大、如此复杂的社会中生活的人们整合在两个党里,而且是指,其中每个政党都力图获得本党支持者以外的人们的支持。正如著名英国政治学者布赖斯所观察到的那样,美国政党"因为希望在选举时候得到多数选民的赞同,就不得不极力调和各派的意见,使他们都能归入其范围之内。只要内部不致分裂,一个政党是愿意容纳各种各样的意见,就是种种怪癖的观念,或一时的风尚也偶尔提倡。在新问题发生,各方面有激烈冲突时候,政党又得用种种方法,设法调和,甚而至于小心谨慎,两面讨好,以免自危"。①
美国政党的整合工具作用,突出表现在它们对不同种族、宗教和阶级的整合
上。早期美国政党是带有比较明显的种族倾向的。特别是曾经较强烈地反
映南方种植园主利益的民主党,对黑人持有强烈的偏见。不过,随着黑人在
美国社会中获得平等的法律地位,成为一个丰富的选票票源,不管是民主
党,还是共和党,都把争取黑人作为自己的一个重要目标。美国两党信守一
个原则:两党都不能走极端,否则就没有可能获得所需的多数支持。因此,
两党都包容了自由主义分子和保守分子,都向企业界和劳工寻求支持。所
以,詹姆斯·布赖斯认为,美国"政党的组织确已统一了全美国的人民,使
他们团结起来,成为一个民族,无论是乡区或城市,穷的或富的,本地生长的
美国人或从旧世界移植来的外国移民,都由政党的关系,同化起来了。政党
的组织又帮助与训练他们相互合作。假使政党是根据民族或宗族的不同而
组织的,那么,人民间种种不相容的状况又势必至于更形剧烈。但在美国,
这种不相容的状况却因政党而减少了。多数的爱尔兰移民是加入民主党
的,多数的德国移民是加入共和党的,但民主党中也有很多的德国新教徒,
共和党又有很多的爱尔兰旧教徒。"②当然,由于政党存在的传统和偏向,它
们所获得的支持来源会有所区别。例如,共和党在金融家、工业家、商人中
获得支持的比例总是要比民主党大些,而美国最大的劳工组织劳联—产联
则通常都站在民主党一边。

　　在英国,政党的整合功能在不断得到加强,也是显而易见的。例如,据
台湾学者的分析,保守党的支持者历来主要来自社会上层和中产阶级,现在
这种情况正在改变。如果把中产阶级分成专业人士、管理和经营人员、行政
职员,把工人阶级分成技术工人、半技术工人和无技术工人和社会福利金领
取者,那么,根据1970年的统计,支持保守党的人,在专业人士中占76%,
69%的工商人士、54%的政府和公司职员、40%的技术工人、35%的半技术
工人。③而且,工人阶级中认同保守党的人还有增加的趋势。

①　[英]詹姆斯·布赖斯:《现代民治政体》,吉林人民出版社2001年版,第550页。
②　[英]詹姆斯·布赖斯:《现代民治政体》,吉林人民出版社2001年版,第549页。
③　[美]理查德·罗斯:《政党政府问题》,企鹅出版公司1984年英文版,第32页。

　　战后德国社会民主党为代表的"全民党"取向的变革,在很大程度上反映的是西欧社会党从冲突取向型政党向整合取向型政党的转型。德国社会民主党决意转向"全民党",是因为这个党看到,随着战后经济的迅速发展,联邦德国的社会构成已经发生重大的变化,作为对立面的资产阶级和无产阶级两大阶级的人数都在锐减,而包括白领工人、经济管理人员、政府工作人员和小经营者在内的中间阶层队伍不断发展壮大。德国党就此认为,如果党继续把自己的社会基础局限在工人阶级一个阶级上,一成不变地坚持过去的立场,党就会"吓跑"日益扩大的中间阶层。正是在这种认识的基础上,德国社会民主党作出了改变党的性质的选择。如果说,德国社会民主党是为这种转变开了一个头,那么,前面提到的瑞典社会民主党的"人民之家"理论则表明,在充当社会整合工具问题上,社会党有了一套完整的理论。应当承认,这套理论今天已经被许多政党所认可和接受。

　　发展中国家的情况和发达国家有很多不同,但这些国家的政党政治实践也同样表明,政党在社会中起的整合作用之大小,往往极大地影响着该国社会政治经济稳定和发展的进程。

　　一个典型的例子是印度国大党。印度社会等级制度森严,种姓对立和冲突占据政治斗争的中心地位。印度的种姓制度在世界上是独一无二的。它把不同种族划分为等级,用世袭形式固定下来,并用一系列禁忌在种姓之间实行隔离。种姓制度,再加上存在为数众多的宗教、部落等因素,使印度社会矛盾错综复杂,社会冲突严重。1947 年印度独立后,国民大会党成为从 1947—2004 年的 14 届大选中赢得 9 次大选的主要政党。印度国大党使印度社会基本稳定发展的秘诀,就是它打出的旗帜,超越种姓,组织上强调广泛性、一致性和包容性。所谓广泛性,就是强调国大党是代表印度全体人民利益的党,是包括印度各阶层爱国的民族主义分子的党。所谓一致性,就是在民族独立、经济发展、世俗主义和社会正义等原则指导下,全党保持政治上的一致,遇到分歧时保持协商精神。所谓包容性,就是强调对来自不同种族、教派、种姓和地区的人广泛接纳,对反对党和党内不同意见者持宽容态度。印度学者把国大党描述为一个唯一可将其触角伸向全国每个角落的党,一个全国所有政治、社会和思潮力量的联合体,一个遮盖国内几乎全部政党、团体的伞形组织,都比较形象地概括了国大党作为整合型政党的特征。

　　墨西哥革命制度党是另一个典型。这个党连续执政 71 年,直到 2001
年才失去执政地位,十分引人注目。这个党能够长期执政的一个重要原因,
就在于它在社会整合方面有自己的一套独特的认识和做法。我们知道,墨
西哥独立战争造就了一大批割据一方的地方军阀和地方首领。这些被称为
"考迪略"的地方军阀和首领组合在一起,形成了所谓"考迪略主义政治"。
其后果是可想而知的:军阀之间互不服气,内战不断,经济停滞。有人统计,
在独立后的一个世纪中,墨西哥发生过一千多次军事暴动;独立后的头 30
年,政府更迭 50 余次,还常常出现几个军事集团同时宣布建立政府的局面。
因此,有效的墨西哥的政党体制必须是和解决"考迪略主义政治"密切地结
合在一起的。实际上,墨西哥革命制度党(最初叫做"国民革命党")的创建
过程,也正是不断解决这个问题的过程。国民革命党先是把全国各地的
"考迪略"都吸收到统一的执政党内,使党成为一个能够把社会上的各个利
益集团都吸收进来的政治组织。在此基础上,墨西哥革命制度党进一步改
造党的结构,把原先以地方"考迪略"和地方党派划分的机构改变为按工
人、农民、民众和军人四个非地域性职业社团划分,相应成立了党的四个职
业部门即农民部、工人部、人民部和军人部进行管理。人们通常把墨西哥革
命制度党的内部组织结构称为"职团主义结构",其含义即由此而来。党组
织的这种结构,有效地把社会各方面的力量整合在一起,同时又根除了军事
独裁赖以产生的根源。

# 第十二章　政党与媒体

媒体历来是用于进行沟通的重要工具,因而也历来被当做在多大程度上增强了政党影响的手段来研究。然而,在当今世界传媒技术高度发达、媒体越来越作为一种独立的民意表达渠道和工具的情况下,问题变得复杂化了。媒体不仅能够为政党增加影响,而且可以占据一部分原来属于政党的领地,代行政党的职能,削弱政党的影响力。因此,处理好和媒体的关系,成了政党处理好和公民社会关系的重要内容。

## 一、政治流通中的政党与媒体

政党和媒体都是公民社会内部关系互动需求的产物。

民主政治,本质上讲的是民众和公共权力之间的互动。公共权力来源于民众,公共权力的运行以民众的授权为依据,运行的过程要受民众的评判和检验,运行的结果要得到民众的基本认同,尔后才能正常地进入下一个运程。而且,公共权力往往从公众的评判中获得反馈,并据此调整权力运行中的偏差,以保持和提高自身的合法性。可见,民主政治就是一个民众和公共权力之间彼此互动的系统。

这种互动,是由无数信息流构成的。民众表达自己的利益,实际上就是向公共权力提供诉求信息;公共权力根据民众的诉求进行决策,实际上就是汇集、综合信息并作出应对的过程;决策之后的执行,实际上就是把决策信息传递到执行部门,由它们把这些信息转变为行政行为;决策结果的反馈,就是对民众关于决策执行结果评价信息的收集;政策调整,就是把公众的评价信息添加到再决策的过程中,获得一个经过修正的、更加准确的决策;对公共权力的监督,就是让公共权力在众目睽睽之下运行,使公众始终有途径和机会对权力的不当使用发出警告信息。

所以,完全可以说,从运行的角度看,民主政治就是各种与政治有关的信息在一个政治共同体内流通的过程。我们把这种现象叫做政治流通。政治流通在英文中有相应的概念:"political communication"。但这个词组或被译为"政治传播",或被译为"政治通讯",均不够准确。"政治通讯"往往会使人有不知所云之感,不合国人的运用习惯。"政治传播"则使主体的作用显得过分夸张,"互动"性质易受误解。因为政治流通中的主体,绝不仅仅是传播者一种身份,同时更是接受传播者。权衡各个因素,我们认为,"政治流通"的概念更能体现政治信息流动的特点。而我们平常所讲的政治沟通,其实是执政者因应政治流通的需要疏通信息渠道、促进政治互动的行为,是执政者对政治流通客观现象的主观应对。

既有流通,就有一个流量的问题。市场经济和公民社会的发展,都使得当今社会的政治流通量剧增。这不奇怪。市场经济的最大特点,就是它把人对利益的追求还原为人的本性,承认人们追求利益的正当性和合法性,利用人们对利益的追求作为社会经济发展的原动力。有了利益追求,就有了对公共权力的利益诉求,而利益诉求的量决定着所有其他环节的政治供求信息的流量。如果把这种情况和计划经济时作一个比较,问题就会看得更清楚些。在计划经济时期,我们整个政治经济的逻辑起点是否定个人对利益的追求,千方百计压抑这一追求。因为按照当时的观念,如果让人们随心所欲地去追求自己的利益,人的无限欲望(需求)必然与相对有限的资源(供给)发生矛盾。当这种矛盾发展成为一些群体与另外一些群体之间的矛盾时,就演变成了阶级斗争和阶级冲突。所以,社会主义要避免这种前景,就必须否定个人的利益追求,代之以由国家制订生产计划来满足人们需求的模式。在这种情况下,可想而知,政治流通量必然处在一个极低的水平。市场经济以及在此基础上逐步壮大的公民社会则使得这种情况发生了根本性的变化。其政治流通量之大,是计划经济时期所无法比拟的。有人用"信息爆炸"来形容信息社会的信息流动。这种比喻,在一定意义上也适用于对政治流通量的描述。

政治流通作为客观存在的事实,是向政治体制提出的挑战。政治沟通是执政者解决政治流通作出的应对之举。当政治流通量急剧加大时,政治体制若不能提供与此相应的足够渠道,就会出现政治流通不畅的状况。政治流通不畅肯定带来政治不稳定。至于这种不稳定是不是会威胁政治体制,导致政治体制危机,则要看政治流通和政治沟通之比。我们可以用下面的等式来表达政治流通、政治沟通和政治稳定之间的关系:

$$政治稳定的程度 = \frac{政治沟通}{政治流通}$$

在这个等式中,政治流通量肯定大于政治沟通的量,因为任何政治体制都不可能把社会上所有的诉求信息都无一遗漏地反映上来。但当政治沟通实现的量与实际政治流通量相差不大时,政治体制大体是稳定的。相反,政治沟通的量与实际政治流通量的差距越大,政治体制就越不稳定。

政治流通的需求,客观上使得各种能够成为政治流通工具的载体都获得了充分的发展空间。政党和媒体都在其中。

传媒在社会政治经济文化生活中发挥着重要的作用。我们知道,拥有共同经验的程度是一个社会向心力程度的重要指标。共同经验越低的社会,异质的程度就越明显。在一个异质社会里,人们之间不容易相互了解,通俗地说,共同语言少,社会分裂的可能性就大。媒体在塑造或是解构社会共同经验方面越来越起着巨大的作用。它既可以塑造共同经验,提供某种"社会黏性",也可以消除共同经验,促使社会分裂。

台湾学者林东泰把新闻媒体的社会功能概括为四项:一是守望监督的功能,它包括去政治中央化;二是协调沟通的功能,即为民喉舌,替人民伸张权利;三是传衍文化的功能,这是社会化的重要管道,可以补充正规学校教育的不足,引进外来文化,促进文化间的沟通;四是提供娱乐和广告的功能,即利用市场机制,反映阅听的大众需求,追求商业利益,扮演守门人的角色。

在现代社会中,传媒的作用呈现出迅速扩张的态势。随着信息通讯技术的不断提高,无论是在数量上,还是在形式上,传媒的作用都超出了人们的想象。例如,美国是媒体高度发达的国家。据不完全统计,美国有近1 700份日报,总销售量近1 000万份。有1 500家电视台。尤其互联网,更是以惊人的传播速度和铺天盖地的信息量与传统媒体抢夺受众。

传媒是现代社会的重要部分。它反映社会,又不完全等于社会,具有相对独立性。这种独立性,一体现在媒体对信息有放大和缩小的作用,二体现在传播本身的发展会产生独立的利益。发达的媒体使人们获取信息的速度大大提高,参与政治的途径更加直接。传媒的发展对人类生活的影响是极其深刻的。美国学者预测,网络信息技术的发展将为满足人们的需求提供更多的可能性。其中突出的一点,就是"传播系统的个人化"。人们可以随心所欲地获得各种信息,而传媒为人们提供的服务也越来越个人化。譬如人们会设计出让你能"彻底掌控电视"的系统。它让你置身于"自己所属电视网的中心,所以你可以随时随地看你所想看的"。这个系统会"自动地发现并用数字记录下你喜爱的电视节目",帮助你创造一个"个人的电视在线"。它还可以学习你的品位,"根据你的偏好来建议你该录制或观看哪些节目"。① 所有这些都说明,网络、新形式的电视和传播媒体正在改变着公民治理社会的能力,日益壮大的个人控制力将对民主和政党政治产生重大的影响。当然,它也会在给传统的政党政治带来挑战的同时,提供发展和变革的机遇。

## 二、媒体发展对政党政治的影响

媒介发展对政党的影响多方面的。

首先,媒介民主使民众相对于政党的独立性大大增强,使政党的影响力下降。特别是信息网络技术的发展,不仅打破了特定社会阶层对政治信息的垄断,而且打破了国界对信息扩散的限制,实际上在许多方面取代了过去由政党来体现的某些功能。

哈贝马斯对此作了深刻分析。他指出:"借助媒体和领导人与电视观众即时联系的方式实现的政治问题的个人化在相当程度上提高了政治的直接投票化倾向,并且减少了政党组织的重要性。随着公共劝说蜕变成市场研究,从外部主导的社会关系逐渐超过了党内成员的内部沟通。"②民众过

---

① [美]凯斯·桑斯坦:《网络共和国——网络社会中的民主问题》,上海世纪出版集团2003年版,第4页。

② 杨雪冬、薛晓源主编:《"第三条道路"与新的理论》,社会科学文献出版社2000年版,第84页。

去需要通过政党来做的许多事情,现在可以选择通过媒介的途径来做。就是说,公民往往可以利用新闻媒介直接从事政治活动,而无须借助政党。反过来,政党与民众的联系也是这样。例如,过去政党要了解民众的需求,往往要靠自己的党组织和党员。现在,越来越多的民意调查机构可以帮助做到这一点。过去,宣传党的候选人完全是党组织自己的事情。现在,不但可以随时找到大量应召待聘的专业技术人员,而且还出现了越来越多从事媒介服务、网络服务的专门公司。由此产生的一个必然结果是,党的领袖或其他候选人即使摆脱党的系统、另起炉灶,也有可能在竞选中获胜。这显然使政党的作用较之过去大为削弱。人们不再把参加政党作为获得和传递信息的主要渠道,而往往直接借助于媒体,政党的教育、宣传功能也因而受到限制甚至部分丧失。这些都说明,传统的通过政党来参与政治的模式已经显得不适应了。

其次,媒体的发展,特别是新兴传播手段的发展,给传统的政党组织结构带来冲击。这一点,在许多方面都有反映。例如,互联网的发展大大促进了人们之间的信息交流,使人们足不出户就能获得充分的信息。这就使传统的多层级的政党组织结构显得落后和过时了。传统的政党结构由于中间层次太多,在信息传递过程中往往不仅不够及时,而且容易失真。社会民主党就是一个典型。社会民主党在组织上有结构严密、层次较多的特点,过去在动员党员和选民方面存在巨大优势。但是现在,这个优势却因决策程序长、信息传递速度慢而变成了劣势。

互联网为直接民主提供了可能性。我们知道,在更多地实行直接民主还是依赖间接民主之间,始终存在着互不相让的观点。前者把直接民主作为理想,对间接民主给予更多的批评。而后者则强调直接民主技术上的难以操作性,把间接民主看做实现民主的主要途径。互联网的发展,似乎在促使着这些观点发生变化。一个显而易见的事实是,网络的发展加快了政党组织结构扁平化的趋势。这种情况,是由网络的特性决定的。网络是一种特殊的无中心、无界限的离散结构。所谓无中心,是说任何组织和个人都可以在网上发表信息,都可以成为互联网上的一个信息节点。如果该组织和个人发布的信息非常重要,无论发布主体的实际政治地位如何,这个信息都会迅速成为网上人们注意的一个中心。这就是奈斯比特所说的:"网络组

织可以提供一种官僚制永远无法提供的东西——横向联系"。① 这种横向
联系对原有的官僚等级结构形成强烈冲击,极大地削弱了它在政党活动中
的重要性。传统的政党组织由于金字塔式的权力结构,权力集中在上层,信
息自上而下流动时往往相对容易,而信息自下而上流动则比较困难,党的高
层的领导人与最基层的党员之间的直接沟通,即使不能说没有,也至少可以
说是罕见的、非常规的。这往往是普通党员对党的事务兴趣下降、党的凝聚
力下降的重要原因。互联网的发展打破了这种状况,突破了党内沟通的层
级限制,使直接交流成了很容易的事情。它拉近了党内不同部分的距离,为
党内上下之间的直接沟通提供了宽阔的渠道。最重要的是,由于有了网络
来传递信息,官僚机构失去了对信息的垄断权,这也同时意味着它们的支配
权被大大削弱了。此外,人们不但可以越过官僚机构实现参与,和上层进行
沟通,而且可以反过来督促官僚机构提高效率,缩小通过党的组织传递的信
息的失真率。这些都是进行中的政党组织结构简化和扁平化的具体体现。

　　再次,传媒促使政党改变自己的活动方式。英国政治学者唐纳德·萨
松这样描述传媒发展给政党带来的影响:"当收音机和电视的影响较小时,
左派政党依靠他们自己的组织和他们自己的亚文化群来传播他们的消息。
即使在选举运动期间,相对复杂的议事日程也会从领导到追随者这样被传
播下去,后者会依次把这个消息传到他们的地区和工厂,对这个消息进行改
编以适应特定的观众。20 世纪 50 年代,社会主义和共产主义的领导人能
够在露天广场或在大厅召开的忠实的追随者的大会上直接进行演讲,并用
一种加以相对选择的语言详细阐释党的政策。现在,政治信息通过一种复
杂的由高到低的通讯系统加以筛选。领导者不直接同他们的忠实的追随者
讲话,而直接同人数众多但缺乏注意力的观众讲话。他们同系列幽默剧、电
影和肥皂剧竞争。政治家的消息必须言简意赅——是值得赞扬的'一针见
血',由于政治产品是相似的——繁荣、无通货膨胀、低税收、优良的公共服
务,等等——政治家倾向于传播同样的消息。由于高层领导人较易获得接
近媒介的机会,所以存在着一种明显的对个性的关注。相应地,通常要根据
他们在电视上进行表演的能力来选择领导人。当必须当场表决时,成员们

① [美]约翰·奈斯比特:《大趋势》,中国社会科学出版社 1984 年版,第 201 页。

没有时间进行民主协商。而且对其对手的政策的反应必须迅速及时。这使得制定决议的权力极大地集中在领导者手中。现在，主要的政策是领导人在电视上宣布的，因此，实际上能够迫使他们的党接受新的路线——不论是布莱尔放弃党章的第四条，还是奥凯托改变党的名称的决定都是这样。与领导的决定不一致将会从总体上削弱党，并且会冒选举的危险。由于领导人在电视上争夺地位并从事口舌之战，所以党的政策的复杂性便化为乌有。"①这些描述还是很能说明问题的。研究者指出，英国首相布莱尔，德国总理施罗德，意大利总理贝卢斯科尼，还有许多政治人物，在竞选中成功当选，在很大程度上都和他们善于利用传媒来树立自己的形象有关。虽然不能说，党的领袖因此而不再依靠政党，但是毫无疑问，这大大降低了领袖对政党组织的依赖。

最后，媒体的发展和民间组织的发展一起，也迫使我们对传统的政党政治理念进行反思。从政治流通的角度看民主政治，不难发现，几百年近现代民主政治发展的历史，实际上就是一部人们寻找更多的政治流通渠道和政治沟通载体的历史。西方多党制是民主政治长期发展所形成的最为典型的政治沟通模式。在这种模式中，政党成了人们终于发现的最基本的政治沟通载体。人们为了表达和维护自身的利益而组织成为政党。不同的利益群体（如阶级、阶层、集团等）被不同的政党所代表，构成了多党之间进行竞争的态势，为西方社会多元化的利益表达和沟通提供了比较有效的渠道和空间。多党制的最大优点，就是它把各种可能的利益诉求都纳入制度框架之中，最大限度地消解了反制度的力量，等于为政治体制设了一个安全阀。这或许正是多党制被看做西方民主政治经典模式的原因。相比之下，后来尝试的许多其他模式虽然也各有其优点，但从实践的效果看，其缺陷也相对明显，至少还没有形成比较成熟的可足效法的类型。

西方多党制的有效运行，往往使人们自觉不自觉地把现代民主与多党制等同起来，似乎多党制才是人间正道。但是，充当政治沟通载体的是不是只有政党？多渠道的政治沟通是不是只能通过多党来实现？这实际上是大

①　杨雪冬、薛晓源主编：《"第三条道路"与新的理论》，社会科学文献出版社2000年版，第134页。

可研究的问题。政治沟通载体的多元化,是当代民主政治发展的重要趋势。我们看到,除了政党之外,迅速发展的民间组织和高度发达的媒体都日益成为独立的沟通载体。这两种载体所能起到的沟通作用,是政党所无法达到的,具有政党所不具备的优势。例如,在维护群体的具体利益方面,一个党组织可能会在市场面前束手无策,而销售合作社则具有专业化的应对手段和途径;在利益表达途径方面,民众通过党的组织层层表达自己的诉求,可能会因组织层级多、手续复杂而延误和变形,而媒体(特别是网络、手机短信等新兴媒体)则能以最快的速度传播并保持信息的准确性;在利益表达方式方面,政党可以在各种不同利益之间进行协调,但无法只代表一个群体的利益,民间组织则可以确定地作为某种利益的代表参与博弈;等等。在这种深刻变化面前,即使是西方国家,也越来越明显地开始在传统的多党制之外挖掘政治沟通的资源。其实,政党从来都不是唯一的政治沟通载体。时代发展给我们提供了更加丰富的选择。只有转变观念,才能对今后政党政治的走向进行更加深入的思考。

总之可见,传媒作用的增长,给政党发挥功能增添了新的变数。如何应对这种情况,是各国政党都面临的共同课题。

## 三、政党与媒体的共处和互动

媒体,特别是新兴媒体的发展给政党带来的挑战和冲击是毋庸置疑的。但是如果就此得出结论,认为政党正在退出历史舞台,将被媒体所取代,那肯定言过其实了。政党和媒体毕竟是两种不同的工具。

首先,政党有很多方面的优势和特性是媒体所无法具备的。媒体可能会挤占政党的部分空间,但政党的基本功能依然是媒体所难以替代的。媒体传递信息虽然快捷、有冲击力,却也存在固有的缺陷和不足。它的局限性至少有两点:一是过于情绪化。这一点尤其表现在新兴媒体上,例如网络。网络为人们提供了一个有充分活动空间的虚拟世界,在这个虚拟世界里,人们可以扮演各种角色,既可以是自己,更可以是任意假想出来的其他角色。由于这种身份的隐蔽性,网络往往不仅可以用来表达,而且可以用来发泄。网上交流隐去了真名实姓,人们一般不用担心由于情绪的表露对自己形象造成损害，所以表达会更个人化、表面化。这样造成的一个结果，就是网上言论往往比较偏激，和人们进行理性思考、权衡自己的地位、周边人们的感受之后得出的认识往往有差距。就是说，它的真实性是要打折扣的。二是难以全面反映现实。还以网络为例。网络交流的一个最大的问题是，网络活动的主体与社会真实结构不相符，从而使政治表达的内容和社会的真实要求有一定的距离。积极参与网络活动的，往往是青年、知识分子等文化层次较高的人群。他们对政治经济社会文化等问题的看法固然有一定的代表性，他们的利益诉求也肯定包含着许多合理的成分，但与此同时，社会中大量其他群体由于文化水平、工作性质、个人偏好等原因，其意见未必能在网络上得到反映，或得不到全面反映，而这些意见可能和网上已有的看法和主张正好相反。

政党则不同。政党在实际政治生活中存在，把人们的某种政治联系以组织形式确定下来，并确立了相应的责任关系。因此，作为两种不同性质的政治介质，政党和媒体之间无疑有着很强的互补性。

其次，媒体也为政党活动提供了新的机遇。媒体既然作为一种沟通工具，那么，这种工具同样可以为政党所使用。例如，政党可以利用媒介扩大与民众沟通的渠道。政党本身是民众表达利益、愿望和要求的最重要的工具。但政党与民众的联系要通过适当的渠道来实现。信息产业的发展，大大提升了新闻媒介在促进民主参与中的作用，使公民表达意见的途径多样化了。发达的传媒技术为政党联系民众提供了比过去更为便捷的途径，对进一步民主化无疑是一个推动。在2008年美国大选中奥巴马获胜，其中一条经验是对网络的利用。奥巴马通过网络宣传自己，通过网络募集捐款，和网络形成了很好的互动。所以有人总结了一个公式："视频社区的推广＋搜索引擎营销＋网站联盟＝奥巴马的胜利"①。

又如，媒体可以用来改善政党的活动，使政党活动内容更加丰富、形式更加多样。在西欧，我们看到，越来越普遍地出现了网上入党的新方式。大多数西欧政党都在网站上设立了网上入党或申请成为志愿者的功能。只需通过简单的网上申请和注册，就可以成为该党的党员。这种方式带来的最

---

① 罗丹：《从两届美国总统大选看新媒体发展》，载人民网2008年11月11日。

大变化,就是党员的属地性质大大弱化,普通党员和党内精英的直接联系和沟通得到加强。党内各组织之间甚至党内和党外组织(如媒体、政府机构、非政府组织,等等)之间的联系也大大增加,政党结构变得扁平化了。

正是因为传播媒介存在对政党有利的一面,政党往往千方百计地对传媒进行控制。当然,由于传播技术高度发达,传播业甚至已经发展为一个独立的新兴产业,政党已经很难像过去控制传统媒体那样得心应手地操纵新兴媒体。像网络、手机短信和数控电视等这些新的媒体形式,往往有更大的独立性。这给政党如何科学、有效地利用和控制传播媒介提出了新课题。

各国各类政党都非常关注利用、控制传媒的问题。不过,在这方面,各国之间存在很大的区别。有些国家十分强调媒体的社会性。例如在美国,新闻媒体都是私营部门,国家通过政策手段体现对媒体的控制。在荷兰、瑞典,新闻自由很早就成为宪法规定的重要内容,各种大众媒介都带有强烈的党派性。有些国家,其中包括一些西方国家,则是把整个媒体都置于国家的控制之下。例如希腊,1975年宪法规定,任何个人、社会团体及公司不得建立广播、电视发射站。所有的广播电视都属国有,国家广播和电视组织全权管理。执政党发生交替时,这些部门的负责人员也往往同时要更换。在澳大利亚、日本和大多数西方国家,大众媒介既有国有的,也有私有的。当然,就总体而言,在西方国家,不管是国有还是私有,大众媒介都一方面与政党有着千丝万缕的联系,不可避免地在某种程度上反映出自己的党派倾向,另一方面又总是与政党保持一定的距离,以保持自己的中立和客观性。这是显而易见的。

需要指出,和企业的国有化一样,媒体的国有化也越来越受到挑战。1984年前,法国也是对广播电视实行国家垄断的。但随着这一领域竞争日益激烈,这种垄断越来越难以为继。所以,到1984年,社会党政府结束了国家对广播电视的垄断,允许建立私营电台。1975年以前,意大利的广播、电视全部为政府所控制。到1975年4月,政府也不得不颁布法令,把广播电视台的控制权从政府转到议会手中。议会按政党的实力比例建立了40人的议会委员会,其任务是把意大利广播电视台变成一个代表各种各样意见的多元性的组织。根据这项法令,当时意大利主要政党之间达成一项协议,把各个频道分配给不同的政党。这意味着这些媒体不再反映执政党一个党的声音。在新西兰,原先属国有的电台、电视台,也在 20 世纪 90 年代开始了私有化的进程。

在我国,特别是近年来,和其他渠道相比,媒体在政治沟通中所起的作用格外突出。这也使得政党如何与传媒打交道的问题更加突出。很显然,政党与传媒之间的关系,不是政党该不该对传媒进行控制,而是如何根据传媒自身固有的规律进行控制。恰恰是在这方面,我们还不能说已经找到了规律。例如,传媒的发达,首先体现在传播速度上,其次体现在渠道多元化上。在这种情况下,信息"先入为主"的特点被明显扩大了。但是,长期形成的高度集权的体制,使我们往往不能适应这个特点。对于公众特别感兴趣、迫切希望了解的问题,政府往往保持沉默。殊不知,政府的沉默在很大程度上恰恰是为某些不负责任的言论预留了空间。我们有很多这样的例子。如一些地方党委明确规定:"对社会公众关注的热点问题或新闻媒体报道的敏感话题,需由市政府新闻发言人出面进行舆论引导或事实澄清的,由市委宣传部提出意见,审批把关或根据市主要领导批示进行。"可以想见,等这样的审批程序走完,已经是谣言满天飞了。这样的"审批把关"等于把解释真相的权力拱手让给别人。相反,深圳的做法是在 2004 年年底通过《深圳市预防职务犯罪条例》,给新闻舆论以监督权:"新闻工作者在宣传和报道预防职务犯罪工作过程中依法享有进行采访、提出批评建议和获得人身安全保障等权利。有关单位和国家工作人员应自觉接受新闻媒体的监督。"①相比之下,我们可以说,后者更反映了我们对传媒规律的把握。

所以,应当加强对当代媒体,尤其是新兴媒体发展规律的研究,更好地发挥媒体政治沟通渠道的作用。2008 年,我国经历了冰雪灾害、藏区"3·14"暴力事件、"5·12"地震和举办北京奥运会等一系列重大事件。在这些事件中,在世人注目之下,我们应对媒体的能力也得到了显著的提高。这是值得充分肯定的。实践告诉我们,遵循媒体传播规律,充分利用它的优点促进政治沟通,最大限度地减少它带来的负面影响,是信息时代政党需要掌握的一门基本功。

---

① 《瞭望东方》2005 年第 1 期。

# 第十三章　国际政治中的政党

国际政治是国内政治的延伸。政党作为政治的工具,注定要在国际政治中发挥重大的作用。在当今世界,这一点已经越来越显著地体现出来。随着交通和通信技术的发展,世界各国之间的交往越来越频繁,各国政治、经济、文化之间的影响全方位加强。在这种条件下,各种类型政党在国际舞台上的活动日趋活跃。深刻理解政党与国际政治的相互关系,把握政党在国际社会中的作用,是政党研究中一个十分重要的课题。

## 一、政党在国际政治中的作用

政党在国际政治中起越来越重要的作用,这是当代政党政治中一个十分引人注目的现象。实践表明,政党政治与国际政治之间存在某种必然的联系。

### (一)政党——国际政治中的一个要素

国际政治是一种特殊的政治。和一般的政治不同,其特殊性表现在:首先,构成国际政治体系的要素通常不是个人,而是整体,如国家、民族、国际政治经济文化组织等。其次,国际政治体系作为一个政治系统是不够格的,因为严格意义上的政治系统往往不仅规定内部各要素的权利和相互之间的关系,而且有足够的强制力量来保证这些权利和关系的实现,因而具有等级性。国际政治系统目前尚缺乏这些条件。所以有人把国际政治系统定义为"零政治系统"。① 再次,由于全球化进程,构成国际政治系统的各个行为体

---

① 〔美〕莫顿·A.卡普兰:《国际政治的系统和过程》,中国人民公安大学出版社 1989 年版,第14页。

之间的相互依存关系加强,越来越需要通过协调而不是通过暴力来解决相互之间的矛盾和问题。

国际政治的这些特点,使处理国际事务往往处在一种两难困境中:一方面,国际社会成员之间越来越紧密的联系要求加强协调;另一方面,客观上国际社会又缺乏一个强有力的权力机构。这种状况,为政党在国际政治中发挥作用提供了广阔的空间。

政党作为政治参与的工具,与国际政治之间有着某种千丝万缕的联系。国际政治的特点决定了政党与国际政治之间相互联系的特点。这些特点包括:

(1)政党仍然具有参与政治、表达和整合利益的功能。一个国家的对外政策,往往是各有影响力的政党之间相互协调的结果。这种协调,又和对国内各种利益、愿望和要求的综合相联系。但是在这里,政党表达和参与通常并不以执政为目标。在有些地区(例如西欧,在那里已经出现了像欧洲联盟这样的超国家政治实体),这种状态已经开始发生某些变化。不过就整个世界来说,这不具有普遍性。

(2)在国际舞台上,政党往往不再表现为阶级和个别集团利益的代表,而是把本来代表的利益与全民族利益结合起来,把维护全民族的利益作为旗帜。特别在国家利益处于敏感状况时,更是如此。例如,20世纪30年代的德国纳粹党,就是利用在第一次世界大战中作为战败国激起的不满情绪而发展起来的。20世纪90年代的俄共和日里诺夫斯基的俄罗斯自由民主党,也是由于在俄罗斯国际地位不断下降的情况下,打出了"爱国"、"强国"的旗帜而获得了大量的选票。

(3)在维护国家和民族利益的前提下,政党通常有两个基本的政策目标:一是争取有利于促进本国发展的国际环境,二是努力改变在相互依存中对本国不利的状况。世界各国的相互依存是一个事实。但是,依存并不是均势。在这之中谁占有优势,往往取决于国力和历史上长期形成的若干其他因素。不断改善本国本民族的生存状态,使之朝对自己有利的方向发展,始终是政党参与国际活动的一项根本内容。

(4)在建立多极化格局的国际新秩序过程中,政党作为非政府的行为体,有可能对形成多极化起积极的作用。所谓国际格局,实际上就是世界

上各种力量对比的一种相对平衡的状态。在传统概念中,这种力量的对
比首先是国家力量的对比。但是,现代国际政治表明,除国家之外的其他
因素,如今越来越成为国际政治中有影响的力量。这些因素有时起着国
家和政府起不到的作用。政党是这些因素中最为突出的一个因素。政党
的作用不仅仅限于作为国家的代表。有时,政党还能起国家所不能或难
以起到的作用。有些往往不便政府出面的事情,政党却可以出面去做。
例如,两个没有外交关系的国家,政党之间的沟通往往可以成为国家关系
的润滑剂。

政党与国际政治的交互作用不仅体现在单个的政党上,而且体现在
政党体制上。美国政治学者阿尔蒙德和蒙特通过对政治现象的统计研
究,曾得出一个结论,即:至少在某些环境中民主化是相互感染的。另一
些学者也指出,应该国家成功地实现民主化,会鼓励其他国家的民主化。
这就是示范效应。这种示范效应首先在政党体制方面反映出来。当一种
政党体制显示出强劲的发展态势时,它会引起非敌对国家非敌对政党的
效法。从某种意义上说,这个结论是对的。例如,苏联十月革命后,一大
批落后国家的革命政党纷纷学习苏共,在各国进行社会主义革命。作为
这种效法的结果,20世纪40年代建立起来的若干社会主义国家都采用
了苏联式的或类似苏联的政党体制。20世纪50—60年代,更大的一批
亚非拉国家引进社会主义国家的一党制模式。与此相反,当一种政党体
制被实践证明不成功后,这种体制本身,连同建立其上的意识形态的吸引
力就会大大下降。例如,到20世纪80—90年代,现有一党制的弊端日
益暴露,社会主义国家的改革出现问题。在这种情况下,苏联、东欧国家
发生剧变,纷纷放弃了原来的一党制模式,起而效法西方的多党制。这一
变革,在世界范围内带起了一股多党制的浪潮。继东欧之后,绝大多数原
来引进了一党制的非洲国家也被卷了进去。浪潮过后,继续实行一党制
的国家已寥若晨星。

美国著名学者塞缪尔·P.亨廷顿在他的新著《第三波——20世纪后期
民主化浪潮》一书中认为,这种示范效应在当前的世界民主化浪潮中要比
以前更为明显。其原因是,在20世纪后数十年,全球通讯和交通急剧扩展,
特别是电视和通讯卫星覆盖全球。"政府可以仍然控制着当地的新闻媒

介,并不时地消除其民众获得当局不愿他们获得的信息的能力。但是这样做的难处和成本在显著增加。"①此外,地理上靠近、文化上相似等方面的影响也不可小看。1974年葡萄牙独裁统治的垮台,旋即影响到西班牙、巴西和南欧等国。1976年西班牙开始的民主化进程,在拉丁美洲国家引起了巨大的响应。如一个阿根廷人所说:"要效法美国是我们绝对不敢奢求的,但仿效西班牙则完全是另一回事情。"

可以肯定地说,政党已经越来越成为国际政治中一个不可忽视的因素。

### (二)政党对国际政治的作用和影响

政党和国际政治之间的联系表现为两者之间互相促进,互相影响。一方面,政党通过自己的活动影响国际事务;另一方面,国际社会政治经济文化各方面的发展、变化,也影响着政党的政策、主张和活动方式。现在我们分别对政党与国际政治之间的这种相互联系和相互作用进行探讨。

我们先来看政党对国际政治的作用和影响。世界上大多数国家都实行政党政治。政党的内外政策和主张,直接或间接地影响着国家之间的关系,有时还直接影响国际政治的格局。

远的不论,20世纪世界历程中的风风雨雨,其间发生的重大事件,都是和政党的政策、主张,以及政党体制的变动密切相关的。20世纪30年代初,法西斯政党兴起。法西斯政党以重新瓜分世界为目标的扩张政策,使国际形势陡然紧张。而面对法西斯的侵略扩张,西方主要国家的执政党则奉行绥靖主义,从而助长了法西斯的嚣张气焰,最终导致了第二次世界大战的爆发,造成了一场世界性的灾难。第二次世界大战以后,西方各种类型的政党都把苏联及其他社会主义国家视为敌人,采取遏制战略,苏共为代表的共产党则以尽快地在世界上消灭资本主义为己任。这种状况,促成了两大阵营的尖锐对立,造成了长达30年、随时都有重新爆发世界大战现实危险的冷战时期。20世纪70年代德国社会民主党执政后实行新东方政策,促成了东西方的和解,使新的世界大战免于爆发。20世纪80—90年代戈尔巴

_____

① [美]塞缪尔·P.亨廷顿:《第三波——20世纪后期民主化浪潮》,上海三联书店1998年版,第114页。

乔夫领导苏共实施改革,对外实行"新思维"指导下的外交政策,结束了冷战时代。20世纪90年代初,由于在国内推行经济政治改革失败,苏共失去执政地位,不但导致了苏联综合国力和国际地位的急剧下降,而且结束了两个超级大国主宰世界的两极政治格局。这些事实都说明了政党对国际政治和国际局势的影响。不同政党的政策,特别是执政党的政策,有时左右着世界格局的形成和稳定。

在和平与发展成为时代主题的今天,加强合作作为一种客观要求,越来越被各个国家和各个政党所认同。在这样的情况下,把维护世界和平作为参与国际事务的目标的政党,往往能发挥更大的作用。在这方面,应当承认,社会党是做得最成功的。在国际事务中,社会党打出的和平旗帜十分引人注目。社会党在国际问题上的基本主张是维护世界和平,认为这是"当前时代的最高任务"。在它们看来,和平决定一切,因为在核武器时代,世界大战意味着人类的毁灭。1962年社会党国际在奥斯陆举行的理事会上提出了第二个纲领性文件《社会党对今日世界的看法》(即通常所说的"奥斯陆宣言"),表示要把保卫世界和平作为首要任务,呼吁结束冷战,"和平解决所有争端问题"。在1983年的第十六次代表大会上,社会党国际强调:"我们必须发挥伟大国际和平党的作用。"①

体现社会党对世界和平贡献的突出事例之一,是推动裁军。社会党极力促进美苏通过谈判停止军备竞赛,实现裁军。在推动裁军方面,社会党国际发起了规模宏大的运动,不断对有核国家特别是美苏这两个关键国家施加舆论影响。光是社会党国际代表大会上通过的关于裁军的决议,就有6个。1987年,社会党国际成立裁军咨询委员会,先后6次派代表团访问美国和苏联。国际上形成强大的反核、反军备竞赛舆论,和社会党的推动作用是分不开的。

社会党在国际事务中较有影响的另一个大规模行动,是促进国际间的相互理解和合作,特别是与不发达国家和地区的合作。1960年,社会党国际专门成立了不发达地区常务委员会,开展有关合作和开发问题的研究。1977年,社会党国际发表《东京宣言》强调,世界面临许多问题,"互相谅解

---

① 有关材料见《社会党重要文件选编》,中央党校1985年内部发行。

与合作是解决这些问题的唯一办法"。要"通过各国相互谅解和合作,建立一个全面的共处互利的国际秩序"。社会党还提出了"国际经济新秩序"的概念。当人类历史已经站在两个世纪交界处的时候,我们看到,社会党提出的这一系列思想已经成为越来越多的国家和政党的共识。应当承认,这是社会党为人类作出的一个重大贡献。

另一支把和平作为旗帜的国际性政党力量是绿党。绿党是20世纪80年代在国际政治舞台上一股异军突起的力量。世界和平与发展,在绿党的意识形态中占有很重的分量。在这个问题上,绿党的主要观点是:人类之间无休止的竞争,包括经济、政治、军事等方面的竞争,已经大大恶化了人类的生存环境,地球处于全面危机之中。人类自己生产的核武器足以将地球毁灭若干次,战争会危及每一个国家和每一个个人。因此,全人类应当放弃战争,放弃暴力,进行全球合作,来维持地球这个星体的和平与生态平衡。基于这种认识,绿党积极推动绿色和平运动,以及相关的生态运动,环境保护运动,人权运动,女权运动等。绿党的活动是有成效的。这至少体现在两个方面:第一,在世界范围内,绿党的力量呈上升之势。从1983年在联邦德国议会获得席位以来,绿党在许多国家已经成为有影响的力量,而且近年来还在进一步发展。芬兰的绿色同盟、瑞典的环境党、意大利绿党、法国绿党、德国绿党都相继与一些大党合作,组成联合政府执掌政权。德国绿党领导人还出任了政府副总理兼外长。在西欧,迄今已有14个国家的绿党进入议会。第二,绿党阐述的许多思想和观念已经开始为其他政党、组织和政府所接受,逐步成为全人类的共识,如环境保护,可持续发展,人权等。

政党在国际政治格局的形成和调整中所起的作用究竟有多大,可以从西欧政党对欧洲一体化的进程的强大影响窥见一斑。基督教民主党在这个进程中始终起着重要的推动作用。20世纪40—50年代欧共体初创时期,法国的罗伯特·舒曼、德国的康拉德·阿登纳和意大利的德加斯佩里等,由于在其中作出重大贡献,被誉为"欧洲统一体的最重要的建筑师"。基督教民主党之所以对欧洲一体化持积极态度,是由于这个进程与基督教民主主义的基本原则相吻合。"一体化"是基督教民主主义的三个基本原则之一。阿登纳曾经说过:"我现在是德国人,将来还是德国人,但是,我也是欧洲人,我始终认为自己是欧洲人。"①如罗纳德·欧文所评价的那样:"就通过建立有广泛基础的人民党的思想以支持阶级调和和支持国际和解这个双重意义上讲,它特别表现在基督教民主党对欧洲一体化的大力支持"。②

与基督教民主党相比,西欧社会党的情况要复杂些。社会党对欧洲一体化的态度前后有较大的变化,并且即使在同一时期,各国社会党之间的立场也有许多不一致的地方。当然,总的说来,社会党是从比较消极逐渐转向比较积极的。很显然,社会党作为欧洲议会的第一大党,它的这种转变直接影响着欧洲一体化的进程。

归纳起来,政党参与国际事务通常有三个途径。

一是通过国家和政府决策,对国际事务产生影响。当政党处于执政地位时,政党的影响直接体现为政府的决策。当政党处于在野地位时,政党则通过对执政党施加压力,在政府对外政策中反映本党的意图。人们往往比较注意研究前一种方式。其实,后一种方式的影响力也是很强的,特别是当在野党势力比较强大的时候。例如20世纪90年代,美国民主党人总统克林顿选择了中间温和的政治路线,还声称自己是既非保守派也非自由派的"新民主党人"。但是,共和党强硬派利用本党在国会中的优势地位,在一系列问题上对政府施加压力。例如在北约东扩问题上,共和党强硬派强调北约东扩关系到美国的根本利益,认为政府不抓住时机实现东扩就是软弱无能。在对待联合国问题上,共和党强硬派强调美国作为唯一超级大国,必要时可以撇开联合国单干。这和克林顿希望在国际事务中更多地发挥联合国的作用、避免美国单干的策略是相背离的。正是由于共和党强硬派的操纵,美国政府在一系列对外政策上采取的措施,体现的都是共和党而非民主党的主张。例如袭击伊拉克,反对加利连任,通过针对古巴和伊朗的赫尔姆斯—伯顿法和达托马法,等等。当然,和执政党相比,在野党通过政府政策来体现自己在国际事务中的影响,总是会受到更多的限制。

二是直接参与有关国际事务。由于世界之间的联系越来越密切,许多原本属于一个国家内部事务的问题也越来越具有了国际的性质。这就给政

①　[英]罗纳德·欧文:《西欧基督教民主党》,上海译文出版社1987年版,第456页。
②　[英]罗纳德·欧文:《西欧基督教民主党》,上海译文出版社1987年版,第4页。

党直接参与国际活动提供了广阔的空间。这些问题涉及各个领域。如环境保护问题,难民问题,核扩散问题,毒品问题,失业问题,债务问题等,都属于这一类问题。应该说,在直接参与国际事务方面,绿党是最引人注目的。绿党的着眼点是"系统",是把地球看做一个整体,甚至认为迄今为止的国家划分都是人为的、消极的、不科学的,主张取消国家,而按文化传统、民族习惯、社会风俗、语言文字和生物分布的标准划分"生物区",在此基础上实行自治。因此,从这个意义上说,绿党本身就带有国际政党的性质。在绿党的主持或参与下,此起彼伏的绿色和平行动、环境保护运动、反核运动、妇女运动等开展得有声有色,对整个世界形成和平共识、环境保护共识起了巨大的推动作用。绿党的一些基本主张和建议为许多国家的政府和政党所接受,有的成了它们的基本国策。毫无疑问,这是绿党不遗余力地参与国际事务的积极结果。

三是通过结成国际性的政党联盟来产生影响。同类政党之间进行国际联合,已经被越来越多的政党看做政党和其他组织在国际事务中发挥更大作用的重要途径。因此,在当今世界上,政党之间进行国际联合的趋势日益明显,成为当代政党政治的一个突出特点。由于政党的国际联合具有十分重要的意义,我们在后面将辟出专门的篇幅对这个问题进行探讨。

### (三)国际政治对政党政治的推动

政党与国际政治交互作用的另一方面的体现和重要结果是,国际政治导致不同政党、不同政治体制之间交流和影响的增强,不同程度地促进了各国政党和政党体制本身的重要变化,推动了世界政党政治的发展。

实践表明,国际政治的变化对政党和政党体制产生着越来越深刻的影响。这体现在若干方面。首先,世界民主进程迫使各国政党顺应历史潮流,以变革求得生存和发展。属于这一类情况的典型例子是20世纪30—70年代西班牙和葡萄牙的政党。从20世纪30年代开始,统治这两个国家的是两个法西斯政党——西班牙长枪党和葡萄牙国民同盟。由于在第二次世界大战期间采取了特殊的对外政策,这两个法西斯政党免遭了德意日法西斯覆灭的厄运,得以在战后继续执政。但是,在国际和国内反独裁、争民主的强大潮流推动下,这两个法西斯政党也不得不逐渐收敛暴政,开放党禁。两个法西斯政党先后被迫进行改造:1956年长枪党改名为国民运动,允许公民自由加入或退出该党;国民同盟要被迫给予其他政治组织以有限的参与政治活动的自由。这种不得已而为之的民主进程,导致了20世纪70年代两个国家向多党制的转变。当然,即使如此,两个过去的法西斯政党也仍然未能脱胎换骨,最终还是被逐出了历史舞台。

其次,政党在制定政策特别是制定对外政策时,不得不考虑到各种国际因素,包括国际舆论,国家间的相互联系和制约等,以避免在国际社会上陷于孤立。这一点,在执政党身上表现得尤为明显。在动态地考察政党时,我们往往会发现,一个在野党在竞选中提出的纲领,和成为执政党以后提出的施政大纲往往有很大的区别。在许多国家的政党那里,都可以看到这种情况。有的执政党在竞选时提出的纲领信誓旦旦,一执政却马上丢到了脑后,并不去认真落实;有的政党激烈地反对当时政府的政策,等到自己执政后,则继续奉行原政府的政策,换汤不换药;有的政党在野时反对其他政党的主张,执政后则不声不响地接过这套主张。带来这种现象的原因非常复杂,包括策略的因素、国民心理的因素、地位变化的因素,等等。但国际社会和国际政治的现有格局无疑起着很重要的作用。美国两党对待中国的态度,就是十分典型的例子。不执政的党总要指责执政党对中国让步太多,一旦执政,马上又会强调必须和中国发展关系。其中的奥秘在于,作为执政党,就不能不从国家和政府的角度看问题。与中国交恶,对美国有百害而无一利。

再次,政党还要根据与国际社会密切联系的需要,改组自己的机构和机制。毫无疑问,一个决心把自己封闭起来的政党,和一个打算与所有可能友好的国家和政党建立联系的政党,不仅在观念上、在对世界的看法上完全不同,而且在组织机制上也会有很大的区别。例如,封闭自己的党倾向于在内部实行集权制,对于信息习惯于采取封锁的方式。而开放型的政党,则会努力适应外部世界,为此就要配备准确的信息机构,及时收集、分析、分解、积累有关国内外形势及其动向的信息,以避免对国际事件反应迟缓和作出错误决策。同时,这一类政党会强化外联系统,积极参与国际社会的信息流通,利用四通八达的信息网络和渠道传递自己的信息,使国际社会了解自己。此外,在这样的条件下,政党往往也会尝试学习和借鉴其他政党的成功经验,吸取教训,来优化自己的组织结构,降低和避免风险。

说到国际政治对政党活动的巨大影响,欧洲一体化与欧洲政党政治的关系值得我们作一番考察。众所周知,近年来,欧洲一体化的步履加快,成为国际政治中一件为人们所关注的事情。1993 年 11 月欧洲联盟成立,1999 年欧元启动,作为统一货币发挥作用,是这种一体化发展到一个新的阶段的标志。毫无疑问,如前面所述,政党政治在欧洲一体化过程中起了相当重要的作用。但是反过来说,欧洲一体化也促进了西欧政党政治的进一步发展。可以认为,欧洲一体化把西欧的政党政治提高到了一个新的水平。

第一,欧洲一体化推动了欧洲政党政治的国际化。

随着欧洲联盟的建立,以各民族国家为基础的政党政治也进入了一个更广阔的、国际化的空间。在欧洲一体化的进程中,政党是其中最活跃的部分。

西欧政党政治的发展,与欧盟发展本身的导向有很大的关系。欧洲议会一直有意识地加强政党的作用。它努力使党团成为其政治的主导。因为,在欧洲议会看来,可以通过党团来打破多党政治必不可免的多中心、多内耗的局面,加强这个代表机构内部的凝聚力,提高工作效率。所以,议会的一贯原则就是给予党团更多的发挥作用的机会。在 20 世纪 50 年代欧洲一体化启动之初,不少党派就寻求合作,使党派党团化成为发展的一个主要趋向。1953 年共同大会在《程序条例》中明确把党团作为大会的一级正式组织。20 世纪 60 年代共同大会易名欧洲议会后又多次修改条例,降低组成党团所要求的最低人数限额,以刺激跨国党团的发展。这使党派议会党团化成为欧洲议会的一个最为显著的特征。从 1979 年欧洲议会改过去各国指派的方式为选举制后,跨国政党政治更具有了独立的意义。议会中党团化的比例很高,党团外的独立议员只占总数的 6%—7%。1994 年选举后,独立议员的比例再降为 4.7%。

欧洲一体化促使各国党尽力完善自己的组织和运作。每次欧洲议会选举,实际上都是对政党的一次民意测验。因为选举的结果往往会影响政党在未来国内政治中的地位。因此,各国党都对欧洲选举投入了越来越多的精力。为此,不少政党改组组织,以求适应要求。

第二,促进了各国政党之间的联合与合作。

欧洲一体化为西欧各国政党之间的合作提供了良好的条件。它把各国政党的眼界从只注意国内问题转向从国际的角度考虑国内问题,这在政治课题国际化的当代是十分重要的。

对那些过去就始终如一地追求加强国际联系的政党来说,欧洲一体化为之提供的机遇要更大些。例如,社会党一直有进行国际合作的传统。在欧洲一体化进程中,社会党进一步加强了各国党之间的联合与合作。20世纪50年代,随着欧洲煤钢共同体、欧洲经济共同体和欧洲原子能共同体这三个共同体的建立,社会党就建立了一个联络局。1974年社会党国际海牙会议上,又用欧共体社会党党团联盟章程代替了联络局。这个党团的政治认同性强,往往能在许多重要问题上形成共同立场,采取一致行动,成为国际上一支重要的政治力量。

第三,强化了政党政治中的宽容精神。

一体化是人、财、物超越国界的相互交流。它要求对不同因素开放和积极容纳。对政党来说也是如此。共存就必然有相互交流、相互影响。不同体制、不同文化国家的政党相互交流、合作,必定要求各国政党对其他政党采取宽容的态度,求同存异。

求同存异趋向的重要结果之一,就是意识形态的相互接近,中间力量的增强。欧洲议会党团的一个显著特点,是中间力量强、影响大。欧盟中两个最大的跨国党团:一个是中左的社会主义者党党团,另一个是中右的欧洲人民党党团。在1994年选举中,这两大党团分别获得198席和157席,占了议席总数的将近63%。

冷战时期的议会党团大多以意识形态为主要合作基础。冷战后情况发生了变化。体现在划分标准的多元化,例如地域、宗教、种族等。甚至意识形态完全不同的政党也可以进行合作。例如自由民主改良党党团,就是一个既有左翼、中左翼,也有右翼、中右翼参加的党团,充分体现了政治上的多样性。

仍然坚持强烈的意识形态观念的党往往在欧洲议会中显得比较孤立。例如共产党。共产党党团作为一个左翼党团在欧洲议会内受到其他党派的排挤,加之内部的裂痕(事实上也始终没有统一过),因而始终无法发挥与之人数旗鼓相当的作用。它的作用和影响不如与之人数相近的自由民主改良党党团。

当然,意识形态的模糊化也带来一些问题。它使政党之间的界线有时会出现模糊不清的状况,使选民对政党的选择出现困难。这是导致欧洲议会投票率下降的一个重要原因。

通过对政党与国际政治交互作用的分析,我们可以得出如下简短的结论。首先,政党,特别是执政党,应当积极地参与到国际社会的各种活动中去。只有积极参与,才能对国际事务产生影响。孤立于国际社会之外是不明智的。其次,政党要在国际舞台上发挥作用、产生影响,必须对自身作出适当的调整。这些调整,涉及组织结构、组织机制、活动方式、意识形态,等等方面。最后,要在国际政治中积极开展政党之间的合作。通过合作的力量,才能对国际社会产生更大的影响。

这就涉及如何正确看待和处理不同国家的政党之间相互关系的问题。

## 二、各国政党的相互关系

当一个政党开放自己、走向世界时,首先遇到的就是与其他国家政党的关系。不同国家的政党之所以会发生联系,首先是因为客观上出现了世界各国的相互联系和相互影响。日益明显的全球化进程,和平与发展的时代潮流,不但要求处理好各国之间的关系,而且要求处理好除了国家关系之外的其他关系。其中党际关系就是一个非常重要的方面。

### (一)共产党处理党际关系的历史教训

首先把政党之间的关系纳入视野的是工人阶级政党。我们知道,按照马克思主义的理论,解放全人类是无产阶级的历史使命。这项事业的完成不是哪一个国家的无产阶级的事情,而是全世界无产阶级共同的事业。无产阶级只有解放全人类,才能最后解放无产阶级自己。鉴于此,无产阶级奉行的是无产阶级国际主义原则。根据这一原则,全人类的利益高于一切。个别国家无产阶级的局部利益,应该服从国际共产主义运动的整体利益。这就要求无产阶级在革命斗争中超越国家的范围,从全世界的高度认识问题、解决问题。从理论上说,这个原则是对的。但是,在这种情况下如何处理各国党之间的关系,却是一个重大的、需要认真探讨的问题。

如果把它和非工人阶级政党的情况相对比,这个问题会显得更加清楚。非工人阶级政党都把自己的活动局限在民族国家的范围内,把民族国家看做政党存在的前提和目标。政党的利益服从国家的利益,一国政党与他国政党的来往以国家之间的关系为准绳。在这种情况下,党际关系和国家关系一样,是建立在各自利益之上的相互独立、完全自主的政治组织之间的关系。工人阶级政党则不同。工人阶级政党以社会主义为目标,这首先有一个共同利益问题。与此同时,政党又在民族国家的范围内存在,有各自不同于他党的民族利益和国家利益。在这种情况下,必然要求很好地处理两种利益之间的关系,把两者有机地结合起来。党际关系问题的实质就在于此。

在19世纪60年代,第一国际在马克思恩格斯影响下成立的时候,各国工人运动之间如何配合和协调的问题就已经出现了。但是,由于这时工人阶级还没有在民族国家范围内建立自己的政党,所以,严格说来,当时需要处理的不是党际关系。不过马克思恩格斯也讲到过各国工人运动之间的关系问题。其中表达的某些思想,与他们后来的主张是一致的。

与第一国际不同,第二国际是在各国的工人阶级政党纷纷成立的基础上建立的工人运动的协调机构。所以,怎样处理好各国党之间的关系,成为工人阶级政党活动实践中必须解决的首要问题。在恩格斯等革命领袖的指导下,第二国际确立了良好的处理党际关系的原则。这些原则,概括起来,就是各国党的团结和合作以这些党在各个民族国家中独立、自主地开展活动为基础。恩格斯不止一次地对这些原则进行了阐述。在他看来,各国党的"国际联合只能存在于国家之间,因而这些国家的存在、它们在内部事务上的自主和独立也就包括在国际主义这一概念本身之中"。① 这显然可以理解成:独立自主是各国党活动和建立联系与合作的前提。他强调,各国党对有关的国际问题,必须遵守"民主形式",通过协商解决,"任何一次国际行动,都必须就其实质和形式事先进行协商。我认为,如果某一个国家公开提出倡议,然后要别的国家跟着它走,这种做法是不能容忍的"。② 第二国际强调各国党的独立自主,使加入国际的各党之间能够既相安无事,又有所

① 《马克思恩格斯全集》第39卷,第84页。
② 《马克思恩格斯全集》第39卷,第185—186页。

照应,客观上对国际工人运动的发展是有利的。当然,后来的第二国际在这个问题上也有严重的教训。在恩格斯逝世后,特别是在面临帝国主义战争的情况下,第二国际各社会民主党在对帝国主义的认识上发生错误,把本国利益看得高于一切,在战争中站到了维护本国资产阶级利益的立场上,相互敌对,背弃了工人阶级的共同利益,导致了国际工人运动的分裂。

接受第二国际的教训,列宁领导的共产国际在党际关系上开辟了一条完全不同的思路。共产国际的成立,出于对世界革命形势的估计和追求。因为在列宁等领袖看来,社会主义的最终胜利显然应当是世界范围的。世界革命是保住苏维埃社会主义共和国的根本途径。现在,这个革命的时机成熟了。共产国际宣布:"最后决战的时代比社会革命的奠基者曾经期望和希望的来得晚。但是,这个时代终于到来了。"[1]共产国际就是为革命决战所做的组织准备。所以,从本质上讲,共产国际是俄国党推行世界革命的工具。在这个前提下,列宁和俄共致力于把共产国际建成一个高度集中、统一行动的组织。为此,列宁主持制定了各国党《加入共产国际的条件》(以下简称《条件》)。《条件》规定,各国党作为共产国际的一个支部开展活动,党的纲领须经共产国际的批准,每个党都必须与第二国际及其所属政党决裂,都必须按民主集中制的原则组织起来,在党内施行像军事纪律那样的铁的纪律,都必须执行共产国际通过的决议,等等。不难看出,在这些条件下,党际关系实际上已经不成其为政党之间的关系,而是一个组织(而且是高度集中的组织)内部各部分之间的关系。诚然,列宁是一个现实主义者,他在要求各国党严格服从共产国际的同时,也认识到各国有不同的国情,强调各国党要把共产国际的指示和本国实际结合起来。但是,共产国际的性质本身就已经决定了党际关系的性质,决定了各国党很难有什么灵活性。

所以,如果说,列宁在世时,共产国际还能注意把共产国际的指示与各国党的实践相结合的话,那么,从20世纪20年代后期开始,随着斯大林在苏共党内地位的巩固,苏共开始把自己党内高度集权的那套运行原则强加给各成员党。在1928年共产国际六大上,斯大林号召各国党贯彻列宁时期

---

① 转自[南]布兰科·普里比切维奇:《社会主义是世界进程》,新华出版社1984年版,第69页。

制定的《加入共产国际的条件》,实现党的布尔什维克化。贯彻的结果,无疑是大大加强了共产国际内部集中制、等级制,尤其是官僚主义的倾向。这样,共产国际在处理党际关系问题上就埋下了导致国际共产主义运动分裂的两个大祸根:一是强化了党与党之间的不平等关系。各国党被要求一切服从苏共,一切以苏联的利益为转移。共产国际,以及后来的共产党工人党情报局,都把苏共和其他共产党的关系看成了上级和下级、领导和被领导的关系。苏共是各国共产党的决策者,其他共产党都是无条件执行苏共指示的支部。在这样一种体制下,各国共产党毫无独立自主可言,被本国人民看做苏共的代理人,甚至得不到他们的信任。二是对其他工人政党采取宗派主义态度。按照共产国际的观点,只有共产党是真正代表工人阶级的政党,其他工人政党(特别是社会民主党)都是阶级敌人的代理人。由于这些政党打着工人阶级的招牌,所以它们甚至比明确地站在资产阶级立场上的政党更有欺骗性,更危险。这样,在需要工人阶级内部团结一致地对付日益严峻的反动威胁(主要是来自迅速壮大的法西斯力量的威胁)时,共产国际没有抓住机遇,客观上削弱了反法西斯主义的力量。正如季米特洛夫后来指出的,"在目前情况下,共产国际作为各国共产党的领导中心,是各国共产党独立发展并完成各自的特殊任务的障碍"。①

共产国际处理党际关系的模式在实践中带来三个严重的后果:首先,它给各国的革命和建设事业带来了严重的直接损失。共产国际的瞎指挥使各国共产党蒙受的损失是很大的。20 世纪 20 年代中国革命出现的几次挫折,20 世纪 30 年代各国共产党在对待法西斯出现问题上的失误,20 世纪40 年代欧洲一些国家的缴枪行为等,都不同程度地与共产国际的瞎指挥有关。其次,它严重损害了各国共产党之间的团结。党与党之间的不平等关系先后引发了苏南冲突和中苏冲突,使共产党之间严重分裂,客观上削弱了共产党在世界上的影响。再次,它导致了左派力量内部的长期对峙,削弱了反对资本主义的力量。由于意识形态上的极端教条化,共产党长期把社会党作为自己的主要敌人,使得两党在本来可以合作的许多问题上根本无法合作,丧失了在国际事务中发挥作用的许多机遇。

---

① 转引自《国外理论动态》1998 年第 3 期,第 6 页。

　　几乎所有原先参加共产国际的政党都深切地感受到了共产国际的党际关系模式对党的活动和发展的消极阻碍作用。所以,共产国际解散后,特别是共产党工人党情报局停止活动后,一些共产党在探索本国革命和建设道路的同时,也开始探索新型的党际关系。例如,西欧共产党人(尤以西班牙共产党、意大利共产党和法国共产党为代表)在20世纪70年代提出被称为"欧洲共产主义"的新理论,其中就涉及建立各国共产党之间新型关系的主张。这一主张旗帜鲜明地反对在国际共产主义运动中保持以前存在的那种被证明是过时的由一个中心进行领导的关系,强调各国党的独立自主,强调各国党探索本国自己社会主义道路的权利。如意共所说,自主就是不受苏联干涉自主地作出独立判断,在决定党的方针时,以自己的估计为根据,而不考虑与苏联采取的立场有无分歧,并且对苏联的做法也有批评的自由。西欧共产党的探索,对共产党的党际关系朝正确的方向迈步是一个很大的促进。

　　综上所述,各国共产党之间的关系正处在一个由不成熟走向成熟的过程中。

### (二)对和谐的党际关系的探索

　　与各国共产党之间的党际关系遇到的挫折相比,较多地继承了第二国际模式的各国社会民主党则在党际关系处理上表现得比较成功。社会民主党吸收第一次世界大战期间相互交恶的教训,在党际关系上逐渐摸索出了一套可行的原则。后面我们还会讲到社会民主党人的国际联合组织——社会党国际。在这里我们想说的是,社会党国际的发展和壮大,很重要的一个方面,是得益于它比较恰当地处理了错综复杂的内部关系,包括党际关系,中央机构和成员的关系,国际本身和外围组织、联系组织之间的关系等。社会党国际把自己定义为"一个民主的、多元化的、建立在各种共有的价值观念团结一致的基础上而不是建立在权力基础上的机构——既是达到这个目的的手段,又是可能最接近这个目标本身的组织之一"。1951年的《法兰克福宣言》表达了对这种多元化联合的认识:"社会主义是一个国际的运动,它不要求在处理问题的方法上严格一致。不论社会党人把他们的信仰建立在马克思主义的分析社会的方法上,还是建立在其他方法上,不论他们是受宗教原则的启示还是受人道主义原则的启示,他们都是为了共同的目标而奋斗,这个目标就是一个社会公平合理、生活美好、自由与世界和平的制度。"事实上,社会党国际的成员对马克思和马克思主义的态度不是完全一致的。有的倾向于否定,有的则评价较高。但是重要的是,在这个问题上,各国党是求同存异的。这就能在相当广泛的程度上把各种类型的社会民主党都包容到社会党国际中。

社会党国际在组织原则和组织形式上也体现了这种巨大的包容性。社会党国际把自己的活动方式规定为"通过协商的方式求得政治态度的一致",强调国际不是各国社会党的总的指导机关或"国际中心",而只是一个交换情报和经验、表明社会党共同立场的组织。它是一个论坛,让各成员充分进行讨论,不强求各成员党执行它的决议。各成员党不受社会党国际决议的约束,各自对本国负责。各党在推行自己的政策方面是自治的和独立的。

在对待社会党国际之外的政党问题上,社会党国际对成员党的要求同样体现了独立自主的原则。这里面,特别重要且特别敏感的是各国社会民主党与共产党的关系。应当指出,在这个问题上,社会党国际的立场有一个明显的转变。第二次世界大战结束以后,有相当一段时期,社会党国际是作为反对共产主义的力量存在的。当时冷战骤起,东西方关系趋于紧张,社会党国际实行了一边倒的政策,曾经明确站在西方大国的立场上,宣布不允许成员党与共产党合作。甚至还出现了违者被开除出社会党国际组织的事件。例如,1947 年,东欧各社会民主党由于和本国共产党合并而被开除(这时社会党国际尚未建立,但各国社会党人已经组建了一个叫做"国际社会党代表会议委员会"的常设联络机构,由它行使了上述职权)。1949 年,意大利社会党也因为和意大利共产党合作而被取消了会员资格。1956 年再次公布了《社会党国际关于拒绝同共产党合作的声明》,强调拒绝同共产党建立一切形式的合作。不过到 20 世纪 50 年代末、60 年代初,社会党国际开始放弃偏袒美国的立场,逐渐趋向中立。与此相应,社会党国际也在与共产党的关系方面转变态度。1972 年,社会党国际通过决议,正式宣布"社会党国际的成员党有权自由地决定同任何政党建立双边关系"。

各国党完全独立,参加和退出完全自愿决定,通过的决议可以不执行,这些方面,看上去似乎是社会党国际的弱点和缺陷。过去共产党也往往从这个方面给社会党国际以消极的评价。但是,现在看来,问题并不那么直观、简单。恰恰是这些特点,使社会党国际能够比较协调地处理内部关系,不但维持了社会党国际的长期存在,而且促进了它的发展壮大。这是很值得探讨的。就连 20 世纪 80 年代思想还比较僵化的苏联学者也不得不承认,"这样的组织原则使它能够把那些意见分歧很大的党联合起来,并置于自己的庇护之下,这种原则使社会党国际具有很大的妥协性,而且能够防止这一国际组织的队伍公开分裂,防止在社会民主党队伍中的分歧、分化和在内部斗争加剧的复杂局势下出现全面崩溃的危险。这个原则,是完全符合社会党国际对社会民主党队伍中出现不同倾向和流派采取调和主义办法的愿望的。这样能达成妥协性决议,缓和各个党之间的尖锐矛盾,特别是发达国家和发展中国家各个党之间的矛盾,使自己的政策适应国际社会民主党活动条件的变化。"①

中国共产党关于党际关系问题的探索所取得的成果很值得一提。20世纪 50 年代中期以前,中共基本是按照苏共规定的思路发展党际关系的。20 世纪 60 年代后,两党分道扬镳,中共不再受制于苏共。但这个本来难得的探索自己特色道路的机会,却由于思想认识上的"左"的教条的影响而没有及时抓住。直到 20 世纪 70 年代末,中共才真正开始建立新型党际关系的探索。由于坚持实事求是原则,这种探索取得了巨大的成就。在实践中,中共确立了独立自主、完全平等、相互尊重、互不干涉内部事务的处理党际关系四原则,坚持求同存异,明确强调不以意识形态论亲疏。这一立场,受到了世界绝大多数国家和政党的热烈欢迎,极大地推动了中国与世界各国和各种友好政党的交流与合作。中共不但与多数国家的共产党就过去的事情达成谅解,恢复友好关系,而且大量发展了同其他政党的关系。中共对党际关系的探索与其他把马克思主义与本国国情相结合的工人阶级政党的探索有异曲同工之妙,反映了时代和政党政治发展的潮流和趋势。但是,由于在世界大国执政这样一种特殊地位,这种探索无疑更具有特殊的意义。

---

① 　[苏]H. 西比列夫:《社会党国际》,中国社会科学出版社 1983 年版,第 56—57 页。

# 三、政党的国际组织

国际社会各成员之间越来越密切的联系和交往,不但使各国政党之间的联系和合作日益加强,而且也使政党国际组织迅速发展起来。第二国际大概是最早出现的政党国际组织。从那以后,政党国际组织的发展就没有停止过。从政党政治的角度观察,政党国际组织已经成为政党活动和发展的一个重要特点和趋势。

## (一)政党国际组织的发展

政党国际组织的发展,归根结底是政治国际化的结果。如前面所说,政党是政治参与的工具。政治的国际化,必然使政党的活动也进入到国际领域。根据组织学的基本规律,政党在国际事务中联系和合作的日益密切,最终必然要反映到组织形式上。可以说,政党国际组织的发展是加强政党联系与合作的客观要求。

当然,不同背景、不同观念的政党,对建立政党国际组织必要性的认识是不一样的。工人阶级政党向来重视各国政党之间的联系和合作,因而在建立政党国际组织方面是开先河者。与之相反,素以谨慎、恪守传统为特点的保守党,表现在建立国际组织方面,也是瞻前顾后,犹豫不定,故成立较晚。此外,政党联合的目的不同,对组织形式及其职能的要求也会不同。如我们前面讲到的共产国际,在组织形式上以高度集权为特征。不过,从发展的趋势看,高度集权的国际组织似乎已经过时。各国党独立自主、完全平等,是被实践证明科学有效的政党国际组织的通行原则,已经成为各国党普遍接受的共识。

从理论上讲,政党国际组织应该有两种:一是由不同国家的公民组成的国际性政党。历史上也曾经出现过这样的政党。马克思恩格斯建立的共产主义者同盟就是这种类型的党。二是由世界各国的政党联合而成的国际组织。但在实践中,由于时代的变化,前一种政党实际上已不存在。现在世界上存在的政党国际组织,主要是由各国的政党联合形成的。这种组织通常一方面要建立独立于各国党的协调机构,另一方面又保持各国党就国内问题进行独立决策的权利。

政党按照不同类别组成国际组织，是政党国际组织发展的基本规律之一。从现有的实践看，共同的价值观念往往是组成政党国际组织的主要基础。政党国际组织的不同类型也正是以此划分的。1947年由英国自由党等发起，成立了以自由主义为共同价值观念的自由党国际。这是第二次世界大战以后最早成立的政党国际组织。1951年建立的社会党国际，成员党的共同基础是社会民主主义的一整套理念。1961年，持基督教民主主义立场的世界各国基督教民主党在智利圣地亚哥正式成立"世界基督教民主联盟"，初步实现了世界基督教民主党的联合，并于1982年在厄瓜多尔首都基多举行的会议上，确定将联盟更名为"基督教民主党国际"，成了一个拥有52个成员党的政党国际组织。保守党国际则从名称就可知是由信奉保守主义理念的政党组成的。

从目前情况看，政党国际组织大体上可以分成两大类：一类是国际范围的组织，另一类是地区性组织。在国际范围的组织中，成员党来自世界各不同国家和地区，原则上也不受国家和区域的限制。属于这一类政党国际组织的如社会党国际、基督教民主党国际、自由党国际、保守党国际等。与国际范围的组织相区别，地区性政党国际组织一般由某个特定的地区的政党所组成，而且本身也作出明确的区域规定。属于这一类政党国际组织的如欧洲社会党、欧洲基督教民主联盟、欧洲人民党、欧洲绿党、亚太社会党组织等。当然，这两类政党国际组织的界限划分也不是绝对的。有的一开始是区域性组织，后来却逐步发展成了国际范围的组织。有的政党国际组织虽然从名称上看具有地区性，同时却不拒绝其他地区的政党加盟。例如1978年成立的以西欧保守的中间政党为成员对象的欧洲民主党联盟，把日本的自由民主党也吸收为自己的友好成员。

还有个别的政党国际组织不仅有为数众多的单个成员党，而且有地区性国际组织作为成员。像社会党国际、基督教民主党国际这些大的政党国际组织，都有许多地区性国际组织成员。在基督教民主党国际的成员中，比较有影响的区域性的联合组织是欧洲基督教民主联盟和欧洲人民党。欧洲基督教民主联盟是西欧国家基督教民主党的联合组织，1965年12月成立，有20个成员党。欧洲人民党是欧洲共同体国家的基督教民主党的联合组织,1976 年 7 月成立,有 11 个成员党。在政党国际组织中,一般都根据情况将成员党分成几种类型。例如在社会党国际中,就有正式成员党、咨询成员党、观察员党、兄弟组织、联合组织等 5 种类型。

政党国际组织的发展,对维护世界和平、建立国际政治经济新秩序具有积极的意义。当今世界具有明显的多极化的趋势。多极化有利于平等、公正的国际秩序的形成。但是,无限的多极化也使世界充满矛盾、冲突甚至战争的风险。一般说来,世界总是会根据国家和其他各种政治、经济行为体的力量对比进行组合,最终形成由若干种不同集团构成的有限的多极化。这种有限多极化比之上面所说的无限多极化,更有利于达成妥协、谅解和合作。政党国际组织理所当然地应被看做这种有强大影响力的国际集团之一。正是这种客观要求,可以预料,政党国际组织今后仍然会有新的发展。

### (二)共产党国际组织的发展现状

共产党和其他政党的一个根本区别在于,它们把在全世界范围内实现共产主义作为自己的最终目标。从这个角度说,建立各国共产党之间的国际组织有更加重要的意义。共产党领袖们对这一点都有比较深刻的认识。所以,列宁、斯大林等人都进行过建立共产党国际组织的尝试。共产国际、共产党工人党情报局,都可以看做是这类尝试结出的果实。

共产国际和共产党工人党情报局的不成功实验造成的一个相当严重的后遗症,就是许多党唯恐再出现共产国际和共产党工人党情报局那种状况,不再探讨建立共产党国际组织的问题,而更多强调的是各国党的独立性和探索本国社会主义道路的权利。与此同时,以苏共为代表的另一些党,在情报局解散后的相当一段时间里,仍然抱有建立新的国际组织的希望。这样,在共产党内,在建立共产党国际组织的问题上,实际上存在着两种相反的力量和声音。这两种力量和声音彼此矛盾,彼此争论,最后的结果是对新的共产党国际组织的否定。连苏共也为自己辩白说,认为苏共想建立新的国际共产主义运动中心来控制别国的共产党,是一种"似是而非的说法"。[①]  在

---

① 　[苏]鲍·尼·波诺马廖夫:《共产主义在当代世界》,东方出版社 1986 年版,第 253 页。

1957 年、1960 年、1969 年召开的各国共产党会议上（许多共产党都没有派代表参加），各国党的代表都确认，共产党和工人党之间要有与新的条件相适应的联系方式，应该主要通过双边协商和交换意见，通过对话、地区性会议以及较为广泛规模的协商会议和国际集会来保持联系。这一原则的确立，意味着建立新的国际共产主义运动中心的意图已经完全失去了市场。后来不是没有政党进行过类似的尝试。例如，1995 年 11 月，由保加利亚共产党挑头，在索菲亚成立"新共产国际"。该组织声称有 29 个政党参加其中。实际上，真正与会议有关的政党只有 3 个。这一事实本身就表明，类似共产国际这样的组织形式已经成为过去，再也无法适应这个时代了。

考察共产党人国际组织发展过程中的种种曲折，我们可以看到一个显而易见的事实，即：各国共产党之间的联系，总的说来不如其他类型的政党，例如社会党、绿党、基督教民主党等。其国际范围的组织化程度今天看来也远远低于这些政党。而已有过的国际组织实践，则通常是半途而废，毁誉参半。这个问题值得深思。因为，一方面，从理论上说，共产党的目标、主张、组织形式等，和其他政党比较，都更有利于进行国际联合，而事实上却难于联合，这是一个矛盾；另一方面，从实践上看，各国共产党之间的矛盾和冲突，已经严重地阻碍了共产党作为一支整体力量在国际事务中起作用，使其在国际政治中的影响力远不及其他党。这种状况，显然有着深层次的原因。

1. 共产党意识形态与大多数国家现存制度的不相容性，显然是妨碍其国际联合的最大的客观因素。在除了社会主义国家之外的其他国家，共产党的最终目标，无论怎样淡化和改头换面，都是要彻底改变现存制度。站在这个立场上倡导国际联合，很容易被看做是要联合国外势力颠覆本国政府。因此，在国内阶级斗争矛盾比较尖锐和激烈，并且本国统治阶级控制局势已经力不从心的情况下，这种联合尚存在可能，但在常态中，在统治阶级还有能力进行控制的时候，这种国际联合显然难以实现。共产国际和共产党工人党情报局能够维持一段时间的活动是由于此，后来活动不下去也是由于此。

2. 对社会主义目标多样化的理解，是共产党难以实现国际联合的另一个重要因素。各国共产党都以共产主义和社会主义为目标。但是在实践中，每个党都需要把这一目标同本国实际相结合。由于国情不同，在结合的过程中,对社会主义目标的理解必然产生很大的差别。西欧国家共产党对社会主义目标的理解和设计是一回事,还处在前资本主义阶段的非洲国家的共产党对社会主义的认识是另一回事。没有执过政的党对社会主义目标的看法通常比较理想化,有过执政经验的党则会对此另有新的阐释。对社会主义目标多样化的认识和理解,往往会引起对许多相关问题的不同认识和理解,甚至有时带来矛盾的看法。这些对其他政党的联合来说不是障碍的因素,对共产党来说则可能构成联合的障碍。

3. 对实现社会主义目标的途径缺乏共识,也是给共产党的国际联合造成障碍的不可忽视的原因。实际上,实现社会主义目标的道路可以因各国的国情民情、文化传统、发展状况而各不相同。从理论上说,这不构成矛盾。但在实践中,矛盾是存在的。例如,通过暴力手段,或是通过和平道路,途径截然不同。在这种情况下,如何进行国际联合,联合的目的是什么,都是需要认真研究的问题。而在共产党中,除了过去的不成功体验外,实际上缺乏这方面的研究和探索。此外,各国共产党在国内所处的不同地位,也强化了认识上的差别。有的党在国内是执政党,有的党只在地方执政;有的党是有执政能力和执政可能的国内几个大党之一,有的党却还处在不合法的、地下的状态;等等。这些都可以带来认识上的差异。

4. 对马克思主义和探索中出现的不同观点的态度,是影响共产党之间的国际联合的更深层次的因素。各国党都有自己不同于他党的党情。因此,在许多问题(包括像社会主义的含义、目标、道路、战略这类重大问题)上有不同认识,乃是很正常的现象。如果对此有一个正确的认识,求同存异,联合同样是可以实现的。遗憾的是,在国际共产主义运动中长期受"左"的思想的影响,教条主义的危害很深。马克思主义被看做万古不变的真理,变成了谁也不能动的僵化教条。其结果,就是共产党内部论争不断,思想冲突此起彼伏。20 世纪 50 年代南斯拉夫对社会主义道路的探索,被视为旁门左道,南共因此被打成"帝国主义的工具",开除出社会主义阵营;20 世纪 70 年代欧洲共产主义的出现,被看做对马克思主义的歪曲;20 世纪80—90 年代中国的改革成就有目共睹,也仍被某些党当成"修正主义"来批判;等等。上面提到过的"新共产国际"就表达了这样的观点:"在当今的条件下,只有坚定地站在斯大林的立场和观点上,才能证明是忠诚于马克思列宁主义。关于社会主义在一国或多国胜利的论点、和平共处的论点、非暴力地向社会主义过渡的论点,统统是修正主义。近年来出席布鲁塞尔'研讨会'的共产党、工人党都是'修正主义党'。"①观点上的教条主义态度和不容忍,不但使国际联合不可能,而且在不少国家中,一国范围内的共产党也没有实现组织上的统一。在许多国家,共产主义性质或自称是共产主义性质的政党都分成若干个宗派,相互之间进行批评、抨击。例如在俄罗斯,赞同把共产主义作为目标的政党多达十几个。在印度,共产党一直分成印共、印共(马)、印共(马列)三个独立的政党。西班牙共产党也在 1983 年以后一分为三。英国、巴西、玻利维亚、阿根廷、秘鲁等国家都同时存在两个共产党。一国之内尚且如此,同国际上其他共产党联合就更加困难了。

目前,虽然各国共产党已经都逐渐认识到了国际联合的重要性,并且也在就联合与合作的问题进行着探索,但是很显然,共产党要成为国际政治中一支有影响的整体性力量,还有一个非常艰难的历程。

### (三)社会党国际的发展

共产党和社会党是工人阶级政党的两个分支。但是,在国际联合这个问题上,这两个分支的处境却大不相同。如果说,共产党的国际联合经历了风风雨雨、充满曲折且前景不明的话,社会党的国际联合则可以说是健康发展、不断壮大。

当然,说社会党的国际联合一帆风顺、没有经历什么曲折,那是不对的。第二国际是社会党的国际组织。第一次世界大战爆发后,各国的社会民主党大多数采取了支持本国政府的立场,导致了第二国际的破产。战后,一些国家的党意识到社会民主党国际联合的必要性,提议恢复第二国际。1919年 2 月,26 个国家(包括一战中的交战国)的社会民主党在瑞士伯尔尼召开代表会议,标志着社会民主党国际联合的恢复,史称"伯尔尼国际"。与此同时,在战争期间持"中派"立场的 13 个社会党和组织在维也纳召开会议,宣布成立"社会党国际工人联合会",和"伯尔尼国际"相对应,被称做"维也纳国际"。"维也纳国际"自称站在第二国际和第三国际之间的立场上,所

---

① 转自肖枫主编:《社会主义向何处去》当代世界出版社 1999 年版,第 1081 页。

以也被叫做"第二半国际"。不难看出,这时的各国社会党还处在分裂状态。到1923年5月,伯尔尼国际和维也纳国际合流,在德国汉堡举行代表大会,成立了"社会主义工人国际",才重新实现了社会党的国际联合。然而好景不长,社会主义工人国际的活动持续了不长的一段时间,到20世纪40年代因法西斯主义的猖獗又被迫停止了活动。这段历史,对于社会党的国际联合来说,同样也意味着曲折。

第二次世界大战结束后,社会党的国际联合开始了一个新的阶段。战后不久,各国社会党就重新聚集,表达了实现国际联合的强烈愿望,准备重建社会党国际组织。1945年3月,由英国工党主持召开了有13个党参加的社会党第一次代表会议,设立了常设筹备小组来拟订重建计划。此后,各国社会党又先后一起召开了7次代表会议,协商建立国际组织的有关问题,确定共同的基本原则。1951年6月,在德国法兰克福举行的社会党第八次代表会议上,与会34个党的106名代表一致通过了重建社会党国际的决议,并宣布这次代表会议为社会党国际的第一次代表大会。自此,社会党国际重又作为一支重要的政治力量活跃在国际舞台上。

迄今为止,社会党国际已经召开过20次代表大会。仅仅概括这20次代表大会的特点,就可以看出社会党国际在国际事务中发挥的影响和作用。首先,社会党国际的队伍不断壮大。1951年召开一大时,社会党国际有34个成员党,4个联系组织。到1996年20大召开时,已经发展到拥有139个成员党(其中正式成员党80个,咨询成员党29个,观察员党20个,联合组织10个),3个兄弟组织。其次,联合的范围不断扩展。社会党国际成立之初,其成员党主要来自西欧发达国家。现在,其成员党不仅在整个欧洲都有,而且遍及全世界,发展中国家的社会党已经占了成员党的多数。1976年十三大专门增加副主席职务,选举发展中国家的成员党担任该职,旨在打破欧洲中心主义。再次,关心和涉及的问题日益普遍。社会党国际不但在政治、经济、文化方面全面系统地阐明自己的主张,而且就所有关系到国际社会发展的重大问题表明自己的立场,参与国际事务的解决,推广社会民主主义的价值观。社会党国际强调,在全球化的时代,社会民主主义理想已经不只是民族国家范围内的追求。社会党国际应当帮助建立国际社会民主日程,使国际经济体系为人民而不是为资本服务。

社会党国际组织上的重要特点是,它把自己作为各国社会党活动的协调机构。一大通过的章程明确规定,社会党国际是一个谋求确立民主社会主义的各国政党的联合体。国际的最高权力机构是代表大会,选出社会党国际的主席、副主席。代表大会下设执行局(后改为理事会)和秘书处。执行局(理事会)是代表大会闭会期间的社会党国际的最高机构。参加社会党国际的成员分三个层次:一是正式成员党,二是咨询成员党,三是观察员党。每个正式成员党拥有1票表决权,并参加执行局(理事会)。咨询成员党和观察员党只有发言权,没有表决权。社会党国际就重大问题设立专门委员会和工作小组。例如1978年设立的裁军咨询委员会,1982年设立的中东委员会,1983年设立的经济政策委员会等。1993年,针对东欧国家的转型,成立了中东欧委员会及其下属机构争取中东欧民主与团结论坛和中东欧工作小组。

社会党国际的机构和活动的另一个重要特点是,加入这个国际组织,并同它进行合作的不仅是各个党,还有社会民主党人的各种国际组织。例如国际社会民主党人妇女理事会。该组织于1955年7月在伦敦建立,其章程规定:"社会民主党妇女理事会是社会党国际各个党的女党员、这些党的妇女组织的成员的联合组织。"该组织的一切活动都在社会党国际的领导和监督下进行。社会党国际在各个方面为妇女理事会提供帮助,如帮助其出版印刷各种资料,举行各种代表会议和研讨会,组织欧洲社会民主党的著名女活动家到亚非拉国家去旅行等。又如国际社会主义青年联盟。该组织被定义为社会党国际的"兄弟组织",实际上也是社会党国际的成员。联盟的职责,如其名称所显示的那样,是组织和引导青年和青年组织,加强和扩大社会党国际在青年中的影响。还有社会民主党的区域性组织,如欧洲共同体社会党联盟,亚洲—太平洋地区社会党组织,拉美和加勒比委员会,非洲社会党国际等,都是社会党国际的成员。此外,还有形式上独立、实际上处在社会党国际影响之下的国际组织,如国际自由工会联合会。该组织和社会党国际在一些重大问题上进行合作,如研究一些国家间团体的活动,制定对待这些团体的共同措施;研究失业问题,探讨解决这些问题的办法;研究环境污染,协商在环境保护方面的共同立场;等等。国际学生组织"鹰",以及教师、报业、体育等不少行业性国际组织,也处在社会党国际的影响之下。

社会党国际的这些特点,是使社会党能够在国际事务中有所作为的重要条件。正是依靠这些特点,社会党国际的作用和影响才不断扩大。

# 第十四章　政党政治的发展趋势

当今世界面临深刻变革。在前面的有关章节中,我们已经看到,这种变革正在对政党政治的发展产生着越来越深刻的影响。可以肯定的是,政党作为一种与国家权力相联系的政治现象,不会很快退出历史舞台。但是,政党是朝衰落的方向发展,还是发挥更积极的作用,则取决于政党自身现代化的进程。

## 一、政党政治面临的新挑战

在新技术革命的推动下,世界政治经济和社会各个方面正在发生重大的变化,全球化浪潮波涛汹涌。这也给政党政治带来了一系列新情况新问题,带来自身变革的要求。在这种情况下,政党的发展既面临挑战,也面临机遇。

### (一)政党政治与时代

第二次世界大战以后新科技革命的兴起,使经济结构、产业结构和阶级构成都发生了重大变化。新技术革命造成了第一产业大大缩小、第二产业不断削弱、第三产业特别是信息产业迅速发展的趋势,使传统的体力劳动者大大减少,新兴中间阶层日益壮大。与此同时,政治生活的内容和方式也不可避免地出现了许多新的特征。当前,这一变化正在继续,并呈现进一步加强的趋势。这些变化和社会政治生活的新特点,对政党的下一步发展是至关重要的。归纳起来,至少有以下五个方面的因素会对政党的未来发展起举足轻重的作用。

第一,权力分散化的趋势。

　　随着人们知识文化水平的不断提高,公民意识和民主意识的不断加强,民主真正成了各国发展的目标之一。无论是资本主义发达国家,还是社会主义国家,或是第三世界其他发展中国家,都越来越强调民主对于国家发展的重大意义。这在很大程度上是人类自我意识增强的表现。

　　民主意味着权力的分散化。这种分散化,指的是权力的基本流向:一方面,权力由上向下分散,高度集中的权力越来越变成适度的权力集中与地方和基层权力的扩大相结合;另一方面,权力由单一主体向多主体演化。权力的分散化是与经济发展的多样性、灵活性相一致的:面对变幻莫测的市场,由多层次、多梯级等级制组织结构的最顶端发出指令、尔后逐级贯彻执行的模式已日益落后,基层自主越来越成为需要。

　　托夫勒在1990年的著作中,用"权力转移"说解释了这种权力的分散化。他指出,权力作为一种支配他人的力量,自古以来就通过暴力、财富和知识这三条途径来实现。但是,在不同的历史时期,三种手段所起的重要的重要性各不相同。在工业文明出现以前,暴力是获得权力的主要手段;在工业文明开始之后,暴力的重要作用由财富所代替;在第三次浪潮文明中,知识将成为权力的象征,谁拥有知识,谁就拥有权力。但知识和暴力、财富不同,后两者具有排他性,一种暴力或财富若为一个人或一个集团所拥有,其他人或集团就不能同时拥有这个暴力和财富;而知识没有排他性,同一种知识可以同时为不同的人所占有。因此,"知识是最民主的权力之源"。① 在这种情况下,权力通过转移到掌握知识的人手中而分散化了。在这里,我们不打算推敲托夫勒的这些概念是否科学和严谨,但有一点是明确的:权力由集中向分散化发展,的确是有目共睹的事实。

　　政党是以取得权力为基本目标的政治组织。权力的变化给政党活动带来了新的课题。

　　第二,共同参与民主制发展的趋势。

　　新技术革命的发展,必然会逐步推动共同参与民主制的发展。这在美国、日本、西欧等国已成为事实。最明显不过的是在经济领域。例如,在日本的公司中,很早就开始出现重视工人参与的做法。其中之一,就是所谓

---

　　① 〔美〕阿尔温·托夫勒:《权力的转移》,中共中央党校出版社1991年版,第27页。

"质量圈"的盛行。质量圈就是在一起工作的一群人定期聚会,讨论与工作有关的问题及其解决办法。日本产品之所以在质量上能够保持高标准,与质量圈的盛行是密不可分的。相应地,日本企业十分注重工人的权利,因为只有保护他们的权利,质量圈才会真正形成。日本的这种做法在20世纪70年代以后被美国采用,逐渐出现了一场管理学的革命。现在,几乎所有发达国家都把发展企业中的共同参与民主制作为促进经济发展的一项重要手段,而且进一步把它扩大到社会领域。

共同参与民主制源于新技术革命本质的要求。随着科学技术的发展,企业生产中对新技术的运用,企业对雇员的要求越来越不再是他们体能的释放,而是智力的发挥。这显然只能取决于雇员积极性、主动性、创造性发挥的程度,不像过去那样,取决于雇主和监工的监督,因为智能运用是无法监督的。还有更为重要的一点是,职员作为现实中的人,既受雇于公司,又在社会中生活,人的积极性不但有赖于公司内的气氛,也有赖于社会环境。这样,共同参与民主制就越来越走出工厂,走向社会。人们既希望有代表他们管理国家的人,也希望自己有权直接决定与自己的工作和生活有重大关系的事情。经济民主早就成了社会民主党的一面旗帜。瑞士的直接民主制形式(选举、创制、复决权)不但在瑞士本国得到较充分的运用,而且在美国许多州也越来越多地被使用起来。在许多西方国家,要求更多的直接民主和更多的决策参与已经成为普遍的浪潮和运动。需要指出,不能把这种发展看做只是统治者的主观设计,而应当看做是顺应历史潮流的客观现象。

共同参与民主制的发展的最直接影响,就是代议民主制地位的下降。由选民选出国家统治管理机构(立法、行政、司法机关)、由这些机构来行使权力的方式,在西方发达国家向来被看做是民主制最完备的方式。在资产阶级政治学家看来,这种代议民主制既表达了"民意",又防止了"暴民统治"。社会主义国家执政党在把代议民主制看做"三权分立"机制的代名词时是否定代议民主制的。但如列宁所说,社会主义政权也是由无产阶级和广大劳动人民选出自己的代表进行管理,而不是由他们自己来直接管理的。这类民主制,通常被概括在"间接民主制"的标题下。在间接民主制中,政党起着关键性的作用。所以,无论是在西方发达国家,还是在社会主义国家,政党都表现出无所不在,占去了人们政治生活的很大一部分时间和空间。共同参与民主制的发展,将使人们不得不重新思考,作为民主政治工具的政党怎样才能在新的环境下起作用。

第三,生产分散化、个体化、小型化的趋势。

工业化社会的典型特点就是生产日益集中,追求大型化。新技术革命则向这种集中化和大型化提出了有力的挑战。生产的集中是为了达到规模经营。但是,新材料、新技术、新能源的利用,使得就地生产、分地组装比集中生产更有利可图。过去人们不得不从很远的地方乘交通工具上班,集体工作,现在则有了使用电脑、传真、全自动化的文字信息处理系统的可能,"在家里工作"不再是不可设想的事情。过去许多东西都靠大批量集中生产来满足需要,现在随着人们生活质量的提高,将出现更多的按顾客特定要求来进行的小批量自动控制生产。过去人们必须在同一时间从事生产活动,今后则可能按照个人的需要自主选择上班时间。生产的分散化、个体化、小型化并不必然排斥和取代仍然要靠集中和大型化才能取得规模效益的生产,但这种趋势的确不但需要人们重新认识资本主义生产的垄断和集中问题,而且会使人们的生活方式本身发生改变。

经济活动的这种趋势,将促使政党对组织形式和活动方式的探索。

第四,各种不同的意识形态相互之间影响加强的趋势。

随着新技术革命的发展和深入,我们正在进入一个新的社会。在这个以电脑的发展为核心的社会中,人们处理信息和情报的能力获得了极大的提高。信息成为一种崭新的技术,这种技术与通讯技术相结合,为其他新技术、新工艺、新产品的发展和人的智力的扩大提供了无限的可能性。这就是人们常常称之为"信息革命"的原因。

信息革命当然不仅仅是推动了新技术的发展,它同时也为思想的传播提供了最大的可能性。信息交流手段的多样化、广泛化,使得任何一种有点市场的思想都有可能传播到世界的每个角落。因此,人们已经越来越明确地认识到,既然过去也没有能够用某种有效的手段把意识形态的分歧消灭掉,那么,在高度信息化的社会里,这就更是不可能的事情。避免因尖锐的意识形态论争而使社会各阶层之间、国家与国家之间的关系陷入冲突的唯一途径,就是在保留各自意识形态基础上实行和平共处。共处的实际结果,是促进了各种不同意识形态之间的相互交流、相互影响。在现实中,我们不能说我们看到了社会主义和资本主义两大思想体系的趋同,但我们可以说,我们看到了它们之间的相互影响,甚至看到了相互之间对对方某种价值的承认。社会主义把原来推给资产阶级思想体系的市场经济看做是谁都可以使用的资源配置手段,而资本主义社会也毫不客气地把适当的计划调控、消除两极分化的主张拿了过去。这种状况,对政党的影响自然会是非常之大的。

第五,利益集团发展的趋势。

所谓利益集团,是指有某种共同利益、共同愿望和共同要求的人们形成的集合体。狭义的利益集团指人们为维护自己利益而组成的团体,而广义的利益集团则往往也包括客观上按共同利益而划分的群体,他们有可能因为共同的利益而组织起来,故被看做是潜在的集团。利益集团有利益表达的功能。如果这种利益既是经济上的,也包括政治上的,那么它们不但会表达经济要求,还会表达政治要求。

利益集团不同于政党。它们组织起来不是为了取得政权,而是维护自己的利益免遭他人特别是国家的侵害。所以,当人们的政治意识增强、生产方式和人们的政治、经济地位发生重大变化时,利益集团便活跃起来。20世纪是利益集团取得长足发展的时期。第二次世界大战以后,利益集团的发展又出现了一个新的高潮。

由新技术革命引起的生产力、生产关系的变化,使利益集团再次得到了发展的机会。当今世界上新的组织、团体不断涌现,已经充分印证了这一点。据一项不把工会和各种社会运动计算在内的资料显示,20世纪80年代中期美国有团体约2万个,日本有约1.2万个,英国约7 600个,加拿大约8 300个。这个名为"团体名鉴"的资料多半是出于商业性需要而编录的,因而实际上仍有大量的利益集团被排除在外。① 当代利益集团的发展,至少与下面两个原因直接有关:一是,生产方式的改变产生了许多新的利益,人们对这种新的利益的认识逐步加深;二是,权力的分散化和共同参与民主制的发展,使人们易于组织起来直接表达自己的利益要求。随着利益集团在社会政治生活中日益重要的作用,"利益集团政治"也越来越多地进

① 〔日〕计中丰:《利益集团》,经济日报出版社1989年版,第17页。

入了人们的视野。

　　怎样处理与利益集团的关系,是政党越来越需要认真对待的问题。

　　新技术革命方兴未艾。随着这一革命的深入发展,仍会出现更多的未可知的问题。在这种情况下,试图用几个方面的概括就把这些问题无一遗漏地描述出来,显然是徒劳的。这里想要说明的无非是,政党的今后发展不会是一帆风顺的。政党不可能避开新的时代带来的变革要求,而必须寻找不同于过去的发展的新途径。

### (二)政党政治在衰落吗

　　面对上述趋势,政党政治发展中既有挑战,也有机遇。不能说在上述趋势下政党必定衰落。但是,可以肯定地说,政党政治遇到的挑战是严峻的。

　　例如,权力分散化将对政党产生深远影响。政党作为以取得权力为基本目标的政治组织,不可能对权力转移的现象无动于衷。相反,对权力的关注需要政党作出迅速的反应。那些以取得中央权力为中心目标的政党,在这种情况下不能不对地方和部门的权力予以更多的关心;那些以取得行政权力为主的政党,不能不把更多的注意力放在除立法、行政、司法机构之外的组织(如工会、社会团体等)上;那些向来不重视地方和基层党组织建设的政党,现在必须转变自己的观念,改变以往的政党运作模式;那些过去得益于党内集中的政党,现在也显然应当把发展党内民主提上日程;等等。总之,权力分散化的趋势,不但会引起政党注意力的转移,也必然引起对政党结构、功能、运作方式以及整个政党体制进行改革的要求。如果政党对这种趋势把握不准确,其作用就会大大削弱。

　　共同参与民主制必然缩小政党的作用,这也是显而易见的。共同参与民主制为公民的政治参与提供了新的渠道。它和日益发达的"媒介民主"一起,使人们在通过政党还是不通过政党来表达自己的利益、愿望和要求方面,有了更大的选择余地。信息产业的发展,的确大大提升了新闻媒介在促进民主参与中的作用,使公民表达意见的途径多样化了。公民往往可以利用新闻媒介直接从事政治活动,而无须借助政党。用经济学语言说,政党日益由卖方市场转为买方市场,在许多方面失去了用武之地。

　　公民的政治冷淡情绪同样是令政党头痛的问题。西方选民的政治冷淡主义情绪由来已久。冷战的结束和政党政治中的腐败现象加剧了这种情绪的增长。选民间对立情绪的缓解，政党之间的相互靠拢，意识形态因素的淡化，以及政党政策的灵活性增强，都有利于缓和社会矛盾，保持社会稳定，但与此同时，公民对政党政治的兴趣也大大下降。在一些国家，这种现象非常突出。这对政党作用的发挥是不利的。有资料表明，在西欧，大约有 3/4 的人表示对政党政治不感兴趣。与政治冷淡主义直接联系着的是公民党派意识的淡漠。在美国，人们对党派的信念和忠诚逐渐淡化，对政党的依赖性大大减少。例如，选民对党派的认同感逐年下降：1964 年，有 75% 的人只支持一个政党，到 1976 年，这个数字下降到 67%，到 1980 年，60% 的选民投与自己所属党派不同的候选人的票。大约 1/3 的投票者自称是无党派选民。1996 年的一项民意测验甚至显示，有 79% 的人认为应该有新的形式来代替两党政治。政党政治是民众政治。失去了民众的参与，政党政治就难以为继。在约翰·奈斯比特看来，"这是从代议民主制转向共同参与民主制的必然结果"，它使"政客们日益变得无关紧要，从而人们对全国性的政治选举的兴趣也日趋下降"。[①] 约翰·奈斯比特的说法乍听起来有点令人难以置信，但仔细分析，却不无道理。

　　生产方式的变化，无疑也给政党带来问题。诚然，生产方式的变化对政党的活动的影响很可能是悄悄的、潜移默化的，但却是意义深远的。例如，以往马克思主义政党都依托于工业无产阶级开展活动，生产的集中和大型化有利于把工人阶级群众组织成战斗力很强的队伍。党的基层组织的工作在这种条件下也是有形的、易于开展的。新的生产方式的出现，至少会向这类政党提出这样的要求：仅仅用传统的组织方式来把传统企业中的受雇者吸引到自己身边来已经不够了，还必须根据新情况新问题寻找新的工作和活动方式。生产方式的变化对其他政党也会有影响，但相比之下，社会主义政党，特别是共产党所受的影响可能要更大些。

　　还有，各种意识形态的相互影响相互接近必将给政党带来困惑。政党当初作为阶级斗争的工具出现时，具有非常鲜明的意识形态并且因此而受益。政党往往靠强调自己的意识形态来动员选民，获取支持。现在，在各种

---

[①]　[美]约翰·奈斯比特：《大趋势》，中国社会科学出版社 1984 年版，第 163—164 页。

意识形态之间相互影响甚至相互接近、相互渗透的情况下,意识形态因素失去了往日的魅力和作用,强调意识形态的特殊性往往难以吸引民众,赢得支持。相反,由于世界进入和平与发展时代,经济实力成为国与国之间竞争的决定因素,各国党都把着力点放在发展经济上,从而大大淡化了意识形态因素,政党之间的共识增加,政策和主张中可供相互借鉴的因素增加。选民的党派意识也随之日趋淡漠。例如,由意共脱胎而来的左民党上台没有引起社会震动,意大利人对此普遍持平静态度。一向存在严重意识形态分裂的法国,选民的意识形态色彩大大淡化,对政党的支持为对具体政策的支持所取代,以致进入 20 世纪 90 年代以来很短时间里能够两次出现左右翼共同执政的局面。从这里可以看出冷战后选民心理的一个重大变化:政党无论是左是右,只要有能力治理国家,都可以执政。这客观上要求各政党更加务实,政策更加灵活,组织更具适应能力。但是,不突出党的意识形态,政党又何以立足? 这将是一个令政党十分尴尬的两难困境。

另外,随着公民组织程度的提高,各种利益团体发挥着越来越重要的作用,甚至在某些方面取代了政党。公民可以根据某一时期某种情况下产生的特定需求和要求,组成针对性强、目的明确的压力集团,直接与议会或政府对话,在这种情况下,政党的作用会大大降低。利益集团政治会不会取代政党政治,这是一个很难回答的问题。而且看来,政党和利益集团的功能毕竟不同,政党保留其独有的活动领域是可能的。但是,利益集团的发展,无疑是在逐步地蚕食政党政治的世袭领地。这将使政党在政治领域中无所不在的状况大为改变。如前所述,政党在纯粹意识形态领域里越来越失去优势。这种情况,已经迫使政党把关注点越来越放在和民众的利益有关的各种政治经济问题上。而现在,当政党进入这一领域时,它们发现,此厢也并非无主之地。这里的民众也并不一定非要把希望寄托在政党身上。这样,政党要卓有成效地发挥功能,将会面临一系列的问题。

西方发达国家的政党活动出现这样一些新特点和新问题,并不说明政党政治已经过时。在可以预见的时期内,政党政治仍将是民主政治的最主要形式。但是,这些新特点新问题带有普遍性。它表明了政党活动中某些规律性的东西,应当引起我们的关注。

# 二、政党现代化

各种类型的政党似乎都意识到了政党政治面临的问题。政党不仅应当根据时代发展的要求,及时反思自己的主张,适时调整自己的政策,而且应当根据政党存在的环境和条件的变化,调整自己的组织结构、运行机制、活动方式,以符合人们新的政治需求。越来越多的政党看到了这一点,力图作出相应的改革。这表明,政党现代化正在成为一种不以人们意志为转移的客观进程。

### (一)政党现代化的含义

越来越多的政党用"政党现代化"这个词来概括政党本身的改革和调整。例如,历史悠久的英国和美国的政党都提出了政党现代化的问题。日本政党也较早地把政党现代化问题提上了议事日程。当然,各个政党的党情不同,对政党现代化的目的和要求也各不相同,甚至在提法上也有很大的差别。有的党称"革新",有的党叫做"党的现代化",有的还强调要"重建"党。但总的说来,各政党都在根据形势和党的任务的要求进行改革,这一点是相同的,而且显然带有普遍性。我们认为,用"政党现代化"这个词来概括这种政党自身变革的要求是确切的。

什么是政党现代化? 政党现代化的内涵是什么?

现代化是一个已经为人们熟知的词。由于研究角度不同,人们给现代化下的定义也不尽相同,至今尚未形成完全一致的看法。但是,综观国内外学者关于现代化的阐述,长期研究形成的共识,至少在以下各点上得到了充分的反映:第一,现代化是指传统的农业社会向现代工业社会转变的过程;第二,现代化包含经济、政治、文化等社会发展的各个方面,而不只是经济方面;第三,现代化以经济发展为起点和动力,推动政治、文化、思想各个领域深刻的相应变化。

政党是政治的最重要的组成部分。处在社会现代化进程中的政党,说到底,是不同的社会阶级、阶层或集团进行政治参与的工具。因此,在现代化进程中,随着社会生产力的不断发展,人民自主意识和民主意识的不断提高,人们对政党的要求也必然要提高。政党过去习以为常的组织结构、体制和运作方式会逐渐变得落后和不适应。在这种情况下,如何适应社会政治经济发展的要求,适应整个社会现代化的要求,不断改善政党内部的组织运作机制,探寻新的有效的活动方式,是每一个政党都会面临的问题。无论这个政党本身的性质是什么,如果机制、运作、活动方式不科学、缺乏适应性,它就很难获得成功,要么会在国家政治生活中被淘汰,要么给这个国家的政治经济发展带来消极的影响,延缓乃至阻碍其现代化的进程。

政党是以取得政权或对政权施加影响为目的的政治组织,是上层建筑的一部分。上层建筑要与经济基础相适应,必然随经济基础的变化而发生变化。因此,在巨大的世界性的现代化浪潮面前,任何政党都不可能无动于衷,以不变应万变。政党必须顺乎潮流,适应社会现代化进程的要求,适时调整自身的结构和运作,以便更科学、更有效地影响政权和政治的运作。这种适应(当然不只是消极地适应)是绝对必要的。

所以,不管我们承认与否,对于政党来说,尤其对一个领导着现代化的政党来说,客观上的确存在一个如何不断改革自身来适应整个社会现代化进程的问题。这种与现代化相联系的改革,可以称做政党现代化。

现代化是一个经济基础不断变革、不断带来社会结构、文化和意识形态变化的过程。政党是现代化进程的产物。政党在现代化过程中产生,也必然随着现代化的发展而发展。作为一定阶级或集团利益的政治代表,任何政党都不可能一建立就拥有一种在什么情况下都绝对适用的模式和活动方式。相反,历史的经验表明,政党只有在变革和适应中才能求得生存和发展。

应当特别指出,政党现代化不仅仅是发展中国家的政党遇到的课题。政党都是在现代化进程开始之前或现代化进程中出现的,因此都需要不断随着社会的发展变革自身,以适应时代的变迁。由此而论,从理论上说,政党现代化适用于当今世界所有国家的所有政党和政党体制。这一点可以用来说明,为什么近年来在已经进入"后现代化"阶段的西方发达国家,一些传统政党也在纷纷探讨自身现代化的问题。

综上所述,我们可以给政党现代化下一个定义:所谓政党现代化,就是政党适应客观环境及其变化的需要,适应社会发展进程,使自身结构、功能、机制和活动方式不断制度化、规范化、科学化的过程。

这个定义包含以下两层意思,同时也指明了政党现代化的基本内容。

第一,政党必须适应需要,不断改进自身的结构、功能、机制和活动方式。政党现代化是由社会现代化引起的,是整个现代化和社会政治经济文化发展的有机组成部分,必须与整个社会发展的进程相适应。完全不能说,政党在一个时期建立了一套与当时社会发展的要求相适应的机制和方式方法,就一劳永逸地解决了政党的现代化问题。相反,政党应政治发展的需要而产生,产生之后还要努力去适应这种需要,否则就可能很快被淘汰出局。社会不断向前发展,时代在不断变化。政党必须顺应社会和时代的变化,不断更新自身的运作机制和活动的方式方法。

第二,政党结构、功能、机制和活动方式的制度化、规范化、科学化,是政党现代化的根本内容,是现代化社会作为法治社会向政党提出的必然要求。从实际情况看,西方国家由于长期实行法治,在政党活动的制度化、规范化方面有一套比较成熟的东西。德国最先在宪法中对政党的作用、活动原则等做了规定,并制定了世界上第一部政党法。以后,又有越来越多的国家对政党的活动作了规范。但即使如此,西方发达国家也仍然有不少政党的活动不符合民主政治发展的要求,有许多过时的、不科学的传统和惯例。至于在过去缺乏法治传统的国家,这种现象更为普遍。因此,政党结构、功能、机制和活动方式的制度化、规范化、科学化,对几乎所有政党都是一项重要而迫切的任务。

### (二)政党现代化的进程

在当今世界政治经济社会都在发生重大变革的时代,政党和政党体制的变革也是不可避免的。许多政党都越来越具有同样的共识:改变传统的组织机制和活动方式,才能使政党在今天的条件下发挥作用。从这个角度说,政党现代化是一个与时代前进同步的进程。

当然,政党现代化不是千篇一律的。具体到每个国家的每个党,由于政党的类型不同,历史、文化传统不同,政党现代化的含义都会很不相同。

例如,对于美国的两党来说,政党现代化意味着消除长期存在的涣散、活动不规范的状态,使政党变成"紧密结合的、有纪律的、有纲领的和承担

责任”的党。① 为此,早在 20 世纪初,美国政党就在政党选举提名中尝试用
代表大会制代替核心秘密会议的做法。到 20 世纪 60—70 年代,政党改革
在活动的民主化方面有了更大的进展,制定了一些新的、旨在扩大民主的规
则,如保证党内充分讨论,召开开放的核心会议,禁止党内在种族、肤色、宗
教信仰、性别和民族血统等方面的歧视,禁止党员在预选中作为一个以上政
党的候选人等。民主党还在 1972 年制定了美国政党历史上第一个成文的
章程,正式规定党的全国代表大会为党的最高管理机构,设立中期党代表会
议,强调加强党的全国性机构和财务机构。美国两党中,要求改革、要求加
强党的团结和纪律的呼声近年来还是比较强烈的。对改革政党和政党体制
的探索仍在进行。

　　对于英国保守党来说,政党现代化同时包括两方面的内容:在下层,要
扩大民主,推进党的民主化;在上层,则要克服党的松散状态。英国保守党
一向缺乏党内民主,普通党员和基层干部在制定党的政策和选举领袖等重
大事务上没有什么权利。因此,近年来党内民主成为一个重要议题。在
1997 年年会上,保守党改变过去党的领袖仅由议员选举的做法,规定成立
选举团选举党的领袖,选举团由议员和普通党员代表共同组成。年会还规
定,党内重大决策须经全体党员投票决定。另一方面,保守党把消除党内上
层的松散状态作为改革的一个重点。保守党的普通党员缺乏民主,党的议
员则往往各自为政,我行我素,分裂倾向严重。针对此,保守党在 1998 年大
选失败后痛下决心,整顿、革新党的组织,一个重要措施,就是把过去各自为
政的议员团、中央总部和全国联合会合并起来,成立了“保守党管理委员
会”,从组织上形成了拥有一元化领导机构的统一的党。保守党还对如何
严格执行党的纪律、吸收党员工作等作出了规定,这在过去是不曾有过的。

　　与英、美等国的政党相比,日本的政党现代化问题更多地体现在克服党
的运作的若干非民主传统上。和上述英美政党不同的是,由于日本是一个
先前资本主义民主不发达的国家,政治中带有很浓厚的封建传统色彩,因而
像自民党这样的保守主义政党在组织上和活动中都有更多非现代性的特

---

　　① [美]哈罗德·F.戈斯内尔、理查德·G.斯莫尔卡:《美国政党和选举》,上海译文出
版社 1980 年版,第 332 页。

点。这里的非现代性有两重含义：一是，政党在立党之初的议会党性质和特权利益代表者的性质，本身就受封建传统的影响；二是，第二次世界大战后逐渐坐大的自民党，继续保留了以前政党的派阀制度和后援组织制度，因而也就使党内有党的现象得以延续。这使得日本政党不但难以与现代社会的要求相适应，而且体制本身成了腐败的土壤。所以，早在20世纪50年代，自民党就寻求对自身组织的改造，提出党的现代化的问题。确定的目标，就是要把自民党由"议员党"发展成一个"国民政党"。具体说来就是发展党员队伍，健全党的组织，取消议员后援会。不过，尽管这种改造最初也取得了一定的成效，而且直到20世纪80—90年代越来越多的政治家致力于这方面的实践，改造党的工作却异常艰难，发展成国民政党的目标始终没有达到。这是后来自民党遭遇1993年大危机的根本原因。

社会党在自身改革方面有其自己的特点。我们知道，和传统资产阶级政党不同，社会党是以马克思主义的政治理论为依据建立的（尽管后来放弃了这个基础）。所以，甫一成立，社会党就是组织比较健全、目标比较明确、活动比较合乎规范的党。尽管如此，社会党也在不同程度地调整自己的纲领、目标和活动方式方法。特别是20世纪90年代在世界迅速发展变化的情况下，社会党加大了改革的力度。在党的纲领和目标方面，西欧多数社会党强调要成为"群众性的纲领党"。德国社会民主党早在20世纪50—60年代就不再强调自己是工人阶级的政党，到20世纪90年代，更进一步强调放弃"左"的立场。向来以工人政党自居的英国工党，近年来也与工会拉开距离，声称工党不再是工会党和劳动者的党，也是企业主的党。为此，工党于1995年修改党章，放弃了坚持70多年的国有化目标。与此相似，曾长期主张发展国有经济和计划经济的法国社会党，在进入20世纪90年代后，也开始对现有形式的市场经济表示肯定，以消除其他阶层的疑虑，求得他们的理解和支持。

社会党在调整纲领、目标和政策的同时，也对党自身的组织建设给予了较多的关注。有些社会党强调要加强民主，改善决策程序。如英国工党，在1997年年会上调整党的决策机制，改变过去到年会前夕各党组织才提动议的方式，建立政策委员会，各支部提前三年向该委员会提交动议草案，由委员会广泛征求意见并筛选后再向年会提出，既充分发扬了民主，又加强了中央的控制权。另一方面,过去组织比较松散的党,如法国的社会党等,则强调严格党的组织纪律,加强党的团结一致。法国社会党把注意力放在加强党的"道德"建设和党内团结上。

"第三条道路"的倡导者基于对时代的认识提出:要恢复对选民的吸引力,使左翼重新成为政治生活的中心,必须在理念和实践上改革政治规则和政党体制。其基本含义,就是改变封闭的政治制度和政党体制,扩大其包容度,实现工党和国家政治制度的现代化。英国工党领袖布莱尔执掌帅印后,针对工党长期意识形态色彩强烈的特点,主张工党应由阶级的政党向大众(populist)政党转变,强化党的领袖的权威和权力,减少工会和地方党组织对党内政策的影响,以此克服传统左派政党的结构缺陷,唤起更广泛的公众的响应和支持,实现工党的根本性变革。这样一个经过革新的工党,被称为"新工党"。

值得注意的是,除了左翼和一般的右翼政党,就连极右翼政党,为了实现参政、执政的目标,也在对其政策作某种调整。如过去一贯靠提出极右主张吸引人的法国国民阵线,近年来很注意强调自己的"温和"性。意大利民族联盟甚至提出了"民主革新"的口号,提出要向"民主的、温和的右翼"演变。

很难确定西方国家政党改革的前景。但就政党活动要与时代要求相适应而言,这种改革反映了某种客观现实,有一定的意义。研究它,有助于我们对政党政治规律的正确把握。

### (三)共产党的自身现代化问题

政党现代化不但在西方国家的政党中得到推进,实际上,在共产党中,这一进程也是存在的,只不过没有使用"政党现代化"的概念罢了。

20世纪在苏联十月革命影响下发展起来的共产党,从一开始就是在克服旧的社会民主党缺陷的基础上建立的"新型无产阶级政党"。这种背景,使得这类政党在党内团结、纪律、党的统一行动等方面,都有其他类型的政党所缺少的优点和优势。但是,时代的发展变化,同样使共产党面临新情况新问题。苏联和东欧各国共产党执政失败,一个极其重要的原因,就是这些党在不断变化的形势面前固守教条,不能从旧的过时的、领导革命暴动的党的建设模式中摆脱出来,在新情况、新的历史条件面前束手无策,失去战斗力,失去了领导国家现代化建设的能力。所以,面对这些新情况新问题,适应时代发展的需要,适时调整党的结构、机制和活动方式方法,是共产党发展之必须。当然,就内容而言,共产党的现代化和西方其他政党相比是有所不同的。深受苏共模式(通常也叫做传统模式)的影响,是几乎所有共产党类型的共产党共有的特点。因此,党的现代化,对这些政党来说,核心内容是改造传统模式。

这种改造,主要体现在对党的纲领、目标、政策等进行较大幅度的调整。原先以奉行"欧洲共产主义"著称的党在这方面的步子最大。例如长期效法苏共模式的法国共产党。法共从20世纪70年代就提出要进行党的革新,强调放弃斯大林模式,扩大党内民主,建立"新型的共产党"。到20世纪90年代不但放弃了长期坚持的民主集中制原则,而且改变了过去由总书记、政治局、书记处构成的领导体制。1994年罗贝尔·于接替马歇担任党的总书记后,更在这方面加快了改革的步伐。他强调,共产党不能"继续自我封闭、一味坚持固有的教条而不顾现实"。法共不应只是一个无产阶级政党,而应当"面向现代化"、更加开放,与"早已过时的救世主义的空想的未卜先知主义保持距离"。法共把去年二十九大确立的新理论概括为"超越资本主义",意即不间断地对资本主义社会进行变革,使这种变革持续进行下去。这同过去只做反对派的立场有很大区别。除法共外,还有一些共产党也都大幅度地调整路线和纲领,淡化党的"工人阶级先锋队"性质。其中意共干脆放弃共产党名称,改组成了社会民主党性质的"左翼民主党"。

作为执政党,中国共产党的现代化问题有自己的特殊性。其基本含义,是从斯大林确立的、与计划经济相适应的党的建设模式转向社会主义市场经济所要求的党的建设模式。过去社会主义国家由于把市场经济看做是资本主义的东西,与社会主义对立起来,想寻找一种不通过市场经济来建设社会主义的道路,结果采用了计划经济(有人也称命令经济、统制经济)的模式。但是实践证明,市场经济是必由之路。这样,我们开始了由传统计划经济向市场经济的过渡和转变。实际上,对于我们这种经济落后的国家来说,这也正是由传统农业社会向现代工业社会的转变。与之相应,政治体制和处于领导地位的党必须对自身进行变革。这是政党现代化的核心内容。

　　应该看到,中国共产党在发展过程中曾受到过去一些沾染着浓厚传统政治文化色彩的政党观念的影响。其中最突出的,就是孙中山先生的政党思想。孙中山政治理想的一个典型特点,就是自始至终贯穿了一套"以党建国"、"以党治国"的理念。这套理念的核心内容,简言之,就是国家政权完全按照政党的方式组成和运作,"全国人都遵守本党的主义"。这就把政党和国家完全混淆了。"以党治国"的原则落实到国民党的实践,变成了用党来取代国家,党失去了其沟通作用和中介作用,失去了政党的功能,成了国家机器的一部分。这使得作为民主政治实现形式的政党政治遭到严重的扭曲,事实上到后来已很难再称作政党政治。这种状况,固然与国民党反动派的倒行逆施有关,但理论上的误识显然也是很重要的原因。

　　中国共产党无论是在执政基础方面,还是在执政方式上,都与国民党有本质的不同。但是,对于执政党和政权之间的区别,我们的确是长期以来没有完全搞清楚。混淆它们之间的关系不只是一个理论问题。很久以来我们就是在这样的混淆中,把党的领导和政府的管理看做是一回事,把党的机关当做各级政府的上级机关,结果党融进了政府之中,变得机关化、行政化、官僚化了。党政不分、以党代政,成了挥之不去的痼疾,党内民主和人民民主变得稀缺、匮乏。这表明,我们党的现代化,除了清除苏共模式的影响外,还应着眼于清除"以党治国"观念。邓小平早在抗日战争时期就深刻地认识到了这一点。他指出,党内存在的"以党治国"的观念"是国民党恶劣传统反映到我们党内的具体表现","是麻痹党、腐化党、破坏党、使党脱离群众的最有效的办法",必须予以坚决的反对。①

　　政党是政治体制中最重要的部分。我们国家的发展已经到了这样一个阶段,在这个阶段,经济体制改革的进一步深入取决于政治体制的改革。由我们国家的国情所决定,在我国政治体制中,共产党处于核心地位。改革成败,关键在于党。因此,能不能在不改变党的领导地位的同时,适应领导社会主义市场经济的要求对党的领导和党的建设进行改革,在极大程度上决定着中国改革的命运。这正是我们提出政党现代化问题的意义所在。

　　对中国共产党来说,政党现代化的一个核心问题,是政党的定位。西方

---

① 参见《邓小平文选》第一卷,第10—12页。

的政党理论虽然极力淡化政党的阶级特性,但有一点看得还是比较准,就是把政党看做是连接民众与政府的桥梁,看做是民众参与政治的工具。按照民主理论的一般观念,国家的权力来自民众。但是,国家在掌握了权力之后,又往往容易成为一种凌驾于社会之上的力量。因此,在民众和政权之间,就需要有许多沟通、监督和制约。政党的作用就是把民众和政权连接起来。政党向政权输送民意,施加影响,进行监督,在执政后通过权力系统贯彻本党主张。政党既不能把自己混同于一般无组织的百姓,从而处于对公共权力无奈的状态,使公共权力可以无拘无束、为所欲为;也不能融入国家机器之中,成为国家机器的一部分,从而离开民众基础。这反过来同样使国家权力失去制约,变得独断。许多学者把政党定义为民主的工具,指的主要就是这方面的意思。应该说,西方政党的定位问题是解决了的,而我们还没有完全找到这个位置。这绝不是说,我们应当搬用西方政党和政党体制的模式。政党现代化完全不等于政党或政党体制西方化。需要强调的只是,我们既然为了实行民主政治从西方把政党这种形式移植了过来,那么,我们就应当研究和掌握政党政治的规律,并顺应这些规律,找到符合中国国情和党情的道路。这是党的现代化的根本任务。

## 三、政党的消亡

政党会不会消亡？毫无疑问,在可以预见的未来,这个问题还不可能提上日程。但是,在理论研究中,这又是一个确实曾经进入过人们视野的问题。作为无产阶级的革命导师,马克思恩格斯指出了政党和阶级、国家一样必然消亡的趋势,体现了对政党政治问题的哲学思考。

### (一)政党消亡的理论

政党归根结底是人类历史发展到一定阶段的产物,与一定的历史阶段相联系。确切些说,政党与实行民主政治条件下的国家权力相联系。因此,政党的未来是和国家及民主制度的未来是相联系着的。

马克思主义经典作家揭示了国家发展的规律,作出了随着阶级消灭,国家将走向消亡的科学论断。恩格斯在著名的《反杜林论》一书中指出:"无产阶级将取得国家政权,并且首先把生产资料变为国家财产。但是,这样一来,它就消灭了作为无产阶级的自身,消灭了一切阶级差别和阶级对立,也消灭了作为国家的国家。"因为,国家作为暴力工具,总是代表统治阶级来压制被统治阶级。而"当国家终于真正成为整个社会的代表时,它就使自己成为多余的了。当不再有需要加以镇压的任何社会阶级的时候,当阶级统治和根源于现代生产无政府状态的生存斗争以及由此产生的冲突和极端行动都消失的时候,就不再有什么需要镇压了,也就不再需要国家这种实行镇压的特殊力量了。国家真正作为整个社会的代表所采取的第一个行动,即以社会的名义占有生产资料,同时也是它作为国家所采取的最后一个独立行动"①。这样,国家将自行走向消亡。列宁在《国家与革命》一书中对恩格斯的这一思想作了进一步的阐释,认为,随着国家消亡,民主也要消亡。在列宁看来,"国家的消灭也就是民主的消灭,国家的消亡也就是民主的消亡"②。政党既然如我们所知是民主政治的工具,那么,政党最终也必然和国家一起,走向消亡。

国家和政党的消亡都是一个客观的进程。一方面,它不以人的意志为转移,谁也不能阻挡这种趋势;另一方面,它又是一个极其漫长的过程。至少在现阶段,这种消亡暂时还没有任何可能。列宁曾经强调:"确定未来的'消亡'的日期,这是无从谈起的,尤其因为它显然是一个很长的过程。"③列宁认为,"国家完全消亡的经济基础就是共产主义的高度发展,那时脑力劳动和体力劳动的对立已经消失,因而现代社会不平等的最重要的根源之一也就消失,而这个根源光靠生产资料转为公有财产,光靠剥夺资本家,是决不能立刻消除的。"④"因此,我们只能谈国家消亡的必然性,同时着重指出这个过程是长期的,它的长短取决于共产主义高级阶段的发展速度。至于消亡的日期或消亡的具体形式问题,只能作为悬案,因为现在还没有可供解决这些问题的材料。"⑤

---

①《马克思恩格斯选集》第 3 卷,第 320—321 页。

②《列宁选集》第 3 卷,人民出版社 1995 年版,第 241 页。

③《列宁选集》第 3 卷,人民出版社 1995 年版,第 243 页。

④《列宁选集》第 3 卷,人民出版社 1995 年版,第 253 页。

⑤《列宁选集》第 3 卷,人民出版社 1995 年版,第 253 页。

### （二）政党消亡的实践

共产党执政时期的南斯拉夫是唯一在促进政党消亡方面作过尝试的国家。自然，这种尝试无功而返。以后，再没有任何国家、任何党进行过这方面的实践。

在发生苏南冲突、南斯拉夫走上独立自主地建设社会主义的道路后，南共联盟领导人铁托在一次与西欧社会党人的交谈中，讲到了党的消亡问题。他指出："在国家正在消亡的时候，共产党不能按老办法行事。如果国家不消亡，那么党在某种意义上就会成为国家的工具，成为一种超乎社会之外的力量。如果国家真正消亡，党必定随之消亡。"他认为，"党只能在历史上某一个时期起作用。至于将来社会怎么安排它的事务，还有待来决定。这并不意味着一党制将由多党制来代替。这只是说一党制在代替了多党制之后，它本身也要消失。"①

不难看出，铁托关于政党要逐渐走向消亡的观点是从马克思恩格斯的思想引申而来的。他把党的消亡与国家的消亡联系在一起。不过在论述这一思想的过程中，他也表达了一个马克思恩格斯没有表达过的思想，即一党制是从多党制走向政党消亡的中间阶段。后来有不少南斯拉夫学者用这一观点来论证社会主义实行一党制的合理性。他们认为，既然党和国家都要消亡，那么不允许在南共联盟之外组织新的政党，正是正确地促进了这一历史过程。工人管理和社会自治，就是为了要创造一种保证每个公民都能行使直接民主的社会。在直接民主已经完全实现的时候，就是单一的政党也不再有必要了。因此，任何回到多党制的做法都是一种倒退，因为现行的一党制是在促进南斯拉夫没有党派的直接民主的发展。

南斯拉夫党的领袖们对于政党消亡的估计显然过于乐观。党的第二号人物卡德尔认为，"这个时期不会太远。我以为我们也许还能在我们这一辈子看得见它的实现。"②

为了与斯大林模式彻底决裂，南共联盟创造了一套被称做社会主义自

①　[南]杰吉耶尔：《铁托传》，纽约1953年版，第428页。
②　[南]杰吉耶尔：《铁托传》，纽约1953年版，第431页。

治制度的模式。这一制度在政治上的特点,就是为防止国家的异化而推行直接民主。直接民主被看做是削弱国家机器的力量、使之逐步走向消亡的尝试。按照铁托等人的观点,党将随着国家的消亡而消亡。因此,对党进行的相应改革,都是与此相联系的。这是我们理解后来南共联盟自身改革的钥匙。

在被看做是转折标志的1952年11月南共联盟六大上,南共联盟对党的任务进行了新的界定:共产党人的基本职责和任务是对群众进行政治思想教育。共盟"不是也不可能是经济生活、国家生活或社会生活的直接有效的管理者和指挥者"。它主要以说服的办法,影响其他组织机构采纳它的路线或其个别成员的观点。对于过去高度集中统一的状况而言,这无疑是一个巨大的转变。与此相应,组织上也进行了改革。基层组织的政治部由一名书记代替,在大一些的组织中则由3人组成的书记处代替。国家机关和非官方群众团体中的党组织一律取消,党员只以个人身份在这些机构和组织中进行工作。基层党组织按职业和地区重新划分,如工厂、城市居民区和村庄。上级机关不再有权向下级组织布置具体工作任务,只能提出总的方针政策和贯彻执行这些方针政策的意见。基层和地方党组织的会议要公开举行,并鼓励非党群众参加。

后来的实践表明,这种过于激烈的转折带来了消极的后果:党组织陷于瘫痪,党员无所适从。铁托对此提出了批评。

即使如此,在这个问题上,南共党内也仍然出现了严重的分歧。党的第三号人物吉拉斯表达了激进的主张,认为"共产主义者联盟将从旧式的党变成思想上一致的人们的真正生气勃勃的结合","现在的共产主义者联盟作为一个标准的政党将要'削弱'和'消亡'",将"逐步成为一个强大的、具有广泛影响的、意识形态的核心,而失去其政党的特性。它将和社会主义联盟合并,共产主义者也会与一般公民合为一体"。这种认为党应当立即消亡的观点产生的消极影响十分巨大,以致铁托不得不公开表示反对并对自己的观点再作解释:"我第一个谈到政党的消亡,联盟的消亡。但我并不是说应该在六个月或一两年之内就实现,而是说将要经过一个漫长的过程。只要最后的阶级敌人还没有失去活动能力,社会主义觉悟还没有在各阶层深入人心,那就谈不到共产主义者联盟的消亡和消亡问题。"①

在1958年4月的南共联盟七大上卡德尔再次提到党的消亡问题。这或许是南共联盟最后一次谈到这个问题，可以看做是对前一时期这方面认识的一个概括性的总结。他一方面指出，党将"随着社会对抗以及历史上由于这种对抗而产生的所有压迫形式的消亡而消亡"，另一方面也强调，"我国的共产党人在现阶段对某些有实权的关键岗位有直接的影响，而且也必须具有直接的影响，因为这些关键岗位是政治秩序稳定的基础，也是社会主义自由发展的保证。如果我们不公开说明这一点，我们就是伪君子"。不过，看来南共联盟对于国家走向消亡的目标是坚定不移的。在这次代表大会通过的新纲领中，南共联盟明确强调无产阶级专政具有过渡的性质，强调国家消亡的必然性，强调其消亡的途径就是逐步减少国家对经济、教育、文化、卫生、社会政策的作用，把它们交给社会机关管理。

我们不能不说，上述促进政党消亡的实践，在很大程度上是和过去共产党中普遍存在的急于建成共产主义社会的心态联系着的，带有空想的性质。

---

① 《铁托文集》，在1954年三中全会上的讲话。

责任编辑：王世勇

**图书在版编目（CIP）数据**

政党论/王长江 著. -北京：人民出版社，2009.10（2023.3 重印）
ISBN 978－7－01－008135－9/01

Ⅰ. 政…　Ⅱ. 王…　Ⅲ. 政党-理论　Ⅳ. D05

中国版本图书馆 CIP 数据核字（2009）第 139343 号

# 政 党 论

ZHENGDANG LUN

王长江　著

人民出版社 出版发行
（100706　北京市东城区隆福寺街 99 号）

北京汇林印务有限公司印刷　新华书店经销

2009 年 10 月第 1 版　2023 年 3 月北京第 4 次印刷
开本：710 毫米×1000 毫米 1/16　印张：19. 25
字数：294 千字

ISBN 978－7－01－008135－9/01　定价：98.00 元

邮购地址 100706　北京市东城区隆福寺街 99 号
人民东方图书销售中心　电话（010）65250042　65289539